BAEDEKER
SMART

MADRID

Perfekte Tage
mit spanischer
Lebenslust

W0297145

Verlag Karl Baedeker – www.baedeker.com

Inhalt

Kapiteleinteilung: siehe vordere Umschlaginnenseite

TOP 10

Was muss ich gesehen haben? Unsere TOP 10 helfen Ihnen, von der absoluten Nummer eins bis zur Nummer zehn, die wichtigsten Sehenswürdigkeiten einzuplanen.

1 MUSEO NACIONAL DEL PRADO ➤ 82

Meisterwerke von Velázquez, Rubens, Dürer, El Greco, Goya & Co. zählen zu den Highlights in diesem bedeutenden Tempel der Kunst.

2 PLAZA MAYOR ➤ 58

Formvollendete Symmetrie der Architektur und lebendiges Flair. Erleben Sie das stete Kommen und Gehen auf einem der schönsten Plätze Spaniens (Abb. links).

3 MUSEO NACIONAL CENTRO DE ARTE REINA SOFÍA ➤ 87

»Guernica« von Pablo Picasso ist das Aushängeschild dieses Kunstmuseums. Und hier geraten Sie in den Sog weiterer Meisterwerke.

4 MUSEO THYSSEN-BORNEMISZA ➤ 91

Rundgang durch alle Epochen der Kunstgeschichte: Gemälde vom Spätmittelalter bis zur Pop-Art, verteilt auf mehrere Dutzend Säle. Einfach grandios!

5 PARQUE DE EL RETIRO ➤ 94

Atmen Sie durch, in Madrids beliebtestem Stadtpark, der von Spaziergängern und Joggern frequentiert wird. Wetten, dass Sie hier fast vergessen werden, mitten in einer europäischen Hauptstadt zu sein?

6 PALACIO REAL ➤ 114

Tauchen Sie ein in die Sphären des Königspalasts und bewundern Sie verschwenderischen Prunk in Form von Sälen, Fresken, Spiegeln, Kronleuchtern und Mobiliar.

7 ERMITA DE SAN ANTONIO DE LA FLORIDA ➤ 118

Francisco de Goya schuf die Gewölbe- und Kuppelmalereien und liegt in der »Sixtinischen Kapelle von Madrid« auch begraben.

8 MUSEO REAL ACADEMIA DE BELLAS ARTES DE SAN FERNANDO ➤ 60

Ein Geheimtipp! Die Atmosphäre ist deutlich intimer als im Prado. Die Kunstwerke, darunter von Goya, sind auf drei Etagen zu sehen.

9 EL RASTRO ➤ 144

Der Rastro, einer der legendärsten Trödelmärkte Spaniens, bringt sonntags halb Madrid auf die Beine. Hier herrscht eine ganz besondere Stimmung!

10 CATEDRAL DE LA ALMUDENA ➤ 121

Madrids Kathedrale ist der Marienskulptur Almudena geweiht, um die sich eine Legende rankt. Zugaben zum Besuch sind die Krypta und das Museum mit Ausblick.

DAS MADRID

Erleben, was Madrid ausmacht, das einzigartige Flair spüren. So wie die Hauptstädter selbst.

SONNTAGSTREFF RASTRO

Der **Trödel- und Antiquitätenmarkt** Rastro (➤ 144), der sonntags in den Straßen um die Calle de la Ribera de los Curtidores und die Plaza de Cascorro Schau- und Kauflustige in Scharen anzieht, bietet alles von Raritäten bis Ramsch, und vor allem viel Flair! Manche Artikel sind echte Preisbrecher. Und zwischen den Ständen bleiben die Leute stehen und tauschen Neuigkeiten aus oder hören den **Straßenmusikern** zu, die häufig auf dem Rastro auftreten.

FIT FÜR DIE WOCHE

An den Wochenenden bringen sich viele Madrider für die folgende Woche in Schwung: mit konzentrierter

GEFÜHL

Sauerstoffzufuhr durch Sport. Beliebt sind dafür z. B. der große Stadtpark **Parque de El Retiro** (➤ 94), die **Casa de Campo** (➤ 126) und der Flusspark **Madrid Río** (➤ 149). Lassen Sie sich anstecken und schnüren Sie Ihre Joggingschuhe oder radeln Sie mit einem Leihfahrrad am Manzanares entlang. Machen Sie auf den Seen von Retiro und Casa de Campo eine nette Bootspartie mit ein paar Knabbereien auf dem Wasser!

MUSICALTHEATER

Machen Sie es wie viele Madrider und gehen Sie in eins der erfolgreichen Musicaltheater. Schauen Sie schon vor Ihrer Abreise, was während Ihres Aufenthalts läuft, so z. B. im **Teatro Lope de Vega** und **Teatro Rialto** an der Gran Vía (➤ 71, 76). Bedenken Sie, dass Sie sich in einem anderen Land befinden: Gesungen wird meist auf Spanisch.

NACHTSCHWÄRMER

Wer sich ins Madrider Nightlife stürzt, sollte vorab wissen: In Diskotheken ist vor Mitternacht normalerweise nichts los. Stellen Sie also Ihren Rhythmus um, und sparen Sie Ihre Energie für fortgeschrittene Stunden auf. *Zonas de marcha* – Straßenzüge, wo echt was los ist, und die Leute von Bar zu Bar ziehen, gibt es viele in Madrid. Im polyglotten Viertel **Lavapiés** (➤ 154) z. B. sind die Nächte lang, und im **Gayviertel Chueca** (➤ 71) mit seinen vielen Pubs und Musikbars ebenso – nur auf andere Art. Im Viertel **Malasaña (**➤ 71), das bis

Bei Tag und Nacht lebhaft: die Plaza de Chueca im gleichnamigen Viertel

heute mit der Kulturrevolution *Movida* (➤ 30) der 1980er-Jahre assoziiert wird, sind Rhythmen und Leute alternativer. Bunter gemischt und bodenständiger geht es im **Barrio de las Letras** (➤ 68, 179) zu.

KULINARISCHE KOSTPROBEN

Spanier schwören auf ***chocolate con churros***, dickflüssige Schokoladensauce, in die man eine Art längliche Krapfen taucht. Der kulinarische Klassiker gehört einfach dazu, für Einheimische ganz besonders als von innen wärmender Wachmacher nach durchfeierten Nächten. Madrider Traditionsadresse für diese Kalorienbombe ist die **Chocolatería San Ginés** (Pasadizo de San Ginés 5; Metro: Sol ➤ 73). Das Café hat 365 Tage im Jahr geöffnet und liegt mitten im Zentrum bei der Kirche San Ginés.

Süßes zum Eintauchen ist das eine, die Auswahl typisch Madrider Kulinaria eine ganz andere Sache. Aus Ausländersicht kann es zuweilen recht seltsam erscheinen, was echte Madrider liebend gern essen. Probieren und urteilen Sie selbst: ***Cocido madrileño*** (Kirchererbseneintopf), ***callos a la madrileña*** (ein Kuttelgericht) und ein ***bocadillo de calamares*** (ein Stück belegtes Baguette mit panierten Tintenfischringen) gehören zum authentischen Alltag.

IM HÄPPCHENPARADIES

Was wären Madrider Kneipen ohne ihre **Tapas**? Die Häppchen gibt es in verführerischer Vielfalt. Wobei jedermann weiß, dass jede Bar nur so gut ist wie diese Art von **Fingerfood und Speisekleinkunst**. Und das stachelt die Gastwirte an, sich bei Zubereitung und Präsentation mächtig ins Zeug zu legen.

FÜR FILMFREAKS

Viele Madrider sind passionierte Kinogänger und nehmen gern das an, was in Spanien sonst eher überrascht und die Ausnahme ist: **Filme in der Originalversion**. Die gibt es (mit spanischen Untertiteln) in ausgewählten Kinos, aber auch in Kulturzentren wie dem **Círculo de Bellas Artes** zu sehen.

Die Tapas-Kneipen wetteifern miteinander und bieten Verführerisches

Das Magazin

Das Königshaus: IMAGE IST ALLES

Spaniens König ist der mächtigste Mensch im Land, als Staatschef und als Oberbefehlshaber der Streitkräfte. Nach der zunehmenden Entfremdung seines Vaters Juan Carlos I. vom Volk bemüht sich Felipe VI. heute darum, das Königshaus wieder auf Kurs zu bringen.

Es waren historische Tage im Juni des Jahres 2014: Juan Carlos I., der ehemals beliebte und schließlich durch Eigenverschulden in Misskredit geratene Monarch, verkündete sein Adiós von der politischen Bühne. Der Abschied muss ihm schwergefallen sein, doch es gab kein Entrinnen mehr, um das Ansehen der Krone zu retten. Juan Carlos musste den Weg für seinen Sohn freimachen, der als Felipe VI. zum neuen König vereidigt wurde. Dessen Mission war von Beginn an klar: Die Glaubwürdigkeit der Royals wiederherzustellen. Daran arbeitet Felipe VI. mit seiner Familie und seinen Ratgebern bis heute. Es darf nichts mehr vorfallen, was das königliche Image schädigen kann.

Juan Carlos, auf Segelkurs nach der Franco-Ära

Was war passiert? Eigentlich war Juan Carlos I. bei den Spaniern lange Zeit hoch angesehen gewesen. Dies war zunächst einmal seiner Rolle nach der über dreieinhalb Jahrzehnte langen Diktatur des Francisco Franco (1892–1975) zu verdanken, der sich bis zu seinem Tod an der Macht gehalten hatte. Per Nachfolgegesetz hatte Franco vorsorglich die Rückkehr zur Monarchie festgelegt, verknüpft mit der Hoffnung, der kommende König fahre weiterhin einen rigorosen politischen Kurs. Juan Carlos I. (geb. 1938), zwei Tage nach Francos Tod im November 1975 vereidigt,

Bei Staatsempfängen ist der repräsentative Königspalast nur von außen zu besichtigen

wählte jedoch einen anderen Weg und unterstützte maßgeblich die Redemokratisierung Spaniens. Seine größte Stunde schlug im Februar 1981, als er einem Militärputsch entgegentrat und die Nation zum Zusammenhalt aufrief. Der Putschversuch im Parlament war allerdings nur halbherzig vorbereitet gewesen und bald beendet. Fortan genoss der König umso höheres Ansehen bei seinen Landsleuten und gab sich volksverbunden.

Juan Carlos, seine aus Griechenland stammende Gemahlin Sofía und die drei Kinder Elena, Cristina und Felipe avancierten zu Spaniens Vorzeigefamilie. Außerdem war Juan Carlos, der coole Segler und Skirennfahrer, nie um einen lockeren, bauernschlauen Spruch verlegen. So jedenfalls wurde er von seiner PR-Maschinerie gern dargestellt. Mit großer Wirkung, denn das Königshaus war bei den Spaniern beliebt. Die ganze Nation freute sich mit, als Kronprinz Felipe 2004 eine Bürgerliche, die Fernsehjournalistin Letizia Ortiz Rocasolano, in der Kathedrale von Madrid vor den Traualtar führte. Dies ließ sich allerdings nur per Ausnahmegenehmigung der katholischen Kirche regeln. Schließlich war Letizia bereits einmal verheiratet gewesen.

Stimmungswandel und Skandale in Serie

Und dann kam eins zum anderen und die Fassade der heilen Welt des Königshauses bekam immer mehr Risse. Die älteste Infantin Elena und ihr Gemahl Jaime de Marichalar gaben ihre Trennung bekannt. Des Königs ältester Enkel Froilán schoss sich »beim Spielen« mit einem Gewehr in den Fuß, was unliebsame Erinnerungen weckte, denn Juan Carlos hatte als 18jähriger »versehentlich« seinen jüngeren Bruder Alfonso erschossen. Dann sickerten erste Gerüchte über die dubiosen Geschäfte von Cris-

Felipe VI am Tag seiner Krönung (19.6. 2014) im offenen Rolls Royce

tina, der zweiten Tochter des Königs, und ihrem Mann Iñaki Urdangarín durch. Beide wurden vom Hof verbannt und durften keine offiziellen Termine im Namen des Königshauses mehr wahrnehmen. Über eine gemeinnützige Stiftung, verschlungene Kanäle und Scheinfirmen hatten Gelder der öffentlichen Hand die Taschen der Königstochter und ihres Manns gefüllt. Und zwar in Millionenhöhe, unterstützt durch korrupte Politiker.

Und dann verlor auch noch Juan Carlos I. sein Gesicht. Kurz nachdem er mitten in der gravierenden Wirtschafts- und Finanzkrise 2012 erklärt hatte, die Jugendarbeitslosigkeit von über 50 Prozent raube ihm den Schlaf, ging der Regent auf Großwildjagd nach Botswana, um für eine Abschussprämie in fünfstelliger Höhe Elefanten zu erlegen. Stärker konnte die Entfremdung von der Wirklichkeit, größer der Affront gegenüber den Bürgern kaum sein. Doch nicht nur das.

Korruption, Betrug und Elefantenjagd

Bei seinem »Abenteuer« in Afrika hatte sich Juan Carlos die Hüfte gebrochen und als Begleiterin des Verletzten stand eine Frau an seiner Seite – leider nicht seine eigene. Also kam auch noch ans Licht der Öffentlichkeit, dass Juan Carlos und seine Gemahlin Königin Sofía in Wahrheit seit langer Zeit getrennt lebten. Die öffentliche Entschuldigung des Königs zu seiner Elefantenjagd war an Peinlichkeit kaum zu überbieten. Er zog sich zunehmend von offiziellen Terminen zurück. Die Abdankung im Juni 2014 war überfällig, den Titel König durfte Juan Carlos indes behalten. Die Einzige, die beim Volk ihr Ansehen wahrte, war die emeritierte Königin Sofía, die als betrogene Ehefrau Haltung bewies. Dass einige Vaterschaftsklagen gegen Juan Carlos aufliefen, die aber an »Verfahrensfehlern« und dem Verweis auf seine Immunität scheiterten, passte ins Bild.

Neuanfang mit Felipe

Felipe VI. schreibt mit einem Novum Geschichte: Er ist Spaniens erster König mit Universitätsabschluss. Und er weiß, dass nur absolute Skandalfreiheit, Seriosität und Durchsichtigkeit helfen können, der Krone wieder

Beliebtheitswerte zu verschaffen. Bald kürzte Felipe seine eigenen Bezüge, rief einen Ehrenkodex aus und strebt fortan nach Ausgewogenheit zwischen Zurückhaltung und Einmischung. Von seiner Schwester Cristina, die sich 2016 zusammen mit ihrem Mann vor Gericht verantworten musste, wandte Felipe sich ab und entzog ihr den Ehrentitel als Herzogin. Einmal verbot er ihr sogar, den Königspalast Zarzuela zu betreten. Dieses Familienzerwürfnis dürfte kaum mehr zu kitten sein. Auf der Webseite des Königshauses taucht Felipes Schwester nicht auf. Die Homepage der Royals gibt sich modern und bürgernah, der Finanzhaushalt des Königshauses wird unter dem Stichwort »Transparenz« offengelegt, und Transparenz wird für König Felipe VI. und die Seinen auch in Zukunft das wichtigste Leitmotiv sein.

Offen und transparent

Bei öffentlichen Auftritten versucht Felipe VI., ein Höchstmaß an Seriosität und Verantwortungsbewusstsein auszustrahlen – und das wirkt nicht einmal aufgesetzt. Als Prinz war er beim Volk beliebt, daran versucht er anzuknüpfen. Er will ein König für alle sein und achtet besonnen darauf, es sich weder mit Militärs noch mit Politikern, Wirtschaftsbossen und Arbeitern zu verscherzen. Gezielt greift Felipe Themen auf, die Sympathiepunkte einbringen: Jugend und Gleichberechtigung von Mann und Frau. Chancengleichheit für alle. Ein großer Redner ist Felipe VI. allerdings nicht, was ihn mit seinem Vater Juan Carlos verbindet. Felipe trägt gern Bart. Und zwar einen eisgrauen. Das hilft zwar nicht, Gesicht zu zeigen, drückt aber Seriosität aus. Und vielleicht sogar ein Stück Altersweisheit.

Letizia mit ihren und Felipes Töchtern Leonor und Sofía

MIT EINEM KLICK ZU DEN ROYALS

Auf der offiziellen Homepage des Königshauses (www.casareal.es, auf Englisch) können Sie sich näher an die Royals heranklicken. Zu sehen sind auch viele Fotos, u. a. von den »Königskindern« von Felipe VI. (geb. 1968) und Letizia Ortiz Rocasolano (geb. 1972): Thronfolgerin Leonor (geb. 2005) und ihre jüngere Schwester Sofía (geb. 2007).

Madrider Lebensart:

Quirlig, lebensfroh und gesellig

Madrid hat über drei Millionen Einwohner und die Madrider lieben ihre Metropole, nicht nur den stahlblauen Himmel, der oft geradezu über ihr zu schweben scheint. Sie nennen viele Gründe, die auch Besucher überzeugen.

Nach dem Shopping Zeit für Tapas

Verlängerte Wohnzimmer auf Straßen und Plätzen

Überall zeigt sich, wie sehr die Madrileños ihre Stadt, die Ausgeh- und Gastrokultur und den südländischen Hang zur *buena vida*, dem »guten Leben«, schätzen. Dabei denkt niemand daran, dass die Bürger von den behördlich-politischen Schaltzentralen Madrids aus landesweit mit immer neuen Bestimmungen und Auflagen geknechtet werden. Spanier, auch Madrider, leben und feiern lieber in der Gegenwart statt sich über die nahe oder fernere Zukunft den Kopf zu zermartern.

Da man nicht nur Fremde, sondern auch Freunde und Verwandte ungern zu sich nach Hause einlädt, fungieren Plätze, Kneipen, Cafés und Restaurants als Zentren der Zusammenkünfte. Eben dies macht Madrid so lebendig und öffentliche Treffpunkte zu verlängerten Wohnzimmern, in denen ausgiebig palavert, gelacht, getrunken und gegessen wird, ohne besonders auf den Euro zu achten. Auch dies entspricht der Mentalität.

Lebensqualität und Viertelgefühl

Lola, eine Wirtschaftsfachfrau Anfang 50, schwört auf die Vielfalt der Madrider Kunstgalerien. Silvia, eine Lehrerin, liebt Theater, Flamencolokale und die Stimmung in den Stadtvierteln. »Jedes Viertel in Madrid ist anders«, sagt sie, »jedes bringt dich dazu, dich anders zu fühlen.« Wichtig

Kopfsteinpflaster, angesagte Läden und entspanntes Flair in Malasaña für Madrider und »Zugeschmeckte« ist stets die Identifikation mit dem Stadtviertel, in dem sie wohnen. La Latina und Lavapiés gelten als offen, international, polyglott – und genauso fühlt und gibt man sich. Und wenn es im eigenen Viertel hippe Dachterrassen für Cocktails und andere Drinks gibt, umso besser. Stadtteilfeste wie die Fiestas de la Paloma Mitte August in La Latina geben zusätzlicke Kicks für das Gefühl der Identifikation.

»Jedes Viertel in Madrid ist anders«, sagt sie, »jedes bringt dich dazu, dich anders zu fühlen.«

Miguel, einen Feuerwehrmann aus dem Stadtteil Arganzuela, begeistert es, nur fünf Minuten vom Zentrum entfernt mitten in der Natur mit dem Rennrad oder dem Mountainbike fahren zu können. Ihn zieht es bevorzugt in die Casa de Campo, den riesigen Stadtpark im Westen, der früher als Jagdterrain der Royals fungierte. »Unter der Woche fahre ich ganz früh am Morgen dorthin, wenn der See noch im Nebel daliegt und du die Stadt im Hintergrund siehst«, erzählt er.

Eva und Mehdi, die aus England bzw. Marokko stammen und in Madrid eine neue Heimat gefunden haben, freuen sich über die vielen Kinderspielgeräte in den Parks. Auf dem Areal des Kulturzentrums Matadero

Die Terrassen der Bars in Chueca stehen für Lebensgefühl im Madrider Sommer

MADRID IN FEIERLAUNE

Die Madrider feiern gern und bei Stadtfesten entwickelt ihre Stadt einen ganz besonderen Charme. Beim Karneval und in der Karwoche gibt Madrid sich so feierlustig wie festlich. Empfehlenswert sind folgende Events:

- die Festumzüge *(Cabalgatas de Reyes)* am 5. Januar, dem **Vorabend des Dreikönigstags**,
- die **Fiestas de San Isidro** (Abb. oben) Patronatsfest um den 10. bis 15. Mai.
- Anfang Juli steigt die **große Gay- und Lesbenparade** bei den Fiestas del Orgullo Gay.
- Zu den vielen bunten Sommerveranstaltungen zählen die **Stadtviertelfeste** in Lavapiés (➤ 154) und La Latina (➤ 152).
- Am 31. Dezember ist ein riesiger **Volkslauf**, und an der Puerta del Sol gibt es später eine **Freiluftparty zum Jahreswechsel**.

(➤ 155) beispielsweise könne man die Kleinen ganz nach ihrem eigenen Rhythmus laufen lassen, denn es sei abgeschirmt und autofrei. Und für Familien mit Kindern gibt es noch eine Menge mehr, ob den Zoo, das Planetarium, viele Grünflächen und die Seilbahn zur Casa de Campo.

Die Feste feiern, wie sie fallen

Bei **Volksfesten** geht es in Madrid zwar nicht so südländisch-hitzig zu wie in Andalusien, doch ist die Betriebstemperatur noch immer beachtlich. Besonders bei den **Patronatsfeierlichkeiten zu Ehren des heiligen Isidro Labrador** (➤ Kasten) Mitte Mai bebt die Erde bei Livekonzerten und Stierkämpfen. Das Fest ist eine gute Gelegenheit, die Madrider volkstümlich in typischen Trachten gekleidet als *chulapos* (Jacke oder Weste mit Nelke, weißes Halstuch, karierte Mütze) und *goyescos* (Haarnetz, Rock und Leibchen) zu erleben. Die Hauptwallfahrt des Fests führt zu der Grünfläche Pradera de San Isidro, wo traditionell Gebäck (*rosquillas*) gegessen, das »Wasser des Heiligen« (*agua del santo*) und eine *limonada* aus Wein, Zitrone, Zucker und Fruchtstücken (meist Apfel) getrunken werden. Der traditionelle Chotis-Tanz gehört auch dazu. Die Klangkulisse ist eher etwas für ältere Semester. Laut und ausgelassen geht es dann Anfang Juli bei der Madrider **Loveparade** zu, den *Fiestas del Orgullo Gay*. Und wer im Urlaubsmonat August noch in Madrid ist, geht auf diverse **Stadtteilfeste**.

Federico García Lorca

Casanova

Pedro Almodóvar

Literarische Stimmen, illustre Besucher

Seit der Erhebung zur Hauptstadt im Jahr 1561 durch König Philipp II. hat Madrid Reisende und prominente Besucher angelockt. Hier begegneten sich Filmregisseure, Maler und Dramatiker, Literaten spiegelten in ihren Werken bewegte Zeiten wie den Spanischen Bürgerkrieg, und Pedro Almodóvar brachte das Madrid der 1980er-Jahre in die Kinos.

Als der Italiener Camillo Borghese, der kommende Papst Paul V., Ende des 16. Jahrhunderts in der Stadt eintraf, bestätigte er den Ruf Madrids als seinerzeit schmutzigste Hauptstadt Europas. Die vornehmlich aus Lehm gebauten Häuser beurteilte er »hässlich« und »schlecht«, in den Straßen stieß er auf »Morast und Schmutz«. Zudem bemängelte er fehlende Aborte, »weshalb die Einwohner ihre ganze Notdurft in das Nachtgeschirr entrichten, das sie dann auf die Straßen leeren, was einen unerträglichen Gestank verursacht.« Spätere Besucher fanden lobende Worte, so William Dalrymple in »Reisen durch Spanien und Portugal im Jahr 1774«: »Einige Gassen, wie die Calle de Atocha, Carrera de San Jerónimo, Calle de Alcalá u. a. sind breit und schön, besonders die letztere, die am Eingang beinahe zweihundert Fuß breit ist. Sie werden vollkommen sauber gehalten, sind wohl gepflastert und erleuchtet, und alle fünfzehn bis sechzehn Schritt stehen Lampen.« Auf dem Paseo del Prado bemerkte Dalrymple im Promenieren »die vornehmste Nachmittagsbelustigung« der Madrider im Sommer: »Es versammelt sich täglich viele Gesellschaft zu Wagen und zu Fuß.« Den Stadtkern sah er so: »Einige Häuser sind sehr

Egon Erwin Kisch

Ernest Hemingway

Luis Buñuel

hoch, von fünf, sechs bis sieben Stockwerken, besonders auf dem *plaza maior*, einem großen Viereck, wo die königlichen Stiergefechte gehalten werden; zu andern Zeiten ist es der Markt von grünen Waren.«

Casanova ging ins Theater, Hans Christian Andersen in den Prado

Giacomo Casanova (1725–1798), der legendärste Womanizer seiner Zeit, schätzte die Madrider Kulturangebote und Treffs der High Society: »Um mich zu zerstreuen, ging ich oft ins Theater, das hundert Schritt von meiner Wohnung entfernt lag, und besuchte die Maskenbälle, für welche Graf Aranda eigens einen Saal hatte bauen lassen.« Der Schotte Henry David Inglis (1795–1835) schrieb in seinem Werk »Spain in 1830«, auf dem Paseo del Prado sei geboten »jedem Angehörigen der königlichen Familie Ehrerbietung zu zollen, wie oft er auch vorbeikommen mag.« Jede Kutsche müsse anhalten, jeder Insasse den Hut abnehmen, jeder Fußgänger müsse sich verneigen. Zweischneidig äußerte sich der Däne Hans Christian Andersen (1805–1875), der 1862 in Madrid Station machte. »Man müsste hier über Jahr und Tag bleiben, um sich in alle diese Herrlichkeiten hineinzuleben«, urteilte er über das 1815 eröffnete Prado-Museum, während ihn die damalige Plaza Mayor ernüchterte: »Man fühlt sich hier gedrückt, als stände man in einem Gefängnishof.«

Im Treppenhaus des Círculo de Bellas Artes

Dalí und die 1920er

In den 1920er-Jahren besuchte Salvador Dalí in der Hauptstadt die Kunstakademie und schrieb: »Der Himmel über Madrid war von einem zerschmetternden Blau, und die Backsteinhäuser wa-

Inspirierend: die im 19. Jh. nach Pariser Vorbild erschaffene Blickachse Gran Vía

ren blassrosa wie ein Seufzer voll herrlicher Versprechen.« Dalí wohnte in Residencia de Estudiantes, die nicht nur ein »Studentenwohnheim« war, sondern zugleich Intellektuellentreff und Eliteschmiede. Hier schlossen Salvador Dalí (1904–1989), der Filmregisseur Luis Buñuel (1900–1983) und der Lyriker und Dramatiker Federico García Lorca (1898–1936) Freundschaft. »In der Residencia sind wir göttlich untergebracht«, befand García Lorca, der zu Beginn des Spanischen Bürgerkriegs in Andalusien 1936 von einem rechtsextremen Militärkommando erschossen wurde.

Hemingway und Egon Erwin Kisch, Zeit für Kriegsreportagen

Der Spanische Bürgerkrieg, der 1936–1939 tobte, brachte illustre Persönlichkeiten in die Stadt. Ernest Hemingway (1899–1961), der Szenen aus Madrid in seinen Erfolgsroman »Fiesta« (1926) hatte einfließen lassen und 1954 den Literaturnobelpreis erhielt, verfasste Berichte als Kriegskorrespondent. Der Reporter Egon Erwin Kisch (1885–1948) beklagte: »Tausende deiner Häuser, Mutter Madrid, sind verwundet oder erschlagen worden und Zehntausende deiner Kinder, dieweil sie zu Hause waren.« Klaus Mann (1906–1949) berichtete 1938 aus Madrid: »Seit fast zwei Jahren haben die Frauen, Kinder und Männer der Hauptstadt die tägliche Beschießung ihrer Häuser und Straßen durch schwere Artillerie auszuhalten.«

Bienenkorb und Movida

Das Madrid der Nachkriegszeit umriss der Spanier Camilo José Cela (1916–2002), der 1989 den Literaturnobelpreis bekam, in seinem fragmentarischen Roman »Der Bienenkorb« (1951), angefüllt mit dunklem

BAEDEKER TIPP

Während manche Zeugnisse im Strom der Zeit untergegangen sind, können Sie einigen **Spuren von Hemingway** bis heute folgen:

- **Cervecería Alemana** (➤ 73, Abb. unten): In dieses Bar-Restaurant an der Plaza de Santa Ana kehrte Hemingway gern ein.
- **Restaurant Botín** (➤ 73): Schauplatz im Roman »Fiesta« und auch vom Meister selbst besucht.
- **Bar des Palace Hotel** (➤ 46): Die Bar im altehrwürdigen Palace Hotel an der Plaza de las Cortes hat Hemingway im Roman »Fiesta« verewigt und im wahren Leben auf den ein oder andern Drink frequentiert.
- **Gran Vía** (➤ 70): Hier spielt die Schlussszene des Romans »Fiesta«, hier verfasste Hemingway während des Spanischen Bürgerkriegs in der Bar des damaligen Hotel Gran Vía (heute Tryp Hotel Gran Vía; Hausnummer 25) einige seiner Korrespondentenberichte.
- **Círculo de Bellas Artes** (➤ 71, 76), Calle de Alcalá 42: Hier fand sich Hemingway gern ein, um Bücher und Zeitungen zu lesen.

Realismus. Mitte der 1950er-Jahre skizzierte der deutsche Schriftsteller Wolfgang Koeppen (1906–1996) die Gran Vía, als »Avenue strahlender Cafés« und den Palacio de Cibeles als »ein Märchenschloss des schlechten Geschmacks« und einen »Zuckerbäckerpalast der Überschwänglichkeit«. Der aus Kastilien-La Mancha stammende Filmregisseur Pedro Almodóvar, eine der maßgeblichen Persönlichkeiten der Kultur- und Sozialbewegung *Movida madrileña* in den 1980er-Jahren, gewann den verzehrenden Aspekten der Metropole Positives ab: »Stadtränder und Verschmutzung, Lärm und Elend, doch gerade in diesen Unvollkommenheiten wurzelt, manchmal, ihre Größe.« Ein anderer Spanier, der Schriftsteller Javier Marías (»Mein Herz so weiß«), 1951 in Madrid geboren, hat seine Heimatstadt einmal philosopisch so charakterisiert: »Möglicherweise ist das, was sie auf gar keinen Fall erträgt, die Vorstellung, auf irgendetwas festgelegt zu werden und still und ruhig auszuharren.« Da hat er Recht, der Señor Marías: Madrid lässt sich nicht in Schubladen stecken, Stillstand gibt es nicht!

Madrid und der Fußball

Madrid wurde »ausersehen«, um mit den Worten des deutschen Schriftstellers Hans Magnus Enzensberger zu sprechen, der Peripherie zu imponieren. Dieses Imponiergehabe setzt sich beim Fußball fort. Als Demonstration der Macht. So wie beim legendären Club Real Madrid.

Understatement liegt den Vereinsbossen von Real Madrid nicht. Propagiert wird gern »der beste Club der Welt«. Dieser höchstmögliche Anspruch geht mit einigen Superlativen und Besonderheiten einher: 100 000 Vereinsmitglieder, Fanclubs rund um den Erdball von Albanien bis Australien, ein eigener Fernsehkanal, eine eigene Hymne. Die gigantische Werbemaschinerie des Clubs beschränkt sich nicht auf den Mega-Fanshop des Stadions Santiago Bernabéu. Für Identifikation sorgt auch der »Real Madrid-Sympathieausweis« (*carné Madridista*), den bis 2016, dem Jahr des letzten Champions-League-Erfolgs, rund 800 000 Fans bestellt haben, so die Angaben des Clubs.

Der große Konkurrent aus Barcelona

Klar, dass im »besten Club der Welt«, der seine Gründung im Jahr 1902 erlebte, die weltweit besten Ballzauberer kicken sollten. Deren Verpflichtung gelingt leider nicht immer, denn im selben Land gibt es einen Rivalen, der die Vorherrschaft streitig macht und ebenfalls bereit ist, bei Ablösesummen und Gehältern Astronomisches aufzubieten: der FC Barcelona. Die Matches der Vereine gegeneinander – ob sie nun in der spanischen Meisterschaft, im Pokal oder gar in der Champions League aufeinandertreffen – werden regelmäßig zu »Jahrhundertspielen« hochstilisiert. Dabei geht es exemplarisch auch darum, wer die beste Stadt Spaniens ist, Madrid oder eben Barcelona. Dieses Konkurrenzdenken ist historisch gewachsen und selbst für jene aufschlussreich, die sich nicht für Fußball interessieren. Die Landeshauptstadt Madrid war stets gleichbedeutend mit (politischer) Zentralmacht und Bevormundung, während Barcelona, die Hauptstadt der Region Katalonien, immer ein eigenes Selbstbewusstsein demonstriert hat. Die Anfeuerungs- und Schmährufe, die die Anhänger des FC Barcelona während der Zeiten unter Diktator Franco im Stadion ausstießen, waren gleichzeitig Proteste gegen das System.

Als Wikinger verkleidete Real-Madrid-Fans

Stadtkontrahent und Schuldenlast

Die Real-Madrid-Fans schmerzt es weit mehr, ein Spiel gegen den FC Barcelona zu verlieren als gegen den Stadtkontrahenten Atlético de Madrid. Dieser 1903 gegründete Verein hat einige Meister- und Pokaltitel eingefahren und auf internationaler Ebene die Uefa Europa League gewinnen können, doch die erste Geige spielt unabänderlich Real Madrid. Einmal dort live die Stars auf dem Rasen des 80 000 Zuschauer fassenden Estadio Santiago Bernabéu in Aktion sehen! Einmal die Pokale und Reliquien in den Vitrinen des Museums betrachten! All das ist für viele Fußballfans ein Traum. Und den lassen sie sich nicht nehmen, auch wenn sie wissen, dass der »beste Club der Welt« weit über seine Verhältnisse lebt und wenn es um Schuldenberge geht, ebenfalls ein Gigant im Weltfußball ist.

BAEDEKER TIPP

Nördlich der Plaza de Colón führt der kilometerlange Paseo de la Castellana zum **Stadion Santiago Bernabéu** (Paseo de la Castellana 142, www.realmadrid.com; Metro Santiago Bernabéu) von **Real Madrid**, einer der berühmtesten Fußballadressen.

■ Der **Besucherrundgang**, bekannt als »Tour Bernabéu« (an Tagen ohne Spiel Mo–Sa 10–19, So 10.30–18.30 Uhr, sonst bis zu 5 Std. vor Anpfiff der Partie (s. Webseite), 19 €, in der Madrid Card inklusive), ermöglicht den Einblick ins Stadion und beinhaltet Stationen wie die Trainerbank, die Umkleideräume, den Spielertunnel, den Saal für Pressekonferenzen.

■ Das weitläufige **Museum** des Stadions mit seinen zahlreichen Pokalvitrinen erinnert an Fußballlegenden, die hier aktiv gewesen sind, ob Ferenc Puskás, Alfredo di Stefano, Figo, Zidane, Raúl, Iker Casillas oder Cristiano Ronaldo.

■ Im Shop bekommen Fußballfans originelle Souvenirs (► 107).

Madrid ist keine komplette Wolkenkratzercity. Aus dem weit auseinander gerissenen Häusermeer ragen nur vereinzelt Zeugnisse moderner Hauptstadtarchitektur auf: schräge und in die Höhe strebende Türme, von Architekten und Stadtplanern als Wegweiser in die Zukunft konzipiert.

Richtig hoch hinaus ging es in Madrid erstmals zu Beginn der 1980er-Jahre mit dem 220 m hohen Fernsehturm Torrespaña in der Oststadt, gefolgt von einer Art Mini-Manhattan in der Nordstadt am Paseo de la Castellana, ganz in der Nähe des Fußballstadions Santiago Bernabéu, dem Complejo Azca. Der Azca-Komplex, ein Banken-, Büro- und Geschäftszentrum, setzt sich aus mehreren Hochhäusern zusammen, darunter die Torre Europa des spanischen Architekten Miguel de Oriol e Ibarra (121 m) und die Torre Picasso (157 m) nach Plänen des US-Amerikaners Minoru Yamasaki, auf den das ehemalige World Trade Center in New York zurückgeht. 2013 fand im Complejo Azca die 104 m hohe Torre Titania ihren Bauabschluss. Das Projekt der Architekten Pablo Muñoz und Pedro Vilata ersetzte die Jahre zuvor abgebrannte Torre Windsor.

Architektonische Noten der 1990er-Jahre setzten Philip Johnson und John Burgee mit ihren Zwillingstürmen an der Plaza de Castilla, ein Stück nördlich vom Complejo Azca. Die 114 m hohen Türme sind als Torres KIO bekannt. Man nennt sie auch großspurig Ensemble Puerta de Europa (»Europa-Portal«). Ihre Besonderheit: Teile beider Türme haben einen Neigungswinkel von 15 Grad – eine buchstäblich schräge Architektur.

Spaniens höchstes Gebäude von Sir Norman Foster

Die bisherigen Wahrzeichen des 21. Jahrhunderts sind die Cuatro Torres (»vier Türme«), die nördlich der Plaza de Castilla die sogenannte »Cuatro Torres Business Area« formen. Das Quartett der Wolkenkratzer entstand zwischen 2007 und 2009: die Torre Espacio von Henry N. Cobb (230 m), die Torre PwC von Carlos Rubio Carvajal und Enrique Álvarez-Sala

Walther (236 m), die Torre de Cristal von César Pelli (249 m) sowie das bis heute höchste Gebäude Spaniens, die Torre Foster (auch Torre Caja Madrid genannt; 250 m) von Sir Norman Foster. Die Vergabe von Aufträgen an internationale Stararchiteken wie Pelli und Foster war seinerzeit in Spanien in Mode. Logisch, dass man in Madrid in einer Mischung aus hauptstädtischem Geltungsbedürfnis und Größenwahn nicht zurückstehen wollte.

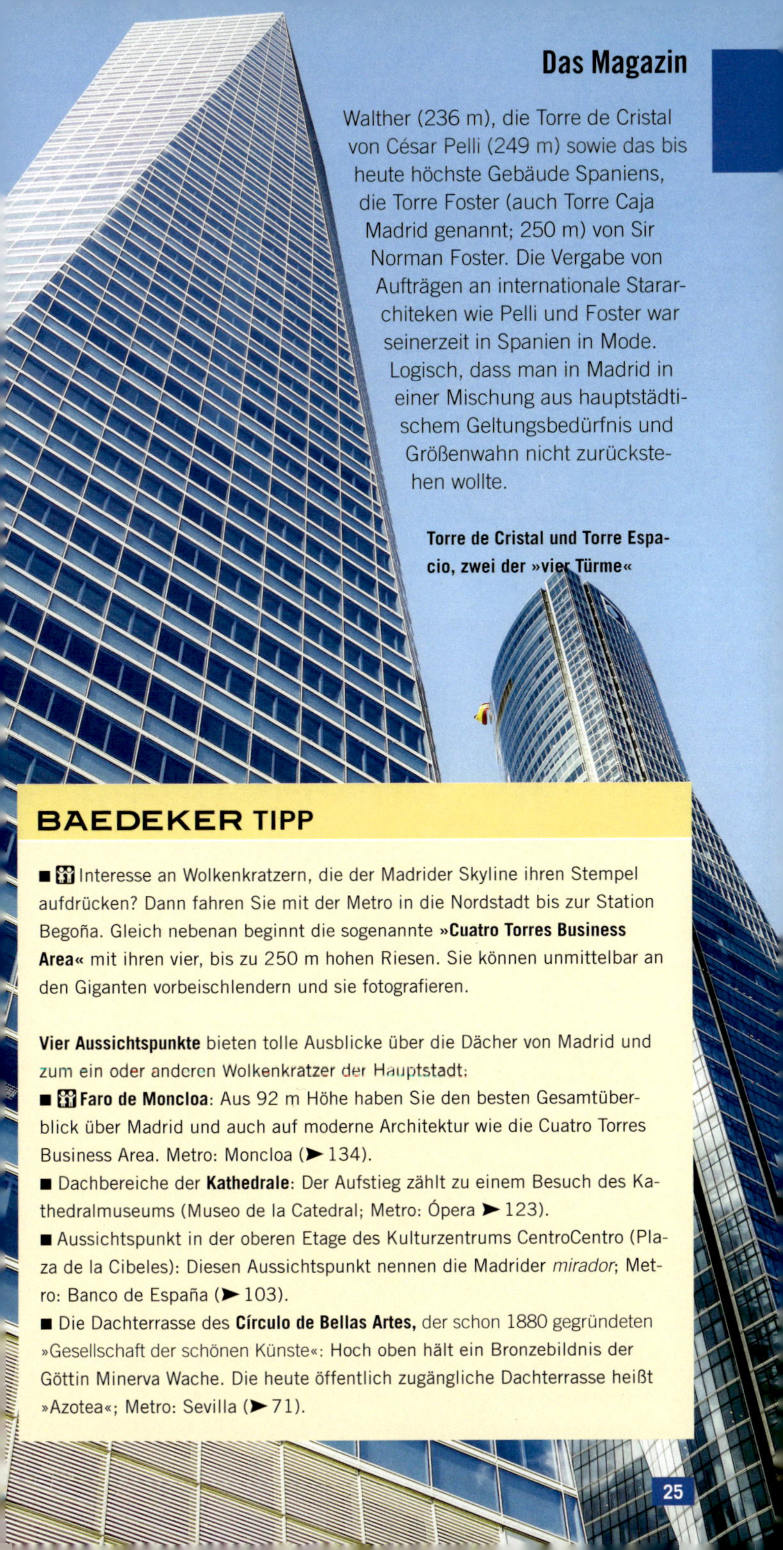

Torre de Cristal und Torre Espacio, zwei der »vier Türme«

BAEDEKER TIPP

■ Interesse an Wolkenkratzern, die der Madrider Skyline ihren Stempel aufdrücken? Dann fahren Sie mit der Metro in die Nordstadt bis zur Station Begoña. Gleich nebenan beginnt die sogenannte **»Cuatro Torres Business Area«** mit ihren vier, bis zu 250 m hohen Riesen. Sie können unmittelbar an den Giganten vorbeischlendern und sie fotografieren.

Vier Aussichtspunkte bieten tolle Ausblicke über die Dächer von Madrid und zum ein oder anderen Wolkenkratzer der Hauptstadt:

■ **Faro de Moncloa**: Aus 92 m Höhe haben Sie den besten Gesamtüberblick über Madrid und auch auf moderne Architektur wie die Cuatro Torres Business Area. Metro: Moncloa (➤ 134).

■ Dachbereiche der **Kathedrale**: Der Aufstieg zählt zu einem Besuch des Kathedralmuseums (Museo de la Catedral; Metro: Ópera ➤ 123).

■ Aussichtspunkt in der oberen Etage des Kulturzentrums CentroCentro (Plaza de la Cibeles): Diesen Aussichtspunkt nennen die Madrider *mirador*; Metro: Banco de España (➤ 103).

■ Die Dachterrasse des **Círculo de Bellas Artes,** der schon 1880 gegründeten »Gesellschaft der schönen Künste«: Hoch oben hält ein Bronzebildnis der Göttin Minerva Wache. Die heute öffentlich zugängliche Dachterrasse heißt »Azotea«; Metro: Sevilla (➤ 71).

Schlemmen:
Tapas-Expeditionen und **Eintopf** in drei Gängen

Madrid ist eine Stadt der Zugewanderten und dies macht sich auch in den Kochtöpfen und an der gastronomischen Vielfalt bemerkbar. In der Hauptstadt finden Einflüsse aus ganz Spanien zusammen. Entdecken Sie die Welt der Tapas und den Madrider Kichererbseneintopf.

Fingerfood in Vollendung

Andalusier, Basken, Galicier und viele andere Spanier strömten im Laufe der Zeiten nach Madrid, suchten ihr Glück und eröffneten Bars und Restaurants. So können Sie sich heute durch Spaniens verschiedenste Küchen testen. Verbindendes Element in der Gastro-Landschaft ist die Tradition der Tapas – Appetithäppchen in jedweder Form, kulinarische Kleinkunst, Fingerfood in Vollendung. Ein Stückchen Fleisch auf einer Baguettescheibe, ein Zahnstocherspieß aus Gürkchen und Sardellen, ein Häppchen Kartoffelomelette. Tapas machen Kneipenstreifzüge zu kulinarischen Expeditionen, denn erst nach mehrfachem Wechsel der Bar kann man tatsächlich beurteilen, wo die Tapas am leckersten sind. Wie sehr die Ansprüche an Tapas gestiegen sind und wie fantasievoll sie sich anrichten

Sandwiches und Tapas mit Fisch oder Calamares zum Vino (► 26) gefällig? Eintopf mit Kutteln (► unten links) oder lieber ein Wermut? Bar Le Cabrera in Chueca (► rechts)

und präsentieren lassen, beweisen die winzigen Einkehrspots im Mercado de San Miguel (► 74). Natürlich haben die kleinen Gastro-Kunstwerke dort ihren Preis. Andernorts geht es rustikaler und bodenständiger zu, da machen viele Tapas auf Dauer richtig satt. Wobei die Häppchen für Spanier eigentlich nur eine Zwischenmahlzeit oder das kulinarische Vorspiel für ein richtiges Mittag- oder Abendessen sind. Auf jeden Fall müssen sie frisch zubereitet sein.

Zu den Ursprüngen der lokalen Küche

Falls Sie Madrider Spezialiäten suchen, kommen Sie am *cocido madrileño* nicht vorbei, einem Kichererbseneintopf, in den Gemüse, Kartoffeln, Fleisch- und Wursteinlagen gehören. Authentisch wird der Eintopf in drei Gängen serviert: die Suppe separat und daneben die schwereren Einlagen, die Kirchererbsen und das Gemüse. Dieser Eintopf ist ein garantierter Sattmacher, was ihn mit einer beliebten Madrider Zwischenmahlzeit verbindet: dem *bocadillo de calamares* (auch *bocata de calamares*), einem Stück Baguette, belegt mit panierten frittierten Tintenfischringen. In der Reihe weiterer Spezialitäten stehen *callos* (Kutteln), *sopa de ajo* (Knoblauchsuppe) und *rabo de toro* (geschmorter Stierschwanz).

ANGESAGT

Derzeit trendy sind **Wermut und Austern** in schick aufgemachten Gastrobars. Auch von kleinen Brauern handgefertigte Biere (*cervezas artesanales*) finden begeisterte Anhänger. Unter den avantgardistischen Spitzenköchen ragt der 1980 in Madrid geborene **David Muñoz** heraus, dessen Fusionküche (Restaurant DiverXO) ihm die höchste Sternewertung eingebracht hat.

Madrid zwischen Geschichte und Legende

Ein legendenumwobenes Marienbildnis als Stadtheilige, ein gottergebener Stadtpatron, ein Bär an einem Erdbeerbaum als Wappentier – in Madrid verschmelzen Geschichte und Legende. Die Hintergründe:

Virgen de la Almudena, die Stadtpatronin

Am 9. November 1085 entriss Alfons VI., der König Kastiliens, Madrid und das damals viel bedeutendere Toledo den Feindeshänden der Mauren. Dafür setzte sich in den Straßen Madrids eine vom Monarchen angeführte Dankesprozession in Gang, bei der es natürlich auch um den Sieg des Christentums über den Islam ging. Als der Tross an einem Teil der *Almudaina*, der Stadtmauer der Muselmanen vorbeizog, riss die Mauer wie von Wunderhand auf und gab den Blick auf ein Marienbildnis frei. Wegen dieser Überlieferung oder Legende wird die Muttergottesfigur bis heute als Santa María la Real de la Almudena verehrt. Ihr Name leitet sich von der

Marienfigur der Stadtpatronin Virgen de la Almudena in der Kathedrale

Almudaina ab. Dass die heutige Skulptur in Madrids Kathedrale aus dem 17. Jahrhundert stammt, tut dem Glauben keinen Abbruch. Sie ist die Schutzpatronin der Stadt und Almudena ein beliebter Vorname. Jedes Jahr am 9. November wird die Marienfigur bei einer Prozession durch die Straßen getragen. Viele Madrider legen festliche Tracht an. Das Marienbildnis der Almudena wird mit einer Freiluftmesse auf der Plaza Mayor und einer prächtigen Blumengabe (*ofrenda floral*) geehrt.

Der fromme Isidor, Vorbild und Schutzheiliger

Das männliche Pendant zu Almudena heißt San Isidro Labrador. Er soll im 11./12. Jahrhundert gelebt haben und galt als frommer, unermüdlicher Bauer (*labrador*), der schon in jungen Jahren als Knecht die Arbeit für seinen Herrn ergeben erledigte. Er zeichnete sich durch Nächstenliebe, Demut und Gottestreue aus, liebte seine Tiere, besuchte jeden Tag die Messe und veranstaltete einmal im Jahr ein Essen für die Ausgestoßenen und Armen. Ein echtes Vorbild! 1622 sprach Papst Gregor XV. ihn heilig. Isidors Frau Santa María de la Cabeza wird ebenfalls vom Volk als Heilige verehrt.

Wappentier und Symbol für die Macht der Stadt über die Kirche

»Was macht ein Bär an einem Erdbeerbaum?«, fragen sich heutige Besucher, wenn sie Madrids Wappentier an der Puerta del Sol sehen. Dass es einst vor Ort reichlich Bären und Erdbeerbäume gegeben haben muss, reicht als Erklärung nicht aus. Die Darstellung erinnert an einen Rechtsstreit zwischen Stadt und Kirche im 13. Jahrhundert. Dabei ging es um die Aufteilung von Ländereien. Die Stadt bekam den Anspruch auf den Baumbewuchs und das Jagdrecht, der Klerus bekam die Weiden. Der Bär ergreift den Baum, wie es im Mittelalter die Madrider taten, die der Kirche die Rechte an den umliegenden Wäldern nahmen.

BAEDEKER TIPP

- **Catedral de la Almudena** (➤ 121): Hier steigen Sie zum Marienbildnis der Almudena auf. Am Altarumgang ist San Isidro Labrador eine Kapelle geweiht, wo Sie auf einen ursprünglichen Sarkophag des Heiligen und Stadtpatrons schauen.
- **Real Colegiata de San Isidro** (➤ 152): Hier befindet sich der Schrein des San Isidro Labrador.
- **Museo de San Isidro/Museo de los Orígenes** (➤ 153): Das Museum im Viertel La Latina erinnert an San Isidro Labrador und seine Frau Santa María de la Cabeza.
- Das **Madrider Stadtfest** (um den 10.–15. Mai (➤ 17) steht ganz im Zeichen des San Isidro Labrador.
- Das **Denkmal des Bären und des Erdbeerbaums** (*El oso y el madroño*) finden Sie am äußersten Ostende des Platzes Puerta del Sol (➤ 67), dort, wo es fast in die Calle de Alcalá hineingeht.
- Ansonsten begegnet Ihnen das **Wappenmotiv** vielerorts auf Schritt und Tritt, ganz wörtlich genommen auf Kanaldeckeln.

Das Magazin

Gegen den Strich:
Movida & Aufbruch

Ob in Kultur oder Politik oder zum Thema Gleichstellung von Mann und Frau – landesweit ist Madrid oft Indikator und Vorreiter für Veränderungen.

Seit 2016 sind in Madrids festlichen Stadtbezirksumzügen am Vorabend des Dreikönigstags Anfang Januar erstmals Frauen mit von der Partie. Die Debatte, ob eine Frau einen der »Heiligen drei Könige« darstellen dürfe, trat in Spanien Lawinen polemischer Diskussionen los, auch in der Politik. Einmal abgesehen vom immer noch anhaltenden Kampf um Gleichberechtigung ging die Initiative wie so oft von Madrid aus. Das war zu Beginn der 1980er-Jahre nicht anders, als die *Movida madrileña* einsetzte, eine Kultur- und Sozialbewegung, die sich in einer nachhaltig durch die Franco-Zeit geprägten Gesellschaft formierte. Nachdem diese bleierne Epoche 1975 mit dem Tod des Diktators endete, erhoben sich nach Jahren der Redemokratisierung neue Stimmen gegen alteingefahrene Strukturen.

Rebellisch, avantgardistisch und kreativ

Liberal, ungeniert, rebellisch und progressiv bürsteten die Madrider ihr Hier und Heute gegen den Strich. Musiker spielten eine besondere Rolle für die Movida, aber auch Dichter und Journalisten, bildende Künstler, Maler, Fotografen, Intellektuelle und Cineasten. Der spätere Oscarpreisträ-

Demonstration gegen Sparmaßnahmen und Gehaltskürzungen

Love Parade: Anfang Juli feiern über zwei Millionen Menschen ihre sexuelle Freiheit

ger Pedro Almodóvar (»Frauen am Rande des Nervenzusammenbruchs«, »Alles über meine Mutter«, »Sprich mit ihr« etc.) fand nach eigenen Worten in Madrid für seine Filme die »perfekte Landschaft mit einer passenden Fauna«. Die *Movida madrileña* war ein Ausdruck der Befreiung und der neu gewonnenen Identität, geboren und geformt in Konzertsälen und Kunstgalerien, bei Festen, in privaten Runden. Madrid strahlte Aufbruchstimmung ins ganze Land aus. Etwas stiller verlief die Bewegung der Lesben und Gays für mehr Offenheit und Anerkennung. Zögerliche Anfänge verloren sich in den 1980ern im Stadtviertel Chueca. Was seinerzeit niemand zu prognostizieren gewagt hätte: Heute ist der Durchbruch längst geschafft, die gesellschaftliche Toleranz vorhanden. Spanien legalisierte gleichgeschlechtliche Ehen 2005 unter der Regierung der Sozialistischen Arbeiterpartei. Madrid gilt heute als eine der schwulenfreundlichsten Metropolen Europas. Anfang Juli zieht die Love Parade (Fiestas del Orgullo Gay) etwa zwei Millionen Menschen an.

Finanzkrise und empörte Proteste

Motor für Veränderungen sind auch Madrids Bürgerbewegungen. Während der gravierenden Banken-, Finanz- und Wirtschaftskrise 2011 kam es zu Protestcamps auf dem Platz Puerta del Sol. Was mit spontanen Aktionen und ein paar Dutzend Teilnehmern begann, weitete sich zu friedlichen Massendemonstrationen aus und erfasste das Land. Die Proteste der *Indignados* (Empörten) waren die Antwort auf politische Korruption und Selbstbedienungsmentalität, Massenarbeitslosigkeit, Kürzungen im Bildungs-, Sozial- und Gesundheitswesen. Sie kritisierten auch die Haus-

In Zeiten von Krise und Korruption sinkt das Vertrauen in Wirtschaft und Politik

räumungen, die jene trafen, die ihre Kredite nicht mehr abbezahlen konnten, während Banker Abfindungen in Millionenhöhe einstrichen.

Neue Bürgerparteien mischen die politische Landschaft auf

Was den Indignados zunächst fehlte, war eine gemeinsame Stimme, eine besser koordinierte Interessensvertretung. Wer mehr gesellschaftlich-soziale Beteiligung, echte Mitbestimmung und Mitgestaltung forderte, musste selbst aktiv werden. Von sich aus würden die beiden traditionellen Großparteien, die Sozialistische Arbeiterpartei und die konservative Volkspartei keine Lösungsansätze auf den Weg bringen. So kam es in Madrid zur Gründung von Bürgerparteien wie der linksgerichteten Podemos (»Wir können«) und Ahora Madrid (»Jetzt Madrid«). Nach dem Erfolg bei den Regionalwahlen 2015 gelang es Ahora Madrid mit Manuela Carmena die Bürgermeisterin zu stellen.

Und bei den Parlamentswahlen Ende 2015 wirbelten die Wählerstimmen für Podemos das Parteienpanorama von einst durcheinander. Spanien schwebte bis zu den erneuten Wahlen im Juni 2016 und lange darüber hinaus im politischen Vakuum. Podemos Unidos, mehrere vereinte linke Bürgerparteien, kandidierten als große Hoffnungsträger, doch die Wahl ging konservativer aus als erwartet. Der gewählte und amtierende Ministerpräsident Mariano Rajoy (Partido Popular) paktierte mit der rechtsliberalen Partei Ciudadanos, konnte aber keine Mehrheit erringen. Die Sozialisten (PSOE), die im Gegensatz zu früher keine breite Rückendeckung mehr im Volk genießen, ermöglichten erst Ende Oktober durch Stimmenthaltung ihre Zustimmung zu einer Minderheitenregierung Rajoys.

Wahlkampf 2016: Alberto Garzón (Izquierda Unida, l.) und Pablo Iglesias (Podemos, r.)

Tierschutz für Kampfstiere

Ein weiteres Beispiel dafür, dass Spaniens Gesellschaft gespalten und in kontinuierlichem Wandel begriffen ist: Die Tierschutzpartei Pacma (Partido Animalista contra el Maltrato Animal) kämpft vehement gegen den Stierkampf – und das in Madrid, dessen Arena Las Ventas von Stierkampfanhängern als Heiligtum verehrt wird. Während der Stierkampf in Katalonien längst verboten ist, plädiert die Tierschutzpartei nun in Madrid für ein landesweites Verbot des Stierkampfs, dem in den Arenen jährlich 11 000 Tiere zum Opfer fallen.

Revival der Movida? Junge Demonstranten träumen von einer besseren Zukunft

Das GRÜNE Madrid

Madrids entdeckungsreiche Parks und Gärten laden zur Erholung von der urbanen Hektik ein. Zum Picknicken und Entspannen, Joggen und Flanieren.

Plötzlich ist der Großstadtdschungel weit weg. Jetzt öffnen sich andere Panoramen, duftet es nach Kiefern und Lavendel. Vögel zwitschern. Die Sonne siebt Schatten durch die Blätter und zeichnet Muster auf efeuumrankte Baumstämme. Und ganz in der Nähe plätschert ein Brunnen und strahlt etwas Kühle ab. Madrid bietet erstaunlich vielfältige Parkanlagen, Oasen in Klein- und Großformat. Das beginnt in der Innenstadt auf der **Plaza de Oriente** (➤ 128) mit Blick zum Königspalast. An der Nordseite des Palasts führen in Sichtweite Treppen zu den **Jardines de Sabatini** (➤ 130) hinab. Die kleinen Gärten, ebenfalls mit dekorativ beschnittenen Hecken, umgeben einen Teich. Unterhalb des Königspalasts Richtung Westen breiten sich die **Jardines del Campo del Moro** (➤ 131) aus; der öffentliche Zugang am Paseo de la Virgen del Puerto erfordert eine ausgedehntere Schleife abwärts. Das kleine Wegenetz ist attraktiv und eröffnet eine Perspektive auf den Palast, die Sie sonst nicht haben. Erst der vorherige König Juan Carlos I. gab den im 19. Jahrhundert in englischem Stil angelegten Park für die Öffentlichkeit frei.

BAEDEKER TIPP

So finden Sie Madrids schönste Parks und Gärten:

- **Parque de El Retiro** (➤ 94); Metro: Retiro, Príncipe de Vergara, Ibiza, Atocha Renfe.
- **Real Jardín Botánico** (➤ 100); Metro: Atocha. Dieser Botanische Garten kostet Eintritt, eine Ausnahme.
- **Casa de Campo** (➤ 126); Metro: Lago, Casa da Campo. Ein Zusatzerlebnis ist die Fahrt hinüber in der Seilbahn, dem Teleférico (➤ 133).
- **Madrid Río** (➤ 149). Für den schönsten Bereich im Süden heißen die nächsten maßgeblichen Metrostationen: Pirámides, Marqués de Vadillo und Legazpi.
- **Jardines de Sabatini** (➤ 130); Metro: Plaza de España.
- **Jardines del Campo de Moro** (➤ 131); Metro: Príncipe Pío.
- **Jardines del Templo de Debod** (➤ 133); Metro: Plaza de España, Ventura Rodríguez.

Flanieren im Grünen: am Manzanares unterhalb des Königspalasts

Pasarela del Arganzuela: die avantgardistische Brücke über den Manzanares schuf der französische Architekt Dominique Perrault

Auszeit am Fluss, Mammutprojekt des 21. Jahrhunderts

Die Jardines del Campo de Moro liegen ganz in der Nähe des Flussparks **Madrid Río** (➤ 149), ein stadtplanerisches Mammutprojekt des 21. Jahrhunderts, das von Beginn an bestens von der einheimischen Bevölkerung angenommen wurde. Madrid Río erstreckt sich am Río Manzanares entlang. Die schönsten und breitesten Abschnitte liegen im Südteil auf ca. 1,5 km zwischen zwei Brücken, der historischen Fahrzeugbrücke Puente de Toledo und der Fußgängerbrücke Puente del Matadero, modern gestaltet mit Großmosaiken aus recycelten Glasscherben. Madrid Río eignet sich zum Auspowern für Jogger, Radler und Inlineskater. Und Spaziergänger entdecken die Stadt hier aus einer ganz neuen Warte.

Streifzug ins Grüne

Der größte Stadtpark ist die **Casa de Campo** (➤ 126) mit über 1700 ha, ein historisches Jagdgebiet der Könige. Deutlich zentrumsnäher liegen der **Real Jardín Botánico** (➤ 101) und der am häufigsten besuchte **Parque de El Retiro** (➤ 94). Bestens durchatmen können Sie auch in den Grünanlagen um den ägyptischen **Templo de Debod** (➤ 133). Ab hier erstreckt sich der Anfang des 20. Jahrhunderts angelegte **Parque del Oeste** (Metro: Moncloa, Plaza de España) weiter nordwestwärts mit prächtigem Rosengarten, der Rosaleda. Natur in die Stadt bringen außerdem der **Parque de la Fuente del Berro** nahe dem Fernsehturm (Metro: O'Donnell), die **Quinta de los Molinos** (Metro: Suanzes) und der **Parque de Santander** im Distrikt Chamberí mit vielen Sporteinrichtungen (Metro: Guzmán el Bueno). Zum **Parque Enrique Tierno Galván** (Metro: Arganzuela-Planetario, Méndez Álvaro) gehören das Planetarium und ein Imax-Kino, zum **Parque de Berlín** (Metro: Concha Espina) kurioserweise ein paar Stücke der Berliner Mauer.

Erster Überblick

Ankunft

Die meisten Reisenden kommen auf dem Luftweg nach Madrid. Alternativ lässt sich Madrid mit dem Auto sowie per Bus und Bahn erreichen. Die Fahrt dauert dann natürlich länger und erfordert Durchhaltevermögen.

Anreise mit dem Flugzeug

- Madrids Flughafen **Aeropuerto Adolfo Suárez Madrid-Barajas** (www.aena.es, www.aeropuertomadrid-barajas.com, Tel. 913 21 10 00) liegt etwa 12 km nordöstlich der Innenstadt und besteht aus mehreren Teilen und Terminals (T 1, T 2, T 3, T 4). Der Name Adolfo Suárez erinnert an den gleichnamigen Politiker (1932–2014), der in der Ära nach Diktator Franco die Redemokratisierung Spaniens als Ministerpräsident vorantrieb, der Name Barajas verweist auf die benachbarte Vorstadt. Madrid wird von diversen Airlines angesteuert (➤ 187).
- **Transfer:** Ab den maßgeblichen Terminals 1, 2 und 4 bringen Sie die **Flughafenbusse** von **Línea Exprés** (Linie 203) in die Innenstadt. Ihre Endstation ist der Madrider Zugbahnhof Atocha-Renfe, nicht weit entfernt vom Paseo del Prado, dem Prado-Museum und dem Museum Thyssen-Bornemisza. Bei normalem Verkehrsfluss dauert die Fahrt etwa 40 Minuten. Der Preis beträgt 5 € pro Passagier, inklusive Gepäck. Beim Einstieg in den Bus bezahlen Sie in bar; akzeptiert werden Geldscheine in Höhe von maximal 50 €. Die Express-Flughafenbusse fahren ganzjährig tagsüber alle 15–20 Minuten ab 6 Uhr, in den späten Abendstunden im Schnitt alle 35 Minuten. Bei Fahrten nach 23.30 Uhr wird nicht der Bahnhof Atocha-Renfe, sondern die gleichfalls zentral gelegene Plaza de la Cibeles angesteuert.
- Eine **Alternative** zum Express-Flughafenbus ist die Fahrt im **Linienbus Nr. 200**. Er hält an den Terminals 1, 2 und 4. Er fährt zur nordöstlich der Innenstadt gelegenen Avenida de América, wo es einen unterirdische Busbahnhof (Verbindungen in verschiedene Landesteile Spaniens, auch international) und eine Metrostation gibt. Von hier empfiehlt sich die Weiterreise in die City mit der Metro. Die einfache Busfahrt mit der Linie 200 kostet 1,50 €, das Ticket gibt es an Bord. Hier sollten Sie nach Möglichkeit darauf achten, Kleingeld zur Hand zu haben. Die Fahrt (5–23.30 Uhr) dauert zwischen 12 und 20 Minuten. Den Fahrplan finden Sie unter www.crtm.es.
- Die **Metro** ist eine bequeme Art, in die City zu gelangen. Der Flughafen hat zwei Metrohaltestellen der **Linie 8 (Terminal 4 und Terminals 1, 2, 3)**. Linie 8 fährt stadteinwärts zur Endstation Nuevos Ministerios. Von dort oder ab Mar de Cristal geht es weiter in die City bzw. andere Stadtteile. Die Metro verkehrt von 6.05–1.30 Uhr. Der Preis für die einfache U-Bahnfahrt vom Flughafen in die Innenstadt beträgt 5 €. Wer plant, bei seinem Madrid-Aufenthalt weiterhin die Metro zu benutzen, kann sich am besten gleich zu Beginn ein Zehnerticket (Preis bei Redaktionsschluss: 12,20 €) zulegen; in diesem Fall muss man für die Flughafenanbindung zusätzlich einen Aufschlag in Höhe von 3 € lösen. Metrotickets gibt es an Maschinen oder Schaltern.
- Am schnellsten (und teuersten) geht es mit dem **Taxi** in die Stadt. Für eine Fahrt ins Zentrum fällt ein Festpreis in Höhe von 30 € an. Maßgeblich dafür ist, dass sich das Ziel innerhalb der Stadtumgehung M-30 befindet. Aufschläge auf den Preis von 30 € dürfen die Fahrer nicht erheben (was nicht ausschließt, dass es unter ihnen schwarze Schafe geben

kann). Offizielle Taxis sind weiß und haben einen rötlichen Seitenstreifen. Sie warten an den Ständen vor den Terminals.

- **Mit dem Mietauto:** Nach der Entgegennahme eines vorgebuchten Mietwagens, z. B. über Billiger Mietwagen (www.billiger-mietwagen.de), geht es – abhängig von Ihrem Ziel – über die M-13, M-14/A-2 oder die M-30 in die Stadt. Allerdings ist von einem (Miet-)Wagen bei einem Stadturlaub in Madrid eher abzuraten. Die Parksituation ist vielerorts problematisch, Garagenplätze in Hotels schlagen gesondert und recht hoch zu Buche.

Anreise mit dem Zug

- Die beiden großen Zugbahnhöfe sind die Estación de Chamartín und die Estación de Atocha (www.renfe.com); beide sind ans Metronetz angeschlossen. Je nach Ausgangspunkt führen Bahnstrecken über Paris-Bordeaux-Hendaye bzw. über Südfrankreich und Barcelona. Zwischen Madrid und Barcelona ist der Superschnellzug AVE unterwegs. Die Anreise aus Mitteleuropa dauert mindestens 20 Stunden. Zu beachten ist ein etwaiger Bahnhofswechsel in Paris. Auf der Webseite der Deutschen Bahn und unter www.interrail.eu kann man sich über Preise und Konditionen für Interrail-Tickets informieren, wenn man den Madridbesuch mit einer Tour durch Europa verbinden möchte.

Anreise mit dem Bus

- Die für internationale Verbindungen maßgeblichen Busbahnhöfe sind die Estación de Avenida de América (Metro: Avenida de América) und vor allem die Estación Sur de Madrid (Calle Méndez Álvaro; Metro: Méndez Alvaro, www.estacionautobusesmadrid.com, Tel. 914 68 42 00).

Anreise mit dem Auto

- Auf Spaniens Hauptstadt laufen wichtige Autobahnen zu, von Norden her die A-1 und von Nordosten her die A-2. Die Madrider Stadtumgehungen heißen – von außen nach innen gesehen – M-50, M-40 und M-30. Der Großstadtverkehr hat seine Tücken (Staus während der Hauptverkehrszeiten etc.) und kann niemandem wirklich ans Herz gelegt werden. Die Parkgebühren in Madrid gehen ins Geld, ganz abgesehen davon, dass das Parken außerhalb von Parkhäusern oder Hotelgaragen zu einem chronischen Problem werden kann.

Touristeninformationen

- Erste Auskünfte bekommen Sie an verschiedenen Stellen am **Flughafen**, beispielsweise am Punto de Información Turística im **Terminal 2** (zwischen Sala 5 und Sala 6) und am Punto de Información Turística im **Terminal 4** (Sala 10). Beide Auskunftstellen sind in der Regel täglich von 9 bis 20 Uhr geöffnet. Für maßgebliche Informationen ist das **Hauptbüro in der Innenstadt** zuständig, das Centro de Turismo Plaza Mayor. Einige Filialen sind unten angegeben (weitere siehe Webseite).
- Die **zentrale Rufnummer** für alle Touristeninformationen lautet Tel. (0034) 914 54 44 10. Hilfreiche Infos bietet auch die **Webseite der Touristeninformation** www.esmadrid.com.

Plaza Mayor 27, Sol, tägl. 9.30–21.30 Uhr
Paseo Recoletos 23, Colon, tägl. 9.30–20.30 Uhr
Paseo del Prado, Plaza de Neptuno, Atocha, tägl. 9.30–20.30 Uhr
Palácio de Cibeles, Plaza de Cibeles, tägl. 9.30–20.30 Uhr
Faro de Moncloa, Avenida Arco de la Victoria 2, tägl. 9.30–20.30 Uhr

Sicherheit

Madrid ist grundsätzlich kein kriminelles, sondern ein sicheres Reisepflaster. Taschendiebstahl und kleine Betrügereien gehören zu den häufigsten Delikten, die Touristen betreffen. Also sollten Sie Ihre **persönlichen Sicherheitsvorkehrungen** treffen:

- Bereits bei der Ankunft im Flughafen das Gepäck in keinem Moment unbeaufsichtigt lassen, auch nicht wenn Sie z. B. auf einen der Flughafenbusse warten.
- Vertrauen Sie am Flughafen keinen Personen, die Taxitransfers oder dergleichen anbieten.
- Hüten Sie sich vor Taschendieben. Das gilt für die Metro, mit der Sie vielleicht schon vom Flughafen in die Stadt fahren, aber auch für Plätze, Wochenmärkte, Volksfeste, den beliebten Sonntagsmarkt Rastro etc.
- Halten Sie Ihre Bargeldbestände möglichst gering. Größere Beträge und wichtige Dokumente gehören in den Hotelsafe, auch wenn dieser Extrakosten verursachen sollte. Wichtige Dokumente am besten zu Hause fotokopieren bzw. einscannen!

Unterwegs in Madrid

Zwei große Plätze, die verkehrsbefreite Plaza Mayor und die vom Verkehr gestreifte Puerta del Sol, geben in der City eine gute Orientierung. Nördlich wird der Innenstadtkern von der Gran Vía, westlich von Königspalast und Kathedrale, östlich vom Paseo del Prado begrenzt. Hinter dem Paseo del Prado beginnt der wichtigste Stadtpark – El Retiro. Der Río Manzanares durchfließt die niedriger gelegenen Süd- und Westteile Madrids. In die nördlichen Stadtteile führt der kilometerlange Paseo de la Castellana, eine Verlängerung des Paseo del Prado bzw. Paseo de Recoletos. Schnell, sicher und zuverlässig kommen Sie mit der Metro und mit Stadtbussen ans Ziel. Nachts fahren auch Nachtbusse. Ermäßigungen für ein umfangreiches Sightseeing bekommen Sie z. B. mit dem Kunstticket oder der Madrid Card. Für die Metro gibt es ein Touristenticket.

Orientierung

Verwaltungstechnisch gliedert sich Madrid in **21 Distrikte** (*distritos*) und **128 Stadtviertel** (*barrios*). Für Besucher ist es oft verwirrend, dass die offiziellen Verwaltungsbezeichnungen von Stadtvierteln teilweise nicht mit den traditionellen Namen übereinstimmen. Ein Beispiel ist er **Distrito Centro**, der sich offiziell aus sechs Vierteln zusammensetzt: Cortes, Embajadores, Justicia, Palacio, Sol und Universidad. Aber in diesem Distrikt liegen auch die Viertel, die inoffiziell als Chueca, La Latina, Lavapiés und Malasaña bekannt sind. Hinzu kommen Bezeichnungen wie Austrias oder Madrid de los Austrias für das historische Madrid der Habsburger rund um Plaza Mayor und Königspalast und Barrio de las Letras, das »Viertel der Dichter und Denker« um die Plaza de Santa Ana, die Calle de Cervantes und die Calle del Prado.

Entdeckungen mit der Madrid Card

Die auf Touristen zugeschnittene Madrid Card (www.madridcard.com) ist ideal für den Besuch vieler Sehenswürdigkeiten und Museen.

- Diese Chipkarte gibt es wahlweise für die Dauer von 24/48/72/120 Stunden zum **Preis** von 47/60/67/77 €.

- Für Kinder von 6–12 Jahren kostet die Madrid Card 34/42/44/47 €.
- Man bekommt sie im Haupttouristenbüro an der Plaza Mayor 27.
- Ein nicht zu unterschätzender Vorteil der Madrid Card ist, dass Sie in beliebten Museen einen **bevorzugten Zugang** (*acceso preferente*) haben und so die zuweilen langen Warteschlangen vermeiden.
- Beim Kauf gibt es einen Übersichtsplan und eine mehrsprachige Broschüre zu den über 30 im Preis enthaltenen Sehenswürdigkeiten und Museen. Dazu zählen u. a. die wichtigsten Kunstmuseen und – beide ansonsten sehr teuer – die Stadion- und Museumstour des Fußballclubs Real Madrid (»Tour Bernabéu«) sowie das Wachsfigurenkabinett (Museo de Cera). Gleichfalls enthalten sind die Fahrt mit der Seilbahn (Teleférico) und eine Führung durch das Königliche Theater (Teatro Real). Darüber hinaus bekommen Sie bei Vorlage der Karte diverse Preisnachlässe bei Ausstellungen, Veranstaltungen etc. Fahrten in öffentlichen Verkehrsmitteln sind nicht enthalten.

Kunstticket

Kulturinteressierte, die ihre Hauptbesuchsziele in den wichtigsten Kunstmuseen Prado, Reina Sofía und Thyssen-Bornemisza sehen, legen sich statt der Madrid Card ggf. besser das Kunstticket (Tarjeta Paseo del Arte, auch: Abono Paseo del Arte) zu. Dieses gilt einzig für die drei genannten Museen und spart insgesamt etwa 20 Prozent gegenüber den Einzeleintritten. Es ist an den Museumskassen erhältlich und kostet 28,80 €.

Madrid zum Nulltarif

- In Madrid sind die wichtigsten Parks und Gärten, z. B. der historisch-künstlerische Landschaftsgarten **El Capricho**, kostenlos zugänglich. Auch Sehenswürdigkeiten wie die **Ermita de San Antonio de la Florida** (➤ 118), der **Templo de Debod** (➤ 133), das **Panteón de Hombres Ilustres** (➤ 99) und das **Museo de San Isidro/Museo de los Orígenes** (➤ 153) kosten keinen Eintritt.
- **Frei zugänglich** sind diverse Kulturzentren und die beiden im Stadtpark El Retiro gelegenen Ausstellungssäle, den Palacio de Cristal und den Palacio de Velázquez. Beim Zugang in die Kathedrale La Almudena ist eine Eintrittsspende (*donativo*) freiwillig.
- Darüber hinaus gibt es **zu bestimmten Zeiten freie Eintritte**, beispielsweise im Museo Nacional del Prado (Mo–Sa 18–20 und So 17–19 Uhr), in die ständige Sammlung des Museo Thyssen-Bornemisza (Mo 12–16 Uhr), im Museo Nacional Centro de Arte Reina Sofía (Mo, Mi–Sa 19–21, So 13.30–19 Uhr), im Museo Real Academia de Bellas Artes de San Fernando (Mi, außer an Feiertagen), im Palacio Real (für EU-Bürger Okt.–März Mo–Do 16–18, April–Sept. Mo–Do 18–20 Uhr), im Monasterio de las Descalzas Reales (für EU-Bürger Mi, Do 16–18.30 Uhr, letzter Einlass 17.30 Uhr), im Real Monasterio de la Encarnación (für EU-Bürger Mi, Do 16–18.30 Uhr, letzter Einlass 17.30 Uhr). Bei den Ausflugszielen Madrids bietet der Escorial freien Eintritt (für EU-Bürger Okt.–März Mi, Do 15–18 Uhr, April–Sept. Mi, Do 17–20 Uhr).
- Überall dort, wo Eintritte für EU-Bürger kostenlos sind, sollten Sie den **Ausweis zur Hand haben**.
- Da die kostenlosen Zugänge kein Geheimnis sind, müssen Sie mit Wartezeiten rechnen. Besonders in den Klöstern Descalzas Reales und Encarnación sollten Sie so **rechtzeitig vor Ort sein**, dass Sie noch Karten bekommen, denn die Kontingente sind angesichts der Führungen in kleinen Gruppen begrenzt.

Öffentlicher Nahverkehr

Die Metro ist in Gebietszonen unterteilt, doch für Besucher relevant ist nur Zone A, die das größte, zentralste Gebiet Madrids abdeckt. Die Zonen B 1 und B 2 liegen in touristisch irrelevanten Vorstädten. Beachten Sie, dass für die Metrofahrt vom oder zum Flughafen ein Aufschlag in Höhe von 3 € fällig wird.

Tickets

- Eine Einzelfahrt mit der **Metro und/oder dem Bus (Stadtzone A)** kostet 1,50–2 €. Mit einem Mehrfahrtenticket sparen Sie Geld.
- **Zehnertickets** (*billete de 10 viajes Metrobús*) kosten 12,20 €. Sie bekommen es in den Metrostationen (oft nur Automaten; bar oder Kreditkarte) oder in autorisierten Zeitungskiosks (*quioscos de prensa*) und Tabakläden (*estancos*). Beim Kauf eines Zehnertickets an den Automaten werden keine Geldscheine über 20 € akzeptiert.
- Eine Alternative ist das **Touristenticket** (*billete turístico de Transporte*, auch *abono turístico*), das Sie ebenfalls in den Stadtbussen und der U-Bahn (Zone A) nutzen können. Dieses Ticket ist für Vielfahrer gedacht, da es unbegrenzte Fahrten erlaubt. Für 1/2/3/5/7 Tage kostet es 8,40/14,20/18,40/26,80/35,40 €. Für Kinder bis elf Jahre gibt es 50 Prozent Rabatt, Kinder unter vier Jahren fahren gratis.

Metro

Das Metronetz ist vorbildlich ausgebaut. Es gibt **zwölf Linien**, die farblich unterschiedlich gekennzeichnet sind. Hinzu kommt die **Kurzlinie Ópera-Príncipe Pío**. Quer durch die Stadt geht es u. a. mit der roten Linie 2 (Las Rosas-Cuatro Caminos), der gelben Linie 3 (Villaverde Alto-Moncloa) und der hellgrünen Linie 5 (Alameda de Osuna-Casa de Campo). Die graue Linie 6 heißt Circular und ist eine Rundlinie um die erweiterte Innenstadt.

- Die Metro verkehrt **täglich zwischen 6 und 1.30 Uhr**. Die Wagen sind klimatisiert. Die **Intervalle** hängen von Wochentagen und Stoßzeiten ab. Das Minimum liegt bei 2, die maximale Wartezeit bei etwa 15 Minuten. Im Schnitt können Sie von 6–8 Minuten ausgehen. In den Stationen zeigen gewöhnlich Displays an, wie lange es dauert, bis die nächste Metro einrollt.
- Besorgen Sie sich an den Infoschaltern der Metrostationen einen Übersichtsfaltplan. Diese Pläne liegen aus, anzustehen brauchen Sie dafür nicht. Die Alternative ist ein Download des Plans auf der **Homepage der Metro** www.metromadrid.es.
- Beim Zugang in die Metro stecken Sie den Fahrschein in einen Schlitz vor dem Drehkreuz. Denken Sie nach dem Durchgang unbedingt daran, das Ticket zu entnehmen. Bei einer Mehrfahrtenkarte zeigt ein Display kurz an, wie viele Fahrten noch vorhanden sind.

Stadtbusse

Das städtische Netz der **Empresa Municipal de Transportes** (kurz EMT) bedient die ganze Stadt. Es gibt **über 200 Buslinien**. Im Einsatz sind 1900 klimatisierte Fahrzeuge. Fahrpläne und Verbindungen findet man über die **Homepage** www.emtmadrid.es (auf Spanisch). Alternativen sind die **EMT-App** und die gebührenpflichtige Kunden-Hotline unter Tel. 902 50 78 50.

- Die Stadtbuslinien verkehren Mo–Fr von 6–23.30 Uhr, Sa, So 7–23 Uhr. Die Frequenzen liegen je nach Strecke zwischen 4 und 15 Minuten.
- Je nach Hauptverkehrszeit kommt es trotz eigener Busfahrspuren zu Staus, sodass es überlegenswert ist, in die Metro auszuweichen.

- Ergänzend gibt es die **Nachtbusse** (*autobuses nocturnos*), im Volksmund *búhos* (»Uhus«) genannt. Sie verkehren auf 26 Strecken; ein Großteil fährt über die Plaza de la Cibeles. Je nach Wochentag fahren sie alle 15 bis 35 Minuten.

Überlandbusse

Bei den in diesem Buch beschriebenen Ausflügen nach San Lorenzo de El Escorial, Alcalá de Henares und Toledo sind Überlandbusse das einfachste Transportmittel. Sie fahren häufig und sind preisgünstig. Linienbusse nach San Lorenzo de El Escorial starten am Busbahnhof Moncloa (Metro: Moncloa), nach Toledo am Busbahnhof Plaza Elíptica (Metro: Plaza Elíptica) und nach Alcalá de Henares am Busbahnhof Avenida de América (Metro: Avenida de América). Die Madrider Busbahnhöfe liegen teils unterirdisch. Sie heißen auf Spanisch *estación de autobuses* bzw. *intercambiador de transporte*. Alternativ verkehren nach Toledo und Alcalá de Henares Züge.

Taxis

Offiziellen Angaben zufolge umfasst die Taxiflotte in Madrid über 15 000 Fahrzeuge. Freie Taxis haben oben auf dem Dach das grüne Licht eingeschaltet. Es gibt viele **Taxistände**. Diese sind mit Schildern eines weißen »T« auf blauem Grund gekennzeichnet.

- Taxis erkennen Sie an der weißen Farbe und dem rötlichen, schräg über das Weiß verlaufenden Seitenstreifen.
- Achten Sie darauf, dass das **Taxameter** korrekt eingeschaltet ist, und zwar erst bei der Abfahrt nach der Verstauung des Gepäcks.
- Klären Sie bei Bedarf vorher ab, ob Sie per Kreditkarte zahlen können. Gehen Sie im Schnitt von **Preisen** zwischen 1,50 und 2 € pro Kilometer aus.
- Die Basis- und Kilometertarife erhöhen sich Mo–Fr vor 7 und nach 21 Uhr sowie an den Wochenenden.
- Es werden diverse **Preiszuschläge** erhoben, u. a. bei Belegung des fünften Platzes im Wagen und wenn Sie einen Zug- oder Busbahnhof als Ziel haben.

Sightseeing-Busse

Besucher nutzen gerne die roten Sightseeing-Busse von **Madrid City Tour** (www.madrid.city-tour.com). Diese verkehren auf festen Routen und steuern die wichtigsten Ziele an. Ein- und Ausstiege sind unbegrenzt möglich. Unterwegs gibt es Erklärungen vom Band über kleine Kopfhörer (auf Deutsch, im Preis enthalten). Ein Eintagesticket kostet 21, ein Ticket für zwei Tage 25 €. Preisreduziert sind Kinder-, Senioren- und Familientickets.

Fahrradverleih

- Im **Kulturzentrum Matadero** (➤ 155, Plaza de Legazpi/Paseo de la Chopera, www.mataderomadrid.org; Metro: Legazpi) gibt es eine Fahrradverleihstation. Das ist sehr praktisch, denn ab dort sind Sie gleich im fahrradfreundlichen Flusspark Madrid Río (➤ 149).
- Über Madrid verteilen sich über 100 öffentliche **Selbstbedienungsterminals** mit **E-Bikes** (www.bicimad.com). Bei der Ausleihe wird Ihre Kreditkarte mit einer Garantie in Höhe von 150 € belastet. Die Leihzeit wird pro Stunde berechnet (erste Stunde 2 €, jede folgende Stunde 4 €). Achten Sie bei der Rückgabe an einem Terminal nach Wahl darauf, dass das Rad korrekt einrastet und somit gesichert ist.

Übernachten

Madrid bietet eine große Auswahl an Übernachtungsmöglichkeiten in allen Preiskategorien, von kleinen bescheidenen Gasthäusern *(hostales)* über nationale und internationale Hotelketten bis zu schicken und luxuriösen Boutique- und Designhotels. Es macht Sinn, ein Hotel im Zentrum zu buchen, das in der Nähe einer Sehenswürdigkeit liegt, die Sie auf jeden Fall besuchen möchten oder in der Nähe von Ausgehvierteln wie Chueca oder der Plaza de Santa Ana. Im Sommer legen Sie vielleicht auf eine Dachterrasse oder einen Hotelpool wert. Am besten ist es, wenn die Unterkunft möglichst nah an einer Metrostation liegt. Das erspart längere Fußwege.

Reservierungen

Fast jede Unterkunft lässt sich über die Homepage direkt buchen, doch konsultieren Sie zum Vergleich auch einschlägige Unterkunftbuchungsportale wie www.booking.com und www.hrs.de. Da gibt es zuweilen bessere Angebote! Checken Sie außerdem die Kundenbewertungen, z. B. bei www.tripadvisor.de.

Preise

Im Vergleich zum übrigen Spanien ist das Preisniveau in der Hauptstadt recht hoch, doch bei den Unterkünften gibt es kaum Uneinheitlicheres als die Preise. Sie können je nach Unterkunft mehrfach wöchentlich wechseln, abhängig von Angebot und Nachfrage.

- Sieht man einmal von den zulaufstarken Weihnachts- und Osterferien ab, können klassische Unterscheidungen zwischen Haupt- und Nebensaison kaum vorgenommen werden. Gemeinhin kann das Preisniveau in den Monaten **Juni, Juli und August etwas niedriger** sein, ebenso im Januar oder Februar. Dann wiederum steigt es, wenn z. B. große Messen, Kongresse, internationale Fußballspiele, Volksfeste, Festivals oder Events anstehen.
- **Online-Buchungen** sind erfahrungsgemäß fast immer günstiger als Buchungen direkt an der Rezeption. Wer spontan angereist ist, sollte noch vor der Hoteltür mit dem Handy ins Internet gehen und buchen! Das spart pures Geld.
- In exklusiven Fünfsternehotels kann es je nach Zimmer in den gehobenen dreistelligen Eurobereich pro Nacht gehen.

Hotelketten

Diverse Hotelketten sind mit ihren Häusern in Madrid vertreten, darunter Petit Palace (www.petitpalace.com), NH (www.nh-hoteles.es) und Sercotel (www.sercotelhoteles.com). Damit trifft man häufig eine solide bis gute Wahl. Die kleine Kette der Room Mate Hotels (www.room-matehotels.com) gilt als schwulen- und lesbenfreundlich.

Tipps

- Alternative zu einem weniger luxuriösen Hotel ist ein **Gasthaus** (*hostal*), das mitunter familiär betrieben wird. Einfacher und oft noch preiswerter ist eine **Pension** (*pensión*).
- Achten Sie bei Preisangaben darauf, ob die für Unterkünfte relevante **Mehrwertsteuer** (IVA) in Höhe von zehn Prozent bereits enthalten ist.
- Beim Einchecken muss man den **Ausweis** vorlegen, dessen Nummer auch auf das Anmeldeformular eingetragen wird.

- Das **Frühstück** (*desayuno*) ist bei Unterkünften im Regelfall nicht automatisch im Preis enthalten.
- Wer früh aufbrechen möchte, sollte bedenken: Frühstück gibt es in manchen Unterkünften erst ab 8 Uhr.
- Ob für **WLAN** (*wifi*) zusätzlich kassiert wird, hängt vom Haus ab.
- Späteste **Check-out-Zeit** ist gewöhnlich um 12 Uhr.
- In größeren Hotels kann es sein, dass während der Zeit Ihres Aufenthalts Kongresse, Konferenzen oder Feierlichkeiten stattfinden. Dann kann es laut und unruhig werden. Erkundigen Sie sich ggf. vorher.
- Achten Sie bei Begleichung der Hotelrechnung darauf, dass alles so ist wie verabredet und nichts aufgeführt wird, was Sie nicht in Anspruch genommen haben (z. B. Telefon, Minibar).
- Gute Hotels bewahren das **Gepäck** gegen Abgabe eines Gepäckabschnitts auf.

Übernachtungskosten
Preise für ein Doppelzimmer pro Nacht in der Hauptsaison:
€ bis 90 Euro **€€** 90–140 Euro **€€€** über 140 Euro

Hospedaje Romero €

Das Preisniveau der zentralen und vergleichsweise preiswerten Unterkunft spiegelt sich in der einfachen Ausstattung wider, doch in Bewertungsforen bekommt das Romero mehrheitlich sehr gute Noten. Da es nur sieben Zimmer gibt, empfiehlt sich eine frühzeitige Reservierung.

197 F5 Gran Vía 64 915 59 76 61, www.hospedajeromerogranvia.com Santo Domingo, Plaza de España

JC Rooms Santo Domingo €

Die zentrale Lage zwischen Teatro Real und Gran Vía spricht für dieses Dreisternehaus. Zugaben sind die kostenlose Minibar (Wasser, Cola) und der PC mit kostenlosem WLAN auf dem Zimmer. Leitmotiv für die Dekors waren verschiedene Länder Europas. Die Zimmer sind nicht die größten und luxuriösesten, aber das Preisleistungsverhältnis stimmt.

197 F4 Cuesta de Santo Domingo 16 915 47 48 88, www.jchoteles.com Santo Domingo, Ópera

La Pepa Chic B & B €

Low-Budget-Reisende wird eine gut ausgestattete Unterkunft wie diese freuen, zumal die Lage gut ist. Sowohl der Altstadtbereich als auch die Top-Kunstmuseen wie der Prado liegen in bequemer Gehentfernung. Nur 14 Zimmer.

199 D4 Plaza de las Cortes 4, 7° dcha. 648 47 47 42 (Handy), http:// lapepa-bnb.com Banco de España

NH Ribera del Manzanares €€

In diesem großen modernen Hotel logieren Sie abseits des Zentrums nahe der Flusspromenaden des Río Manzanares (Madrid Río, ➤ 149). Diverse Zimmertypen mit gestaffelten Preisen. 224 Zimmer. Mit Fitnessraum und Restaurant.

197 westl. D1 Paseo Virgen del Puerto 57 913 98 46 61, www.nh-hoteles.es Pirámides

Only You €€€

Stilvolles Boutique-Hotel mitten im In-Viertel Chueca. Historischer Vorgänger war ein Stadtpalais aus dem 19. Jh., die detailverliebte Dekoration pendelt zwischen mediterran-kolonialen Anklängen und Moderne. Das Personal ist hilfsbereit. Die Gastro-Lounge hat sich auch unter Madridern zum populären Treffpunkt entwickelt.

198 C5 Calle Barquillo 21 910 05 27 46, www.onlyyouhotels.com Chueca

Palace €€€

Traditionsreiche Adresse, unter dem Jugendstilarchitekten Eduardo Ferres i Puig erbaut und seit 1912 auf finanzstarke Gäste zugeschnitten. Die gute alte Zeit versinnbildlichen die Säulenrundhalle mit ihrer prächtigen Buntglaskuppel und die Hotelbar, in der sich schon trinkfeste Gäste wie Ernest Hemingway und Salvador Dalí einfanden. In seinem Roman »Fiesta« setzte Hemingway dem Palace ein literarisches Denkmal. Es gibt diverse Preiskategorien für annähernd 500 Zimmer und Suiten.

198 C3 Plaza de las Cortes 7 913 60 80 00, www.westinpalacemadrid.com Banco de España

Petit Palace Puerta del Sol €€

Pluspunkt dieses Hotels ist die Top-Citylage in der geschäftigen Fußgängerzone nahe der Puerta del Sol. Die Dreisternequalität des Hotels ist in Ordnung und verlässlich. Der Frühstücksbereich im Keller mag etwas eng geraten sein. Es gibt Dreier- und Viererzimmer und kostenlosen Fahrradverleih für Gäste. Bis zur Metro sind es etwa 150 m.

198 A4 Calle del Arenal 4 915 21 05 42, www.hpetitpalacepuertadel sol.com Sol

Petit Palace San Bernardo €€

Das zentrale Viersternehotel hat den Vorteil, dass die vitale Gran Vía mit ihren Geschäften und Theatern quasi vor der Haustür liegt. Das Interieur ist modern und dezent. Die Preise können sich bei hoher Nachfrage ab und zu schon mal in Richtung Obergrenze dieser Preiskategorie bewegen. Online Frühbucherrabatte.

197 F5 Calle San Bernardo 3 902 28 36 86, http://de.hotelpetitpalacesan ber nardo.com Callao

Puerta de Toledo €–€€

Die solide moderne Adresse bewegt sich auf der Höhe der Zeit. Dreisternehotel ohne größere Schnörkel und Ansprüche, 169 Zimmer, faire Preise. Zu Fuß geht es schnell ins Viertel La Latina, vor der Tür ist eine Metrostation.

200 C4 Glorieta Puerta de Toledo 4 914 74 71 00, wwww.hotelpuertadetoledo. com Puerta de Toledo

Ritz €€€

Luxus auf höchstem Niveau, Atmosphäre und Historie gehen hier eine Symbiose ein. Seit seiner Eröffnung im Jahr 1910 hat das Ritz das Who-is-who aus Politik, Kultur und Showbusiness beherbergt. Das Personal arbeitet professionell, die alte Eleganz beginnt bereits im Foyer. Im Wellnesscenter, in der Cocktailbar und auf der Restaurantterrasse können Sie es sich gutgehen lassen. Der Fitnessbereich ist rund um die Uhr zugänglich.

199 D3 Plaza de la Lealtad 5 917 01 67 67, www.mandarinoriental.es/ritz madrid Banco de España

Room Mate Mario €€

Zentral und doch in einer weniger frequentierten Straße, ganz in der Nähe des Teatro Real. Das Dreisternehaus ist modern und mit einigen Farbelementen gestaltet, das Personal servicebewusst. Das Frühstücksbüffet mit guter Auswahl und die Sitzplätze laden dazu ein, sich hier länger aufzuhalten. Zwei Gehminuten bis zur Metrostation und zur Fußgängerzone. Auch die Gran Vía mit ihren Musicaltheatern ist rasch zu Fuß erreichbar.

197 F4 Calle Campomanes 4 915 48 85 48, https://room-matehotels.com/ de/mario/ Gran Vía, Chueca

Room Mate Óscar €€

Ein urbanes Refugium und so trendy und modern wie man es von Room Mate gewohnt ist. Das Design schuf der renommierte Innenarchitekt Tomás Alía. Es gibt vier Zimmerkategorien. Die Lage im Viertel Chueca ist hervorragend und die Dachterrasse ein Refugium mit Blick über die Häuser der Stadt, besonders schön bei Sonnenuntergang. Sie hat eine öffentlich zugängliche Cocktailbar (einfach mit dem Aufzug hochfahren, kein Zugang für unter 18jährige) und ist ein auch bei Madridern beliebter Treffpunkt. Die Benutzungsgebühr des kleinen Pools ist extrem hoch, auch für Hotelgäste!

198 B4 Plaza de Pedro Zerolo 12
917 01 11 73, http://oscar.room-matehotels.com Gran Vía, Chueca

Sercotel Suites Viena €€
Eine praktische Unterkunft, denn jedes der 57 Zimmer bzw. Apartments ist mit einer Kochzeile ausgestattet. Die Lage ist zentrumsnah, nicht weit von der Plaza de España und den Grünanlagen des Parque del Oeste entfernt.

194 C3 alle Juan Álvarez Mendizábal 17
917 58 36 05, www.suitesviena.com
Plaza de España, Ventura Rodríguez

Essen und Trinken

Essen gehört unter Madridern zum Lebensstil, bei dem sie nicht so sehr auf den Preis und noch weniger auf die Dauer achten. Gemeinsame Mahlzeiten bedeuten nicht nur Nahrungsaufnahme, sondern stehen für Geselligkeit und Kommunikation. Überall ist es beliebt, Tapas zum Bier oder Wein zu kosten. Oft kommen sie kostenlos und ungefragt dazu. Zu den lokalen Spezialiäten (**➤ 26****) zählen Kichererbseneintopf (*cocido madrileño*), Kutteln (*callos*) und ein mit Tintenfischringen belegtes Brot (*bocata de calamares*). Wie überall in Spanien gibt es in Madrid auch Paella (Reis mit Safran, Huhn und/oder Meeresfrüchten), *tortilla española* (Omelett aus Kartoffeln) und *gazpacho* (kalte Suppe aus Tomaten, Paprika und Knoblauch), die besonders im Sommer beliebt ist.**

Essenszeiten

Es kann ein wenig dauern, bis Sie den ureigenen spanischen Rhythmus verinnerlicht haben. Der nämlich geht so: **Frühstück** (*desayuno*) gibt es gegen 8 Uhr, **Mittagessen** (*almuerzo, comida*) ab 14 Uhr, **Abendessen** (*cena*) ab 21 Uhr. Dem Frühstück messen Spanier im Alltag keine allzu große Bedeutung bei. Zu Kaffee oder Tee nehmen sie – wenn überhaupt – süße Teigwaren wie ein Croissant zu sich. Die meisten Hotels haben sich auf die Frühstücksgewohnheiten europäischer Gäste eingestellt. Auf Mittag- und Abendessen in Restaurants stimmen sich Spanier gern mit Tapas und Drinks ein. Mittags wird eher üppiger gegessen als abends, außer vielleicht freitags und samstags. Gegessen wird entweder zu Hause oder in einem der zahlreichen Lokale, die Tagesmenüs anbieten. Die klassische Siesta mit dem Mittagessen und Ausruhen dauert von 14 bis 17 Uhr, wird aber heutzutage nicht mehr so genau wie früher eingehalten. Dennoch kann es sein, dass beispielsweise Geschäftsessen am Mittag drei Stunden dauern. Mitunter startet das Abendessen erst um 22.30 Uhr, insbesondere freitags und samstags. Da Madrid aber auch eine Besucherstadt Ist, haben sich einige Restaurants auf die Bedürfnisse auswärtiger Kundschaft eingestellt und bieten tagesdurchgängig warme Küche an – authentisch spanisch ist das nicht.

Restaurants

Ein auf Meeresfrüchte spezialisiertes Restaurant heißt *marisquería*, eine Bierstube *cervecería* (hier gibt es auch Tapas und Mahlzeiten). Dünn gesät ist der Typus des vegetarischen Restaurants (*restaurante vegetariano*). Auf Veganer hat man sich bislang kaum eingestellt.

Preiswert essen

- **Tagesmenüs *(menú del día)*** werden in vielen einfachen Restaurants wochentags am Mittag preisgünstig ab 9–10/11 € angeboten. Enthalten sind Vor-, Haupt- und Nachspeise (jeweils zur Auswahl), Brot und ein Getränk. In Spitzenrestaurants kann ein Tagesmenü 25–30 € kosten.
- Günstig sind auch **kombinierte Tellergerichte** (*platos combinados*) ab ca. 6 €.
- **Fastfood** ist in Madrid allgegenwärtig. Preiswerte Ketten wie »100 Montaditos« bieten spanische Häppchen.
- **Belegte Brote** heißen *bocadillos*. Dabei kommt zwischen ein Stück Stangenweißenbrot ein Belag aus Käse (*queso*), Serrano-Schinken (*jamón Serrano*), gekochtem Schinken (*jamón cocido*) oder Paprika-Knoblauchwurst (*chorizo*).
- **Tapas** gibt es in einer größeren Mengen als Portion (*ración*), aber auch als halbe Portion (*media ración*). Tapas sind ein integraler Bestandteil der kulinarischen Tradition Spaniens. Sie reichen von ein paar Oliven oder Chips, die kostenlos zu einem Drink serviert werden, bis hin zu lokalen Wurst- oder Schinkenspezialitäten, frittiertem Fisch oder frisch zubereiteter Tortilla (Omelette). Tapas sind in Madrid in der Regel den ganzen Tag über erhältlich, tagsüber manchmal nur kalt.
- Sattmacher zu günstigem Preis sind **Omelettes** (*tortillas*), insbesondere das Kartoffelomelette (*tortilla de patatas*).
- Für den kleinen Hunger eignen sich die fettgebackenen **Teigtaschen** (*empanadas*), die mit Tunfisch, Hackfleisch, Gemüse oder dergleichen gefüllt sein können.

Getränke

- **Sprudelwasser *(agua con gas)*** mögen Spanier eher nicht. Sie bevorzugen **stilles Wasser** (*agua sin gas*).
- **Kaffee** ist stärker gebrannt als daheim. Dies sollten Magenempfindliche bedenken, wenn sie in Madrid einen Espresso (*café solo*), Milchkaffee (*café con leche*) oder kleinen Milchkaffee (*cortado*) ordern. Koffeinfreien Kaffee aus der Kaffeemaschine bestellen Sie als *descafeinado de máquina*.
- Ein frisch gezapftes **Bier** bestellen Sie in Madrid als *caña*, einen **Hauswein** als *vino de la casa*, einen **Sekt** als *cava*, einen frisch gepressten **Orangensaft** als *zumo de naranja natural*, einen **Absacker**-Branntwein als *aguardiente*. **Sherry** hingegen bestellen Sie nicht mit dem Wort »Sherry«, sondern als *fino* (trockener Sherry). Probieren Sie den spanischen Sherry aus der Gegend um Jerez de la Frontera in Andalusien. *Fino* und *manzanilla* sind trockene, strohfarbene Sorten, der *amontillado* ist halbtrocken, der *oloroso* eher süß und dunkel.
- Eine kühle **Sangría** (Mix aus Rotwein, Fruchtsaft/Frucht- und Eisstücken) verleitet bei Hitze, den Durst löschen zu wollen. Oft ist sie aber von bedauernswerter Qualität: billiger Wein, billiger Saft. Das kann zu Kopfschmerzen führen.
- Einen Wiederaufschwung in der Beliebtheit hat **Wermut** (*vermut*, *vermú*) erreicht. In Kneipen weist *vermut del grifo* (Wermut aus dem Hahn) auf frisch aus dem Fass oder Depot gezapften Wermut hin.

Tipps und Verhaltensregeln

- Viele Hotels bieten Frühstücksbüffets.
- Warten Sie in Restaurants, bis Ihnen von der Bedienung ein **Tisch zugewiesen** wird.

Restaurantpreise
Preise für ein Essen (z. B. ein typisches Tages-/Hausmenü, im Regelfall inkl. Getränk):
€ unter 15 Euro **€€** 15–25 Euro **€€€** über 25 Euro

- Setzen Sie sich in Restaurants unter keinen Umständen zu anderen Gästen an den Tisch, auch nicht auf Nachfrage. Das wäre ein echter Affront, diese Sitte ist unbekannt! Spanier würden dies als äußerst unangenehm empfinden und könnten sich genötigt fühlen, baldmöglichst das Lokal zu verlassen.
- **Rauchen** ist in Cafés, Kneipen, Restaurants etc. streng untersagt. Deshalb bilden sich draußen vor der Tür kleine Rauchertreffpunkte – da kommt man leicht ins Gespräch.
- In gehobenen Restaurants sollten Sie in der Regel eine **Reservierung** vornehmen.
- Restaurants legen gewöhnlich einmal in der Woche einen **Ruhetag** (mitunter zusätzlich einen Ruheabend) ein.
- Einige Restaurants haben im Madrider **Hauptferienmonat August** Betriebsferien.
- Eine strenge Etikette für den Restaurantbesuch besteht gewöhnlich nicht.
- Speisekarten in Restaurants gibt es oft auf Englisch, seltener auch auf Deutsch.
- Spanier sind keine Anhänger fetter Saucen, dafür geben Olivenöl und Knoblauch Aroma. Bei Hauptgerichten gibt es gewöhnlich keine größeren Beilagen.
- In einfachen Kneipen kann es vorkommen, dass zerknüllte Papierservietten, Zahnstocher etc. auf dem Boden liegen – das entspricht der Normalität.
- In einfachen Restaurants ist es möglich, dass der Service nicht der gewohnten Schnelligkeit in Mitteleuropa entspricht. Nehmen Sie es nach Möglichkeit lässig.
- Bei Preisangaben ist darauf zu achten, ob die für die Gastronomie relevante **Mehrwertsteuer** (IVA) in Höhe von 10 Prozent bereits enthalten ist. In Restaurants ist dies normalerweise der Fall und entsprechend auf der Speisekarte vermerkt.
- Absolut ungewöhnlich ist, dass für ein **Gedeck** (*cubierto*) kassiert wird. Das deutet auf eine Touristenfalle hin!
- **Trinkgeld** können Sie geben, wenn Sie zufrieden waren. In Cafés und Kneipen lässt man ggf. etwas Wechselgeld liegen, in Restaurants gibt man etwa 5 Prozent des Rechnungsbetrags (10 % sind ein Märchen aus der Vergangenheit).
- Bezahlungen mit der **Kreditkarte** (*tarjeta de crédito*) sind im Regelfall problemlos möglich.
- Scheuen Sie sich nicht davor, die Rechnung zu kontrollieren und abzugleichen, ob alles korrekt aufgeführt ist. Vereinzelt kann es zu Irrtümern kommen.
- Falls Sie zu mehreren Leuten ausgehen, würde es die Bedienung vor große Probleme stellen, wenn jeder von Ihnen getrennt bezahlen möchte, denn in Spanien ist es üblich, dass eine Rechnung pro Tisch beglichen wird. Bezahlen Sie vor Ort alles zusammen und schlüsseln Sie es erst danach untereinander auf.

Einkaufen

Die Shoppingwelten Madrids sind unterschiedlich. Die Spanne zwischen Edelboutiquen- und Massenmarktware könnte größer kaum sein. Für willkommene Kontraste sorgen traditionelle Geschäfte und die ein oder andere ideenreiche Neueröffnung.

Öffnungszeiten

Geschäfte sind keinem Ladenschlussgesetz unterworfen, sodass sie in touristischen Gebieten wie um die Puerta del Sol und die Gran Vía täglich durchgehend geöffnet sind, manche von 9/10–21/22 Uhr. Die regulären Geschäftsöffnungszeiten beschränken sich ansonsten von Mo–Sa auf 9.30/10–13.30/14 und 16/17–20 Uhr, wobei manchmal heute keine Mittagspause mehr gemacht wird. Bei Kaufhäusern und Geschäften in Einkaufszentren ist in der Regel von durchgehenden, langen Öffnungszeiten auszugehen (Mo–Sa 9.30/10–20/21, manchmal bis 22 Uhr).

Wohin zum Einkaufen

- Geschäftig geht es in der City in den **Fußgängerzonen** zu, die Sie **ab der Puerta del Sol** erreichen, u. a. Calle del Arenal und die Calle Preciados. Zum Einkaufen beliebt ist auch die große **Gran Vía**.
- Im traditionellen **Bohemeviertel Salamanca** (Barrio de Salamanca) pflegen zahlreiche Geschäfte Chic und Exklusivität. Dazu zählen **Boutiquen und Juweliere**. Wichtigste Arterie ist die Calle de Serrano, von der weitere Shoppingstraßen wie die Calle de Goya und die Calle de José Ortega y Gasset abzweigen.
- Kleine **Designerboutiquen** (auch mit alternativer Mode), **Schuhgeschäfte** und **Outlets** finden Sie im Viertel **Chueca**, das in das Viertel Malasaña übergeht. Auch dort sind kleine Mode- und Dekoläden ansässig, die persönlich geführt werden und mit individuellen Kreationen von Designern auftrumpfen.
- Im **Viertel La Latina** gibt es einige Antiquitätenläden und auch kleinere Shops. Sonntags und an einigen Feiertagen ist dort von 9 bis etwa 15 Uhr der riesige Trödel- und Antiquitätenmarkt El Rastro (➤ 144).
- Eine beliebte Kaufhauskette, auch für Mode, ist **El Corte Inglés**, eine Institution in Spanien. Die Kaufhäuser sind riesig, die Auswahl umfasst renommierte spanische und internationale Marken, auch für Mode. Die meisten Filialen haben auch eine Lebensmittelabteilung.
- Populäre Modeadressen wie Zara, Mango, Bershka, Pull & Bear und Desigual sind mit diversen Filialen in der Hauptstadt vertreten.
- Spanische **Lederschuhe** genießen einen guten Ruf.
- In Feinkostläden können Sie sich u. a. mit **Serrano-Schinken**, Käse, Pasteten und Olivenöl eindecken.
- **Winter- und Sommerschlussverkäufe** (*rebajas*) locken Schnäppchenjäger an.
- Madrider shoppen gern in **Einkaufszentren** (*centros comerciales*), zumal es dort auch Gastro- und Freizeitangebote (z. B. Kino) gibt.

Zahlungsmöglichkeiten

Die Bezahlung mit Kreditkarte ist üblich. Wenn man versucht, bar mit großen Scheinen zu bezahlen, kommt gleich der Verdacht von Falschgeld auf. 200- und 500-Euro-Scheine werden vielfach nicht akzeptiert. Mitunter kann es bereits problematisch sein, mit einer 100-Euro-Note zu zahlen.

Ausgehen

Madrid lässt für das Abendprogramm keine Wünsche offen. Die Bandbreite reicht von Oper und Musicaltheater über Kino, Flamencovorführungen bis zu Diskotheken und Bars mit Livemusik. Die Stadt schläft nie und ist für ihr vibrierendes Nachtleben international berühmt. Am Wochenende ziehen die Madrider gern mit Freunden und Bekannten von Bar zu Bar. Dieses muntere Umherziehen kann in einem Club enden und leicht bis zum nächsten Morgen dauern.

Auskünfte und Eintrittskarten

Tickets für Konzerte, Theater und andere Veranstaltungen erhalten Sie an den hauseigenen Ticketschaltern oder online über die Homepage der Spielstätte. Je nach Link fällt ansonsten mitunter eine Vorverkaufsgebühr an; in den Filialen von El Corte Inglés und Fnac stehen in der Regel auch Schalter zur Verfügung, an denen Sie Ihre Tickets persönlich kaufen können.

- Auf der Homepage von Madrid-Tourismus (www.esmadrid.com) können Sie einige aktuelle Termine abrufen.
- Termine und Tipps können Sie auch den Freizeitguide-Seiten »Hoy en Madrid« (www.hoyenmadrid.info; auf Englisch) und »Guía del Ocio« (www.guiadelocio.com/madrid; auf Spanisch) entnehmen.
- **Montag** ist ein flauer Tag im Madrider Kulturleben, dann haben Theater und Kulturzentren meist ihren **Ruhetag**.
- Mittwochs ist gewöhnlich **Kinotag** mit ermäßigten Preisen.
- Es gibt einige **Flamencolokale**, deren Besuch sich lohnt, wobei die Vorführungen meist in Kombination mit Abendessen angesetzt sind.
- Weitere Infos, Adressen und Tipps stehen jeweils am Ende der Stadtkapitel unter »Wohin zum Ausgehen?«

Nachtleben

Madrid ist für sein reges Nachtleben bekannt. In den meisten Lokalen bzw. Diskotheken geht es frühestens ab Mitternacht richtig los. ***Bares de copas*** (Nachtbars, die sich auf Cocktails und Longdrinks spezialisiert haben) sind mit Cocktails und Tanz der ideale Start in die Nacht, wobei die Madrider bei ihrer *marcha* gern stundenlang von einer Bar in die nächste ziehen, bevor es zu vorgerückter Zeit in einem Nachtclub weitergeht. Ob und in welcher Höhe Eintritt anfällt, hängt ganz von der Lokalität ab.

Kneipen

Eine lebhafte Kneipenszene finden Sie in der Altstadt, z. B. um die Plaza de Santa Ana, ansonsten in Vierteln wie La Latina,Lavapiés und insbesondere in Huertas, Chueca und Malasaña. Wenn Sie als Stadtbesucher gern ein immer noch sehr beliebtes Lokal alten Stils besuchen und zugleich eine Gasse voller Tapas-Bars und Kneipen entdecken möchten, wo man sich treiben lassen kann, sind Sie im **La Venencia** (Calle de Echegaray 7, tägl. 13.30–15.30, 19.30–1 Uhr) ganz in der Nähe der Plaza de Santa Ana richtig. Kenner konsumieren hier wie schon zu Hemingways Zeiten trockenen *fino* (Sherry aus Jerez de la Frontera) und Oliven. In dieser Straße und den Parallelstraßen geht es besonders am Wochenende bis in die Nacht hoch her, auch wenn die Kneipen inzwischen zugunsten der Anwohner nicht mehr ganz sp spät schließen wie früher. Livemusik, manchmal auch Jazz, oder auch Fußballübertragungen und fast immer gute

Stimmung gibt es im El Imperfecto (Plaza de Matute 2, Mo–Do 15–2, Fr/Sa bis 2.30 Uhr) in Huertas. Wer von der City aus startet, durchstreift meist zuerst Huertas und Chueca, um angesagte Nightlife-Locations und kultige Bars mit Viertelflair zu entdecken, und kann die marcha dann in Malasaña fortsetzen. Für Drinks und zum Tanzen bei 30- bis 40Jährigen beliebt ist die originelle schräg eingerichtete Bar Tupperware (Corredera Alta de San Pablo 26, Tel. 914 485 016, Di–So 9–3.30 Uhr) im Herzen von Malasaña. Dort ist allabendlich Party angesagt, mit Livebands und/ oder DJs. Türsteher sorgen dafür, dass es nicht nicht allzu voll wird. Lassen Sie sich durch die Nacht treiben! Aktuelle Tipps zu Bars, Nightlife, Restaurants, Kultur, Konzerten und Open-Air Sommerkino finden Sie unter www.guiadelocio.com und unter www.timeout.com/madrid.

Kulturzentren

- Tolle Adressen für Live-Konzerte und andere Kulturveranstaltungen sind Kulturzentren wie **Matadero** (➤ 155) Paseo de la Chopera/Plaza de Legazpi 8, www.mataderomadrid.org; Metro: Legazpi) und **La Casa Encendida** (Ronda de Valencia 2, www.lacasaencendida.es; Metro: Embajadores, Lavapiés).
- Weitere besuchenswerte Kulturzentren sind der **Círculo de Bellas Artes** (➤ 76) Calle de Alcalá 42, Tel. 913 60 54 00, www.circulobellasartes.com; Metro: Banco de España) und **Fernán Gómez Centro Cultural de la Villa** (➤ 105, Tel. 914 36 25 40, http://teatrofernangomez.esmadrid.com; Metro: Colón).

Musik

Musicaltheater

- 👪 Hervorragende Musicalproduktionen bieten immer wieder das Teatro Rialto und das Teatro Lope de Vega (➤ 71, 76) an der Gran Vía.
- Zarzuelas, traditionelle Singspiele sowie Ballett und Tanztheater zeigt das Teatro de la Zarzuela (➤ 69).

Konzerte

- In Bars und Discos treten Bands mit Live-Musik auf (s. o.).
- Große Konzerte steigen u. a. im **Palacio Municipal de Congresos** (Campo de la Naciones, Avenida Capital de España 7, Tel. 917 22 04 00; Metro: Campo de la Naciones) und im **Barclaycard Center** (Avenida de Felipe II s/n, Tel. 914 44 99 49, www.barclaycardcenter.es; Metro: Goya, O'Donnell).
- Im **Auditorio Nacional de Música** (Calle del Príncipe de Vergara 146, Tel. 913 370 140, www.auditorionacional.mcu.es; Metro: Cruz del Rayo, Concha Espina) sind Konzerte des nationalen Sinfonieorchesters zu hören und es werden auch viele Gastspiele aufgeführt.

Oper

- Erste Madrider Adresse ist das **Teatro Real** (➤ 128, 138) Plaza de Isabel II s/n, für Kartenbestellungen gebührenpflichtiges Tel. 902 24 48 48, www.teatro-real.com; Metro: Ópera). Gelegentlich finden auch Ballettaufführungen und Konzerte statt – bis hin zu Rock.

Flamenco

- Authentische Flamencoshows erleben Sie z. B. im **Tablao Flamenco Las Tablas** (S. 138) oder im **Corral de la Morería** (➤ 143, 156).

Im Herzen von Madrid

Kleine Erlebnisse

Bühne frei

Die **Puerta del Sol** (➤ 67) ist ein Spot für Selbstdarsteller und Hobbyakteure – entsprechend groß ist ihr Unterhaltungswert.

Typisch spanisches Singspiel

Erleben Sie im **Teatro de la Zarzuela** (➤ 69) einmal eine **Zarzuela** – eine solche Inszenierung wird Sie überraschen!

Stimmungsvoll am Abend

Bei Dunkelheit bringt die Beleuchtung auf der **Plaza Mayor** (➤ 58) die Arkaden traumhaft zur Geltung. Tolle Atmosphäre!

Im Herzen von Madrid

Erste Orientierung

Auf zwei Plätzen in Madrid laufen alle Fäden zusammen und auch für Stadtbesucher führt kein Weg an Puerta del Sol und Plaza Mayor vorbei. Hier sind Sie mittendrin und spüren die pulsierende Atmosphäre Madrids. Alles Sehenswerte in der Umgebung ist leicht zu Fuß zu erreichen.

Die Puerta del Sol ist eine wuselige Schnittstelle mehrerer Straßen, an der die Sightseeing-Busse vorbeidröhnen und an der die Menschen aus der riesigen Metrostation »Sol« den Weg zurück ins überirdische Madrid finden. Wesentlich ruhiger und stimmungsvoller geht es auf der verkehrsberuhigten Plaza Mayor zu. Als Madrids Wahrzeichen und Aushängeschild hat sie ihre historische Platzkulisse vorbildlich bewahrt. Ab der Plaza Mayor geht es in das altstädtische »Viertel der Dichter und Denker« Barrio de las Letras, wo Sie im Geflecht der Gassen den Spuren von Cervantes und Lope de Vega folgen oder die lebhafte Kneipen- und Restaurantszene der Plaza de Santa Ana genießen können.

Ganz in der Nähe bieten die breite Calle de Alcalá und die alte Prachtstraße Gran Vía mit ihren Shops und Musicaltheatern wieder ganz andere Gesichter der spanischen Hauptstadt. Nördlich der Gran Vía schließen sich die trendigen Viertel Chueca und Malasaña an. Und zwischen Gran Vía und Plaza Mayor beherbergt das Nonnenkloster Monasterio de las Descalzas Reale wahre Schätze für Kunstliebhaber. Kontrastreiche Entdeckungen gehören in Madrid einfach dazu.

Markenzeichen der Gran Vía – das Edificio Metrópolis mit der Siegesgöttin Victoria auf der Kuppel

TOP 10

- ★2 Plaza Mayor ➤ 58
- ★8 Museo Real Academia de Bellas Artes de San Fernando ➤ 60

Nicht verpassen!

- 11 Monasterio de las Descalzas Reales ➤ 64

Nach Lust und Laune!

- 12 Puerta del Sol ➤ 67
- 13 Plaza de Santa Ana ➤ 67
- 14 Barrio de las Letras ➤ 68, 179
- 15 Plaza de la Villa ➤ 69
- 16 Real Iglesia Parroquial de San Ginés ➤ 70
- 17 Gran Vía ➤ 70
- 18 Viertel Chueca und Malasaña ➤ 71

An einem Tag

Mit diesem Vorschlag können Sie die zentrale City mit ihren Plätzen, Altstadtgassen und Sehenswürdigkeiten erkunden. Hinweis vorab: Karten für ein Musicaltheater am Abend sollten Sie frühzeitig reservieren, denn für spontane Ticketkäufe stehen die Chancen eher schlecht.

9.30

Erleben Sie die 2 **Plaza Mayor** (➤ 58) erstmals im Morgenlicht. Dabei können Sie sich auch gleich im angrenzenden Touristenbüro mit Infos eindecken. Schlendern Sie danach zur 12 **Puerta del Sol** (➤ 67) und statten Sie dem Denkmal des Bären und des Erdbeerbaums (*El Oso y el Madroño*) einen Besuch ab. Das Wappentier der Stadt lichten fast alle Madrid-Besucher ab, auch gern als Selfie.

10.00

Nutzen Sie Ihre morgendliche, noch frische Aufnahmefähigkeit für einen Besuch im 8 **Museo Real Academia de Bellas Artes de San Fernando** (➤ 60) und sehen Sie sich in den Sälen die fantastischen Kunstwerke bekannter spanischer Altmeister wie Zurbarán, El Greco und Goya an.

12.30

Der Besuch der Dachterrasse des **Círculo de Bellas Artes** (➤ 71, 76, 182) verschafft Ihnen eine andere Perspektive und bringt Sie von den Museumssälen zurück ins Tageslicht. Genießen Sie den tollen Ausblick!

13.30

Für ein Mittagessen im Restaurant ist es aus spanischer Sicht zwar noch etwas früh, doch dafür bestehen gute Chancen, auf der 13 **Plaza de Santa Ana** (unten; ➤ 67) einen der beliebten Terrassenplätze zu ergattern.

15.00

Der Verdauungsspaziergang bringt Sie durch die Gassen des 14 **Barrio de las Letras** (➤ 68, 179), des Viertels der Dichter und Denker. Schauen Sie sich in der Calle de Lope de Vega das Cervantes-Relief an der Fassade des Klosters der Unbeschuhten Trinitarierinnen an – im Convento de las Trinitarias Descalzas wurde der spanische Nationaldichter und Autor des Don Quijote begraben. Achten Sie in der Calle de Cervantes/Ecke Calle de León auch auf jene Tafeln, die besagen, dass er dort lebte und starb.

15.30–16.30

Kehren Sie auf die 2 **Plaza Mayor** (➤ 58) zurück, um einen Kaffee zu trinken oder sich anderweitig niederzulassen, um die typische Stimmung des Platzes in sich aufzunehmen. Versuchen Sie rechtzeitig um 16.30 Uhr am 11 **Monasterio de las Descalzas Reales** (➤ 64) zu sein, um an einer Nachmittagsführung teilzunehmen.

18.00–19.00

Nun ist es Zeit für einen Schaufensterbummel in Calle del Arenal und Calle de Preciados. Statt eines zeitaufwendigen Abendessens sind die Tapas im **Mercado de San Miguel** (➤ 74) eine gute Alternative. Chillen und je nach Jahreszeit den Sonnenschein am Abend mit tollem Ausblick genießen, können Sie auch auf der Dachterrasse des Hotels Room Mate Óscar (oben; ➤ 46).

20.00

Es ist ein Erlebnis, eine Aufführung in einem Musicaltheater an der 17 **Gran Vía** (➤ 70) mitzuerleben.

23.00

Zum Finale bietet sich ein Drink an, z. B. in 18 **Chueca** (➤ 71) oder wieder auf der pulsierenden Plaza de Santa Ana.

2 Plaza Mayor

Dieser Platz ist ein gigantischer Freilufttreff, eine von Arkaden umgebene historische Kulisse für das Hier und Heute. Das macht die Plaza Mayor zu einem der schönsten und stimmungsvollsten Plätze in Spanien.

Lassen Sie den Anblick tief auf sich wirken: Dieser Platz ist 120 m lang, 94 m breit, **Arkaden und Balkonreihen** säumen ihn in harmonischer Symmetrie. Lebendiges Flair, gut besuchte Restaurant- und Caféterrassen, Reisegruppen, fliegende Händler und Karikaturisten, je nach Tageszeit ist die Stimmung anders.

Gut erhaltene architektonische Einheit

Im 15. Jh., als Madrid noch nicht zur Hauptstadt aufgestiegen war, und es die Plaza Mayor noch nicht gab, bauten an diesem Ort regelmäßig Markthändler ihre Stände auf. Zu Zeiten von Philipp II. und Philipp III. nahm der Platz Gestalt an, weshalb er bis heute als **Herz des Madrids der Habsburger** (Madrid de los Austrias) gilt.

Was ab 1590 unter Philipp II. mit dem Bau des **Hauses der Bäckerzunft** (Casa de la Panadería) begann, setzte Philipp III. fort. 1617 beauftragte er Juan de la Mora, dem Platz eine architektonische Einheit zu verleihen. Und die hat bis in unsere Tage Bestand, auch wenn es zu diversen Umgestaltungen gekommen ist. Zu erkennen ist das Haus an der freskengeschmückten Fassade. Heute hat hier die zentrale Touristeninformation ihren Sitz.

Im Laufe der Geschichte bedrohten Feuersbrünste den Platz. Nach dem verheerendsten Brand im Jahr 1790 machte sich der Architekt Juan de Villanueva an den Neuaufbau. Er brachte die Höhe der **Fassaden in Gleichklang** und platzierte Zugangsbögen an Seiten und Ecken.

Einst Schauplatz für Stierkämpfe

Blickfang auf der Plaza Mayor ist das **Reiterdenkmal für Philipp III.** (1578–1621), der ab 1598 bis zu seinem Tod regierte. Von seinem Vater Philipp II. hatte er ein Land übernommen, das in der damaligen Welt global gesehen auf dem Höhepunkt der Macht stand. Philipp III. galt jedoch als Herrscher mit wenig Weitsicht und sorgte dafür, dass sein Günstling, der Herzog von Lerma, entscheidenden Einfluss auf die Staatsgeschäfte nehmen konnte. Bei der Ausübung seiner Herrschaft war es Philipp kaum möglich, den Überblick zu behalten, denn er war gleichzeitig auch noch König von Portugal, König von Sardinien sowie König von Sizilien und Neapel. Ursprünglich stand das 1616 von dem Bildhauer Pietro Tacca vollendete Reiterdenkmal für den Monarchen am Zugang zur Casa de Campo (➤ 126). Erst im 19. Jh. wurde es auf der Plaza Mayor aufgestellt. Zuvor, im 17./18. Jh., war die Plaza Mayor häu-

Plaza Mayor: Die mit Fresken verzierte Casa de la Panadería ist heute Sitz der Touristeninformation

fig Schauplatz für Stierkämpfe. Für Höflinge und auswärtige Besucher wurden zu Stierkämpfen und festlichen Anlässen Balkonplätze vermietet.

KLEINE PAUSE

Die Plaza Mayor ist ideal für eine kleine (oder auch eine längere) Pause. Cafés und Restaurants bieten eine Riesenauswahl. Wo genau Sie sich ein Plätzchen suchen, hängt nicht zuletzt davon ab, wo noch etwas frei ist. Alternativ bekommen Sie stilvolle Häppchen zwei Gehminuten entfernt im **Mercado de San Miguel** (➤ 74).

---

197 F3 ✉ Centro de Turismo, Plaza Mayor 27 ☎ 914 54 44 10, www.esmadrid.com 🕐 tägl. 9.30–21.30 Uhr Ⓜ Sol

BAEDEKER TIPP

- In Madrids Haupttouristenbüro (Centro de Turismo) an der Plaza Mayor können Sie sich Broschüren, einen Stadtplan und die Madrid Card (➤ 40) besorgen. Zudem gibt es dort Informationen zu geführten Stadtrundgängen.
- Um das Treiben in aller Ruhe zu beobachten und die Stimmung in sich aufzunehmen, nehmen viele Besucher in den Terrassenrestaurants und -cafés Platz. Ob Sie dort persönlich und freundlich bedient werden oder eine Art Massenabfertigung spüren, hängt vom Personal ab, der Tagesform, den Stressfaktoren. Erwarten Sie nicht zuviel – dann können Sie sich ggf. umso angenehmer überraschen lassen.
- In den Terrassenrestaurants und -cafés der Plaza Mayor hat alles seinen Preis. Sangría (aus Rotwein und Obstsaft bzw. Fruchtstücken) wird von Reisenden oft mit dem »typischen Spanien« assoziiert, ist aber mitunter von schlechter Qualität – sollte man besser nicht bestellen.

8 Museo Real Academia de Bellas Artes de San Fernando

Das Kunstmuseum der Königlichen Akademie der Schönen Künste San Fernando hat es in sich! In weitläufigen Sälen zeigt es Werke von Meistern wie Zurbarán, Ribera, Alonso Cano und Goya. Eine versteckte Kleinausgabe des Prado (►82).

Fassade und Eingang in das einstige **Adelspalais** des Geschäftsmanns, Verlegers und Politikers Juan de Goyeneche (1656–1737) lassen keinen Rückschluss auf das prächtige Innere zu, in dem sich die Akademie der Schönen Künste San Fernando 1773 einrichtete. Dazu ist der Empfang zu streng, zu nüchtern, zu düster: ein **Bau im Barockstil** von José Benito de Churriguera, später in neoklassischen Zügen von Diego de Villanueva dem seinerzeitigen Zeitgeschmack angepasst. Die Mitte des 18. Jhs. gegründete Kunstakademie verfolgte von Anfang an das Ziel, die Schönen Künste zu fördern und zu schützen und Künstler auszubilden. Diese Rolle übernahm im Laufe des 20. Jhs. die Madrider Universidad Complutense.

Peter Paul Rubens: »Der heilige Augustinus zwischen Christus und der heiligen Jungfrau«

»Selbstporträt vor der Staffelei« – das Gemälde von Francisco de Goya, einem bedeutenden Mitglied der Kunstakademie im 18. Jh., entstand etwa 1785

Große Sammlung von internationalem Format

Der von der Akademie angesammelte Fundus an Kunstwerken (darunter alleine 1400 Gemälde, 600 Skulpturen und 15 000 Zeichnungen) wurde erst 1986 der Öffentlichkeit als Museum zugänglich gemacht. Viele Werke stammten von Schülern der Akademie oder gelangten durch Schenkungen hierher sowie durch die Kirchen- und Klosterenteignungen im 19. Jh. Auf drei Etagen und in über 50 Sälen ist heute eine Auswahl zu sehen, die spanische, flämische und italienische Werke **von der frühen Neuzeit bis heute** umfasst.

Aufgrund von Personalmangel können manche Säle mit international unbedeutenderen Werken geschlossen sein und ab und zu sind Gemälde ausgeliehen oder werden gerade restauriert. Alles in allem lernen Sie aber **eine der wertvollsten Gemäldesammlungen Spaniens** kennen, und das in einer intimeren, ruhigeren Atmosphäre als im Prado. Sehenswert ist zudem das Treppenhaus, durch das Sie bis zum dritten Stock hinaufgehen. In der ersten Etage sind in der Regel Top-Highlights aus dem 16.–19. Jh. (u. a. Zurbarán, Ribera, Cano, Murillo, Arcimboldo, Rubens, Goya) ausgestellt. Die zweite Etage ist vergleichsweise weniger interessant und in der dritten spannt sich der Bogen der Sammlung bis ins 20./21.Jh. Zu sehen sind u. a. Werke von Sorolla und Tàpies.

Spaniens religiöse Barockmalerei

Francisco de Zurbarán (1598–1664), einer der bedeutendsten Vertreter der religiösen Barockmalerei in Spanien, malte mit Hilfe einiger Schüler 1630–1633 für das Kloster

BAEDEKER TIPP

- Wer Geld sparen will, kommt mittwochs. Sofern sich dieser Tag nicht mit einem Feiertag deckt, ist der Eintritt ins Museum frei.
- Besorgen Sie sich an der Kasse ein Infoblatt (auf Spanisch oder Englisch) samt Übersichtsplan über die Stockwerke und Säle. Es ist nicht auszuschließen, dass sich die Anordnungen ändern.
- Nutzen Sie in einzelnen Sälen die Gelegenheit, sich auf den Sofas niederzulassen. Genießen Sie die Stille und lassen Sie die Kunstwerke intensiv auf sich wirken.
- Fotografieren ohne Blitz und ohne Stativ ist im Museum erlaubt.

»Stierkampf im Dorf« malte Goya mit düsterer Stimmung im Auftrag der Akademie

Nuestra Señora de la Merced Calzada in Sevilla eine Reihe von Mönchsporträts. Davon sind einige erhalten, die die Ordensmänner in Helldunkelmanier in gelehrten Posen zeigen und theologische Souveränität vermitteln. Herausragend sind auch ein heiliger Hieronymus von **El Greco** (1541–1614), ein Christus am Kreuz von **Alonso Cano** (1601–1667) und die eindringlich in Licht-Schatten-Kontrasten herausgearbeitete Gefangennahme Christi von **Gerard Seghers** (1591–1651). Drastisch zeigt **José de Ribera** (1591–1652), der valencianische Barockmeister, den abgetrennten Kopf von Johannes dem Täufer, während er seinen heiligen Hieronymus als Büßer (San Jerónimo Penitente) mit sehnigem, regelrecht ausgezehrtem Körper darstellt. **Bartolomé Esteban Murillo** (1618–1682) einem weiteren spanischen Barockvertreter, verdanken heutige Museumsbesucher einen Franz von Assisi in Ekstase, eine Maria Magdalena und eine Szene des heiligen Diego de Alcalá unter den Armen.

Van Dyck bis Goya

Der eindrucksvolle Gang durch die Bilderwelten setzt sich fort mit **Anthonis van Dyck** (1599–1641, »Jungfrau mit dem Kind und den reuigen Sündern«, »Johannes der Evangelist und Johannes der Täufer«) sowie **Peter Paul Rubens** (1577–1640, »Der heilige Augustinus zwischen Christus und der Jungfrau Maria«, »Susanna und die beiden Alten«). »La primavera« (»Der Frühling«) heißt ein allegorisches Frühlingsbild des Mailänders **Giuseppe Arcimboldo** (1527–1593). Es zeigt in Profilansicht den Oberkörper eines Menschen, über und über mit bunten Blumen überzogen – ein Gemälde, dass den Betrachter fröhlich stimmt! Düstere Akzente setzt dagegen Francisco de Goya (1746–1828) mit kleinformatigen Bildern einer Inquisitionsszene, dem sogenannten »Irrenhaus« (»Casa de locos«) und einer Büßerprozession. Goya, der ab 1780 Mitglied der Kunstakademie San Fernando war, ist eine eigene Museumssektion gewidmet, zu der ein großes Reiterporträt von König Ferdinand VII. sowie zwei Selbstbildnisse gehören. Das eine zeigt den fülligen Meister in mittlerem Alter an der Staffelei, das andere Goya als knapp 70jährigen, von diversen Schicksalsschlägen gezeichnet. Im Auftrag der Akademie entstanden u. a. Goyas Gemälde »Das Begräbnis der Sardine«, »Die Flagellanten«, »Irrenhaus«, »Inquisitionstribunal« und »Stierkampf im Dorf«. Die Gipsbüste von Goya fertigte der Bildhauer **Mariano Benlliure** (1862–1947).

Porträts und Moderne

Falls Ihre Aufnahmekraft erschöpft ist, dann lassen Sie den zweiten Stock aus. Sie verpassen eine Fülle an Porträts, bei denen viele Dargestellte und Maler selbst Spaniern nicht geläufig sind. Wer die Porträts wiederum unter dem Aspekt der wichtigtuerischen Posen betrachtet (bis hin zu Überheblichkeit und Arroganz, teils mit Orden behängt, teils mit gewagten Frisuren aufgetakelt), wird ihnen etwas abgewinnen können. Zu sehen sind zudem Büsten, Skulpturen und eine Gitarre des spanischen Virtuosen **Andrés Segovia** (1893–1987).

Die dritte Etage bringt Sie ins 20. Jh., u. a. mit einem Bergparkmotiv von **Santiago Rusiñol** (1861–1931) sowie Strand- und Meeresbildern von **Joaquín Sorolla**, dem valencianischen »Maler des Lichts«. Volkstümliche Szenen stammen von **Julio Romero de Torres** (1874–1930), **Enrique Martínez Cubells** (1874–1947) und **Fernando Álvarez de Sotomayor** (1875–1960), abstrakte Werke von **Gerardo Rueda** (1926–1996) und **Antoni Tàpies** (1923–2012). **Pablo Picasso** (1881–1973) ist mit der kleinen Bronzeskulptur »Frauenkopf« und einer weniger bedeutsamen Radierung vertreten. In die Moderne des 21. Jhs. führen u. a. **Albert Ràfols-Casamada** (1923–2009) und **Juan Navarro Baldeweg** (geb. 1939).

KLEINE PAUSE

Im Museo Real Academia de Bellas Artes de San Fernando gibt es kein Museumscafé, doch nach nur wenigen Gehminuten sind Sie an der Puerta del Sol. In den dort beginnenden Fußgängerzonen wie der Calle del Arenal und der Calle del Carmen finden Sie reichlich Gelegenheit zur Einkehr.

---

198 B4 · Calle de Alcalá 13 · 915 24 08 64, www.realacademiabellasartessanfernando.com · Di–So 10–15 Uhr, im Aug. geschl. · 8 €, Mi frei (außer feiertags), Wechselausstellungen ab 3 €, andere Öffnungszeiten möglich, siehe Webseite · Sol, Sevilla

II Monasterio de las Descalzas Reales

Unglaublich, welch gewaltiger Klosterkomplex im Herzen der Stadt hinter hohen Mauern wertvolle Kunstschätze verbirgt! Entdecken Sie eine Prachtentfaltung, die eng mit dem Haus der Habsburger verbunden war. Das Kloster aus dem 16. Jh. wird nach wie vor von einer Ordensgemeinschaft bewohnt.

Besuch im Klarissenkloster

Das Klarissenkloster Descalzas Reales geht auf die **Infantin Johanna von Spanien** (1535–1573) zurück, die dort unter dem Namen Juana de Austria bekannt war. Johanna war

Die große Treppe gehört zum ältesten und prunkvollsten Teil des Klosters

die Schwester von König Philipp II. und dank Heiratspolitik sogar vorübergehend Kronprinzessin von Portugal. Im Jahr 1559, also zwei Jahre vor dem Aufstieg Madrids zur Hauptstadt, gründete sie das Kloster des Ordens der Königlichen Barfüßerinnen in einem ehemaligen Adelspalast, der fortan und in absolut übertriebenem Rahmen auf die neuen Bedürfnisse zugeschnitten wurde. Erst seit 1960 ist das Monasterio de las Descalzas Reales für die Öffentlichkeit zugänglich, allerdings mit eingeschränkten Öffnungszeiten, denn die Anlage **wird von Ordensschwestern be-**

Die Entwürfe für die wertvollen Wandteppiche, die das Kloster in Auftrag gab und bis heute besitzt, gestaltete Peter Paul Rubens

wohnt und genutzt. Für sie gibt es sogar einen Garten. Die Zahl der Klarissinnen ist heutzutage auf knapp 20 gesunken. Was die Zukunft bringen wird, weiß niemand, denn Klosternachwuchs ist schwer zu finden.

Der Besuch ist nur im Rahmen einer einstündigen spanischsprachigen Führung möglich. Doch auch wer kein Spanisch versteht, bekommt hochinteressante Einblicke. Descalzas Reales galt als regelrechtes **Luxuskloster**, dem einerseits Schenkungen und andererseits finanzielle Zuwendungen der Adelsfamilien zuflossen, denen die Bewohnerinnen entstammten. Dass damals jede Frau aus freien Stücken Nonne werden wollte, ist allerdings zu bezweifeln. Für manche Damen und Mädchen, darunter Prinzessinnen, war das Kloster schlichtweg ein weltfremder Ort des Zwangsrückzugs, eine Art Gefängnis.

Skulpturen, Wandteppiche, Gemälde

Bei der Ausgestaltung des Klosters wurde an nichts gespart, wenn dies auch befremdlich mit einem Nonnenleben in Bescheidenheit und Kontemplation kontrastiert. Besonders prunkvoll sind die breite, von Deckenmalereien überzogene Renaissancetreppe und der **obere Teil des Kreuzgangs**. Dort grenzen Kapellen an, die entweder verschwenderisch ausgemalt oder mit Gemälden und Skulpturen geschmückt sind.

Im Chorraum sehen Sie das **33sitzige Chorgestühl** – die Zahl der Nonnen, die maximal im Kloster aufgenommen werden, entspricht den Lebensjahren Christi. Bemerkenswert sind auch der prächtige Christus aus Elfenbein und eine Schmerzensmutter von Pedro de Mena (1628–1688). Immer wieder tauchen bei den künstlerischen Darstellungen im Kloster Maria, Christus und die Erzengel auf.

Im Chorraum, in dem die 1603 im Kloster verstorbene Infantin Maria de Austria y Portugal (Maria von Österreich und Portugal) begraben liegt, finden sich die Nonnen un-

BAEDEKER TIPP

Kümmern Sie sich rechtzeitig um die Eintrittskarten, da die Teilnehmerzahl für die Führungen begrenzt ist. Pro Tag wird höchstens 180 Besuchern Einlass gewährt (Di–Sa 120 vormittags, 60 nachmittags).

verändert sechsmal pro Tag zum Gebet und zur Andacht ein. Zu Gesicht bekommt man sie während der Rundgänge aber nicht.

Im Gegensatz zu den Besuchern dürften die Ordensschwestern kaum mehr ein Auge für die **Wandteppiche** haben, die in jenem restaurierten Bereich ausgestellt sind, in dem sich vormals die 33 Nonnenzellen befanden. Kein Geringerer als **Peter Paul Rubens** (1577–1640) gestaltete die Entwürfe für diese Wandteppiche, die bei den besten Manufakturen in Brüssel in Auftrag gegeben wurden.

Höhepunkte im **Kapitelsaal** sind ein Ecce Homo von **Pedro de Mena** und eine Maria Magdalena des ebenfalls renommierten Barockbildhauers **Gregorio Fernández** (um 1576–1636), die mit ihren langen, lockigen Haaren die Brüste bedeckt, die Stirn ist leicht gekräuselt. Zahlreiche historische Porträts von Königen und Mitgliedern der königlichen Familie der Habsburger zeugen davon, dass die Klostergründerin Johanna von Spanien Gemälde von ihren Angehörigen gesammelt hat. Ebenso stattete sie das Kloster reichlich mit sakraler Kunst aus: Zu sehen sind mehrere Triptychen (dreigeteilte Gemälde) und weitere Gemälde mit biblischen Motiven, darunter »Jesus mit den Phärisäern« von **Tizian** (um 1488/90–1576). Die Klosterkirche des Juan Bautista de Toledo wurde durch Feuersbrünste 1755 und 1862 in Mitleidenschaft gezogen, ist aber wieder hergerichtet.

Mater Dolorosa (»Maria als Schmerzensmutter«) von Pedro de Mena (1628–1688)

KLEINE PAUSE

Ganz in der Nähe des Klosters liegt eine Filiale des Kaufhauses **El Corte Inglés** (Calle Maestro Victoria 6). Im Obergeschoss gibt es eine Kombination aus Restaurant und Cafeteria, die Preise sind äußerst zivil. Und nach der Pause hier können Sie gleich den Schalter von Kultur auf Shopping umlegen.

---

198 A4 Plaza de las Descalzas s/n www.patrimonionacional.es Führungen Di–Sa 10–14 und 16–18.30, So 10–15 Uhr, letzter Einlass 1 Std. vorher 6 €, EU-Bürger (Ausweis mitnehmen) Mi/Do 16–18.30 Uhr frei Ópera, Sol, Callao

Nach Lust und Laune!

Modern: die trubelige Metrostation auf dem zentralen Platz Puerta del Sol

12 Puerta del Sol

Madrids Herz schlägt an der Puerta del Sol auf höchster Frequenz. Hier herrscht immer Trubel, zumal große Fußgängerzonen wie die Calle del Arenal und die Calle de Preciados angrenzen. Brunnen spenden im Sommer etwas Kühle und gelegentlich wird Straßentheater geboten. Vor der Erfindung des Automobils war der Platz bestimmt noch romantisch, denn damals verkehrten hier Straßenbahnen und Pferdefuhrwerke.

Markantes Gebäude auf dem extrem langgestreckten, halbkreisförmigen Platz ist die Casa de Correos (18 Jh.). Das Gebäude der früheren Hauptpost erkennen Sie an der breiten Fassade und dem Uhrturmaufsatz. Heute hat hier die Regionalregierung ihren Sitz. Auf dem Pflaster davor markiert eine Bodenplatte mit der Aufschrift »Origen de las Carreteras Radiales – Km. 0« den **Kilometerpunkt Null** als Ausgang der spanischen Nationalstraßen. Die Höhenangabe auf dem Platz verbürgt 650,70 m über dem Meeresspiegel. Das Reiterdenkmal in der Platzmitte zeigt König Karl III., ein kleineres ist dem **Wappentier** Madrids gewidmet, dem Bären am Erdbeerbaum. Es heißt »*El Oso y el Madroño*« (► 28) und ist ein beliebtes Fotomotiv.

198 A3 Puerta del Sol Sol

13 Plaza de Santa Ana

Wann immer die schönsten Plätze der Hauptstadt zur Sprache kommen – die Plaza de Santa Ana ist ganz sicher dabei. Der rechteckige Platz im Barrio de las Letras besticht als harmonisches Ensemble. Die östliche Seite schließt das Traditionstheater **Teatro Español** ab. Historischer Vorläufer war ab Ende des 16. Jhs. der Corral del Príncipe, einer der typischen Madrider Freilufthöfe, die seinerzeit als Theaterbühnen dienten.

Auf den Terrassen und in den Kneipen der Plaza de Santa Ana herrscht Stimmung, z. B. in der Cervecería Alemana (► 21, 73), die Ernest Hemingway gern frequentierte. Apropos Schwergewichte der Literatur: Ein großes Denkmal erinnert an den Dramatiker Pedro Calderón de la Barca (1600–1681), ein kleineres an den Dichter und Dramatiker Federico García Lorca (1898–1936), dessen Stücke »Bluthochzeit« und »Bernarda Albas Haus« bis heute international inszeniert werden.

198 B3 ✉ Plaza de Santa Ana Ⓜ Antón Martín, Sevilla, Sol

PROST NEUJAHR

An Silvester feiern Tausende an der Puerta del Sol. Wenn Sie wie die Madrider etwas für ihr Glück im neuen Jahr tun wollen, bringen Sie zwölf Weintrauben mit! Gehen Sie rechtzeitig los, denn der Zugang zur Puerta del Sol ist an Silvester begrenzt. Bei jedem Glockenschlag, der um Mitternacht vom Uhrturm der Casa de Correos ertönt, gilt es, schnell eine Weintraube zu essen. Dies wird von der Puerta del Sol live im spanischen Fernsehen übertragen. Die im Dutzend verzehrten »Glückstrauben« (*uvas de la suerte*) stellen das neue Jahr unter einen guten Stern.

14 Barrio de las Letras

Im historischen »Viertel der Dichter und Denker« unweit der Plaza Mayor (► 58) bewahrt Madrid sein Wesen und seine Geschichte. Vor Jahrhunderten schlenderten hier literarische Größen Spaniens umher, ob Miguel de Cervantes (1547–1616), Félix Lope de Vega y Carpio (1562–1635), Francisco de Quevedo (1580–1645) oder Francisco de Rojas Zorrilla (1607–1648). Manches literarische Zitat dekoriert das Pflaster im Viertel, das mit der Plaza de Santa Ana (► 67) mit einem der schönsten Plätze der Stadt aufwartet. Im Osten grenzt es an den Paseo del Prado.

Das Barrio de las Letras steckt voller kleiner Läden, Kneipen und Restaurants. In der Regel ist jeden ersten Samstag im Monat der sogenannte Mercado de las Ranas, ein Event, bei dem die Händler ihre Schaufenster dekorieren und Waren nach draußen stellen, während Konzerte und Straßentheater für Ambiente sorgen.

Wichtige Stationen im Gassengeflecht des Dichterviertels sind die **Calle de Lope de Vega**, wo im Trini-

Pedro Calderón de la Barca, an der Plaza de Santa Ana als Statue verewigt

tarierinnenkloster **Cervantes** begraben liegt (Tafel an der Fassade, Führungen an das angebliche Grab nur zu ausgewählten Zeiten, Infos im Touristenbüro an der Plaza Mayor) und die **Calle de Cervantes**. An der Ecke mit der Calle de León weisen Tafeln darauf hin, wo der Meisterdichter **Cervantes** lebte und starb.

In der Calle de Cervantes 11 erinnert ein Museum in seinem ehemaligen Wohnhaus an den Dramatiker und Dichter Lope de Vega, der alles andere als ein gewöhnliches Leben führte. Leitmotivisch zogen sich Literatur, Frauen und Glaube durch sein Dasein. Er soll rund 1500 Theaterstücke verfasst haben und setzte seine Produktivität auch privat fort, belegt durch mehr als ein Dutzend Kinder von Ehefrauen und Geliebten, die der Dichter ebenfalls – Charaktere und Erlebnisse verarbeitend – als literarische Gestalten verewigt hat. 1614 ließ er sich zum Priester weihen. Durch die **Casa-Museo Lope de Vega** gibt es Führungen in kleinen Gruppen (Di–So 10–18 Uhr; alle halbe Stunde; obligatorische Voranmeldung, z. B. unter casamuseolopedevega@madrid.org). Besuchsstationen sind u. a. das kleine Oratorium, das nachempfundene Arbeitszimmer und sein Sterberaum. Seine letzte Ruhe fand Lope de Vega in der nahen Kirche San Sebastián.

Den Nordrand des Barrio de las Letras markiert die **Plaza de las Cortes** mit dem **spanischen Abgeordnetenhaus**, dem Congreso de los Diputados. Das Mitte des 19. Jhs. von Narciso Pascual y Colomer entworfene Gebäude erhebt sich mit einer gebieterischen Säulenfront über einer Freitreppe, gleichsam bewacht von Löwenskulpturen. Den Respekt vor der großen Politik haben die Wähler in Spanien allerdings längst verloren. Dazu haben zu viele Korruptionsaffären das Land erschüttert. Unangetastet in seinem Ruf blieb **Cervantes,** dem in der Mitte des Platzes ein **Denkmal** gewidmet ist.

198 C3 Casa Museo Lope de Vega, Calle de Cervantes 11 914 29 92 16, http://casamuseolopedevega.org Di–So 10–18 Uhr frei Sevilla

15 Plaza de la Villa

Dieser architektonisch uneinheitlich wirkende Altstadtplatz ist dennoch in sich geschlossen. Zu den teils stark restaurierten, historischen Gebäuden, die ihn umgeben, zählen das Turmhaus Casa-Torre de los Lujanes (15. Jh.), in dem der Komponist Federico Chueca (1846–1908) geboren wurde, die Casa de Cisneros (16. Jh.) und das vormalige, auf den Ba-

ZARZUELA

Spielstätte für das operettenähnliche Singspiel Zarzuela ist das **Teatro de la Zarzuela** (Calle de Jovellanos 4, Tel. 915 24 54 00, teatrodelazarzuela.mcu.es; Metro: Banco de España). Das Genre ist seit dem 17. Jh. dokumentiert, als die Zarzuela in höfischen Kreisen erstmals zur Aufführung gelangte. Später bekam sie das gemeine Volk zu Gehör – und das schätzt diese Art unterhaltsames, leichtes Musiktheater bis heute. Kostüme und Bühnenbilder sind oft sehr aufwändig, die Sängerinnen und Sänger exzellent ausgebildet. Thematisch geht es in der Zarzuela um ewig junge Themen wie Liebe, Eifersucht und Leidenschaft.

rockarchitekten Juan Gómez de Mora zurückgehende Rathaus, die Casa de la Villa (17. Jh.). Das Denkmal in der Platzmitte ehrt den international weniger bekannten Flottenkommandanten Álvaro de Bazán (1526–1588). Blumenbeete sorgen für Farbe auf dem Platz. Die Plaza de la Villa ist verkehrsberuhigt und wird von der Calle Mayor gestreift.

197 E3 Ópera

16 Real Iglesia Parroquial de San Ginés

Inmitten der geschäftigen Fußgängerzone Calle del Arenal erhebt sich diese **Pfarrkirche**, deren Ursprünge ins 17. Jh. reichen. Die Backsteinfront entstand erst um 1870, im Laufe des 20. Jhs. kamen weitere Stilelemente hinzu. Weder der Hochaltar, der zunächst die Blicke anzieht, noch eine der Marienkapellen, sind das Besucherhighlight dieser Kirche. Ihren wahren Schatz entdecken Sie im hinteren Teil schräg gegenüber einer von den Madrider Gläubigen stark verehrten Skulptur des heiligen Judas Thaddäus (San Judas Tadeo): Es handelt sich um das wertvolle **Gemälde »Die Vertreibung der Händler aus dem Tempel«** (»La expulsión de los Mercaderes del Templo«). Es stammt von keinem Geringeren als El Greco (1541–1614), der auch für diese Szene die für ihn unverkennbaren Stilmittel verwendete.

Besonders charakteristisch für den Maler sind die in die Länge gezogene, schmale Figur Jesu im Zentrum und die farbenfrohen, im Licht glitzernden Gewänder der Dargestellten. Das Bild wird zum Schutz weitestgehend unter Verschluss gehalten und ist nur wenige Stunden pro Woche zu besichtigen: Bei dieser Gelegenheit schiebt ein Kirchenwächter dann die Holzschutztafeln zur Seite.

198 A3 Calle del Arenal 13
Besichtigungszeiten des El Greco-Bilds: Di 18–19, Fr 18–19, Sa 10–11 und 11.30–12 Uhr frei Sol, Ópera

17 Gran Vía

Baubeginn der Gran Vía war das Jahr 1910. Für den **Madrider Prachtboulevard** mussten bis Ende der 1920er-Jahre über 300 Häuser weichen. Die Bauarbeiten an der Gran Vía richteten laut dem katalanischen Schriftsteller Josep Pla »große Verheerungen im charakteristischen Stadtbild Madrids« an. Den Teil ab der Calle de Alcalá bezeichnete er als »gewaltige architektonische Zuckerbäckerei im Katastrophenstil«. Geblieben ist eine 1,3 km lange Straße, gesäumt von Bauten und Dekors ihrer Zeit. Den Anfang macht an der Kreuzung mit der Calle de Alcalá das Edificio Metrópolis mit seiner schwarzgoldenen Kuppel und der geflügelten Siegesgöttin Victoria. Nicht beschönigt sei der vorandonnernde Verkehr auf der Gran Vía, die sich bis zur Plaza de España (► 131) erstreckt. Madrider und Besucher zieht es vor allem in den Abschnitt mit den meisten Geschäften und Theatern zwischen der lebhaften **Calle del Fuencarral und der Plaza de España**. Von der Zwischenstation Plaza de Callao mit ihren abendlichen Leuchtreklamen führen Fußgängerzonen bis zur Puerta del Sol (► 67). An der Plaza de Callao fallen zwei Gebäude aus den 1920er-Jahren auf: der **Palacio de la Prensa**, unter Pedro Muguruza Otaño nach nordamerikanischen Vorbildern in die Höhe gezogen und vormals Sitz der Pressevereinigung von Madrid, sowie das Gebäude mit dem **Kino Cines Callao**,

Dachterrasse Azotea: hoch über der Gran Vía mit Göttin Minerva aus Bronze

das Luis Gutiérrez Soto mit Elementen aus Neobarock und Art déco versah. In diesem Kino lief 1929 die Uraufführung des ersten Tonfilms in Spanien. Architektonisch interessant ist ein weiteres Gebäude in der Nähe: das 1931–33 errichtete **Edificio Capitol**, das sich mit einer Halbrundfront hervorwölbt. Unweit der **Kreuzung Gran Vía/Calle de Alcalá** erhebt sich das Gebäude des **Círculo de Bellas Artes** (➤ 76). Architektonischer Höhepunkt ist die öffentlich zugängliche **Dachterrasse Azotea** (Calle de Alcalá 42, meist Mo–Fr 21, Sa/So 11–21 Uhr, 4 €) mit einer meterhohen Bronzeskulptur der Göttin Minerva. Genießen Sie den tollen Blick über die Dächer von Madrid bis hin zur Sierra de Guadarrama.

198 B4 Plaza de la Independencia
Retiro

MUSICALTHEATER

Gute Musicalinszenierungen bekommen Sie an Madrids Prachtstraße Gran Vía im Teatro Lope de Vega (Gran Vía 57) und im Teatro Rialto (Gran Vía 54) zu sehen. Das Teatro Lope de Vega bietet richtig große Showtime, das aus einem Kino der 1930er-Jahre hervorgegangene Teatro Rialto ist deutlich kleiner, aber nicht weniger ambitioniert. Kümmern Sie sich auf jeden Fall rechtzeitig um Karten! Im Teatro Rialto stehen auch Konzerte und Theaterstücke auf dem Programm.

18 Viertel Chueca und Malasaña

Die Szeneviertel Chueca und Malasaña, abseits der Hauptstadthektik nördlich der Gran Vía, sind Stadtteile der Alternativkultur. Designernachwuchs und junge Kreative haben sie für sich entdeckt. Enge Gassen und gemütliche Plätze, nette Tavernen, Restaurants und kleine Geschäfte, die bei Auswahl und Service auf Individualität setzen, prägen beide Viertel. Beliebt sind sie auch für gute Küche und ein pulsierendes Nachtleben. Für das Anderssein in Chueca steht nicht zuletzt die Gayszene.

Anhaltspunkte bei einem Entdeckungsspaziergang durch Chueca sind die **Plaza de Chueca** und die

Im Herzen von Madrid

Straßenzüge um die **Calle del Barquillo und die Calle de Augusto Figueroa**. Das Herz von Malasaña schlägt um die **Plaza del Dos de Mayo**. Das Denkmal mitten auf diesem Platz erinnert an die Ereignisse vom Mai des Jahres 1808, als sich die Madrider Bevölkerung gegen die einfallenden napoleonischen Truppen erhob. Gnadenlos töteten die Invasoren viele Aufständische, darunter die bis heute als Helden verehrten Militärs Luis Daoíz und Pedro Velarde. Die Plaza del Dos de Mayo ist heute ein lebhafter Treffpunkt der Bewohner von Malasaña mit einigen netten Bars und Caféterrassen. Der Nachwuchs tobt sich auf Kinderspielgeräten aus.

Tief in die wechselvolle Stadtgeschichte können Sie in der geschäftigen **Calle de Fuencarral** eintauchen: im **Museo de Historia de Madrid** (Calle de Fuencarral 78, Di–So 10–20 Uhr, Eintritt frei; Metro: Tribunal). Untergebracht ist es in einem von Pedro de Ribera von 1721 bis 1726 im Barockstil erbauten Hospiz. Chronologisch und didaktisch gut zeichnet die Ausstellung die Stadtentwicklung nach. Zu sehen gibt es u. a. historische Gemälde mit Ansichten aus verschiedenen Jahrhunderten und Exponate wie Fächer, Kleidungsstücke und Porzelan. Prunkstück der Sammlung ist eine Allegorie Madrids von Francisco de Goya von 1810.

Zwischen den Vierteln Chueca und Malasaña liegt das Museum der Romantik, das **Museo del Romanticismo** (Calle San Mateo 13, Tel. 914 48 10 45, http://museoromanticismo.mcu.es, Mai–Okt. Di–Sa 9.30–20.30, So 10–15 Uhr, Nov.–April Di–Sa bis 18.30, So bis 15 Uhr, Eintritt 3 €, Sa ab 14, So 10–15 Uhr frei; Metro Tribunal). Die Kulisse bildet ein markgräfliches Stadtpalais aus der zweiten Hälfte des 18. Jhs., samt ehemaligem Tanzsalon, Speisezimmer und Billardraum.

Das vornehme Flair der Vergangenheit veranschaulichen Spiegel und Möbelstücke, Porträts, Leuchter, Porzellanfigürchen, Kamin-, Wand- und Standuhren sowie die genau aufeinander abgestimmten Farbtöne von Vorhängen, Tapeten und Sesselbezügen. Wo die verspielte Romantik endet und Anflüge von Kitsch beginnen, mag jeder für sich entscheiden. Interessant ist die Sammlung allemal. Besonders wertvoll ist ein Porträt von Francisco de Goya, das Papst Gregor den Großen zeigt. Im Café del Jardín lässt sich gut eine kleine Pause einlegen.

198 C5, 195 F3 Chueca, Tribunal

Heute jung und modebewusst: das ursprüngliche Stadtviertel Malasaña

Wohin zum …
Essen und Trinken?

Preise
Für ein Essen (z. B. ein typisches Tages-/Hausmenü, im Regelfall inkl. Getränk):
€ unter 15 Euro **€€** 15–25 Euro **€€€** über 25 Euro

Botín €€€
Das Botín ist aus der Madrider Gastroszene nicht wegzudenken und bereits mehrfach mit Preisen bedacht worden. Es existiert seit 1725 und rühmt sich des Eintrags ins Guinness-Buch der Rekorde als »ältestes Restaurant der Welt«. Die Küche ist kastilisch-deftig, wichtigste Spezialität ist Spanferkel (*cochinillo asado*). Ernest Hemingway, der selber öfter zu Gast war, verewigte das Traditionsrestaurant in seinem Roman »Fiesta«. Und der deutsche Schriftsteller Wolfgang Koeppen lobte die »überaus zart« zubereiteten Spanferkel, obgleich er einen makaberen Vergleich heranzog und befand, sie sähen »wie Kinderleichen aus«. Tafeln können Sie in mehreren Sälen, die Architektur ist urig-rustikal.
197 F3 Calle de Cuchilleros 17
913 66 42 17, www.botin.es tägl. 13–16 und 20–24 Uhr Sol, Tirso de Molina

Cervecería Alemana €–€€
Die adrett gekleideten Kellner sind die lebenden Wahrzeichen dieser Bierstube, die seit 1904 existiert. Natürlich gibt es nicht nur Bier, sondern Tapas und diverse Errungenschaften der spanischen Küche. Plätze finden Sie drinnen am Bartresen oder an kleinen Tischen. Während seiner Madrid-Aufenthalte kehrte der US-Schriftsteller Ernest Hemingway (1899–1961) hier gern ein, und auch Hollywoodstar Ava Gardner (1922–1990) zählte zu den Gästen. Die Cervecería Alemana ist eine Mischung aus Traditionstaverne und Restaurant.
198 B3 Plaza de Santa Ana 6
914 29 70 33, www.cerveceriaalemana.com
So/Mo/Mi/Do 11–0.30, Fr/Sa 11–2 Uhr, im Aug. geschl. Antón Martín, Sevilla, Sol

Chocolatería San Ginés €
Wer hierher kommt, hat nur eins im Sinn, *chocolate con churros* zu kosten, eine Portion länglicher Krapfen mit dickflüssiger Schokoladensauce. Dafür nimmt man Wartezeiten am Tresen oder vor den Terrassenplätzen in Kauf. Sie können jederzeit kommen, denn die Chocolatería hat 24 Stunden am Tag geöffnet. Sie liegt in einem verkehrsfreien Gassendurchgang hinter der Kirche San Ginés und tischt ihre Spezialitäten seit dem Jahr 1894 auf. Eine echte Madrider Institution! Im Anbau, dem *anexo*, hängen Schwarzweißfotos berühmter Promikunden an den Wänden, darunter Michael Douglas, Roger Moore, Tina Turner und die Dänin Brigitte Nielsen.
198 A4 Pasadizo de San Ginés 5
913 65 65 46, www.chocolateriasangines.com tägl. 24 Std. Sol

DStage €€
Eine echte »In«-Adresse im Viertel Chueca mit den allerneuesten Innovationen, die Küchenchef Diego Guerrero kreiert. Gastronomie als Kunst, als zelebriertes Event – entsprechend gut sind die Kritiken in einschlägigen Bewertungsforen. Rechtzeitig reservieren!
198 C5 Calle Regueros 8
917 02 15 86, www.dstageconcept.com
Mo–Fr 13.30–15 und 21–22.30 Uhr
Chueca

El Caldero €€
Madrid hat die verschiedensten Küchen aus ganz Spanien zu bieten. Ein Beispiel ist dieses Restaurant im Barrio de las Letras, das seit über vier Jahrzehnten auf Mittelmeerküche aus der Region Murcia spezialisiert ist. Zu seinen Klassikern zählen Paellas und andere Reisgerichte, die allerdings nur ab mindestens zwei Personen aufgetischt werden.
198 B3 Calle de las Huertas 15 914 29 50 44, http://elcaldero.com Mo 13–16.30, Di–Fr 13–16.30 und 20–24, Sa bis 0.30, So 13–16.30 Uhr Antón Martín

La Cocina de San Antón €
Populärer Treff im Stadtteil Chueca, ganz oben im Marktgebäude San Antón. Mo–Fr mittags empfiehlt sich das Tagesmenü, zu späteren Stunden ist die loungige Terrasse jederzeit ein Entspannungstipp. Entsprechend groß ist die Auswahl an Cocktails!
198 C5 Calle Augusto Figueroa 24 913 30 02 94, www.lacocinadesananton.com tägl. 10–24 Uhr Chueca

Mercado de San Miguel €–€€
Dieses Marktgebäude ist erfolgreich in einen stilvollen, facettenreichen Foodcourt für Tapas und Delikatessen umfunktioniert worden. Zahlreiche kleine Stände versorgen Sie mit Köstlichkeiten, die zwar teurer sind als andernorts, aber auch kreativer und aufwändiger zubereitet. Ziehen Sie ein wenig umher, um die Vielfalt der Tapas (ob kalt oder warm, aber immer frisch) zu kosten. Dazu passt ein guter Tropfen. Sitzplätze sind allerdings eher die Ausnahme.
197 E3 Plaza de San Miguel 915 42 49 36; www.mercadodesanmiguel.es Mo–Mi/So 10–24, Do–Sa 10–2 Uhr Sol, Ópera

Museo del Jamón €
Diese Großkneipe mit ihren langen Tresen werden Sie zu schätzen wissen, wenn Sie mitten in der City auf die Schnelle eine Stärkung brauchen: ein Schinken- oder Wurstbrötchen, dazu einen Wein oder ein Bier. Die Preise sind überaus günstig, deswegen ist es oftmals voll. Im Restaurantbereich bekommt man ansonsten auch ein Tagesmenü.
197 E3 Calle Mayor 7 915 31 45 50, www.museodeljamon.com tägl. 7–24.30 Uhr Sol

Tapas 44 €
Falls es an der Gran Vía mal schnell gehen muss, z. B. vor oder nach dem Theaterbesuch, sind die hier angebotenen Tapas eine gute Alternative zum Fastfood. Zu günstigen Preisen gibt es auch Frühstück und Tagesmenü.
197 E5 Gran Vía 71 915 42 99 80, http://tapas44.es So–Do 8–24, Fr/Sa 9.30–3 Uhr Plaza de España

Vegaviana €
Das vegetarische Restaurant im Stadtteil Chueca bietet ein günstiges Tagesmenü aus frischen saisonalen Zutaten, außerdem Suppe, Salate und Pizzen. Einfach und ausgewogen.
198 B5 Calle de Pelayo 35 913 08 03 81, http://vegaviana.restaurantesok.com Di–Do 13.30–16 und 21–23.30, Fr/ Sa 13.30–16 und 21–24, So 13.30–16 Uhr Chueca

Wohin zum … Einkaufen?

Es macht großen Spaß, in Madrid zu shoppen und dabei neben einem typisch großstädtischen Angebot, auch kleine traditionelle Geschäfte zu entdecken. Alternative Mode und trendige Designershops finden Sie vor allem in den Viertel Chueca und Malasaña, aber auch in der Nähe der Plaza Mayor gibt es alt eingesessene Familienunternehmen.

FUSSGÄNGERZONEN/GRAN VÍA

In den besonders frequentierten Fußgängerzonen wie der **Calle del Arenal** sowie der **Calle del Carmen** (von der Puerta del Sol zur Plaza de Callao) finden Sie Mode (z. B. Zara, Desigual), Schuhe (z. B. Camper, Geox), ebenso in der **Calle de Preciados**, wo Sie in der Fnac (Calle Preciados 28, www.fnac.es), Elektronik und CDs, aber auch Tickets für Veranstaltungen und Konzerte kaufen können. Vieles in diesen Straßen ist Massenware von der Stange, da hier im touristisch höchst frequentierten Stadtkern große Ketten ihre Filialen unterhalten. Gleiches gilt für die Geschäfte entlang der **Gran Vía**, was nicht heißt, dass Sie hier nicht fündig werden, z. B. bei H & M (Gran Vía 37). Kundenfreundlich sind an der Gran Vía die Öffnungszeiten (in der Regel täglich, auch sonntags, von 10–22 Uhr), während kleine Läden in anderen Straßen von 13.30–16.30 Uhr Siesta haben.

KAUFHÄUSER

Filialen des Großkaufhauses **El Corte Inglés** (www.elcorteingles.es; Metro Sol), finden Sie in der Calle de Preciados 1–4 und der Calle Maestro Victoria mit beliebten Sommer- und Winterschlussverkäufen.

KULINARISCHES

Für den kleinen Hunger oder ein kulinarisches Mitbringsel lohnt sich ein Besuch in der Markthalle des **Mercado de San Miguel** (Plaza de San Miguel, www.mercadodesanmiguel.es; Metro: Sol), ganz in der Nähe der Plaza Mayor. In der Calle de Augusto Figueroa können Sie im Marktgebäude des **Mercado de San Antón** die gut sortierten Stände bewundern – und sich außerdem eine Etage höher in trendigen Gastro-Bars mit schickem Fingerfood versorgen.

TRADITIONSGESCHÄFTE

Typische traditionelle Qualitätsprodukte zum Schauen und Staunen oder auch zum Selbertragen finden Sie z. B. an der Plaza Mayor 30: Die 1886 gegründete **Casa Yustas** (Tel. 913 665 084, www.casayustas.com; Metro: Sol) verkauft Hüte in großer Auswahl. Eine bekannte Adresse für Espadrilles ist die **Casa Hernanz** (Calle de Toledo 18, Tel. 913 665 450, www.alpargateriahernanz.com; Metro: Sol). *Mantillas* und Wollumhänge für Damen und Herren bietet **Capas Seseña** (Calle de la Cruz 23, Tel. 915 316 840, www.sesena.com; Metro: Sevilla). Alteingesessen ist auch das Traditionsgeschäft **Palomeque** (Calle del Arenal 17, Tel. 915 48 17 20, www.palomequearte.com), das seit dem 19. Jh. Objekte religiöser Kunst verkauft.

AKTUELL & ORIGINELL

Alternative Mode, kleine Designer-, Traditions- und Avantgardeshops sowie Outlets finden Sie, wenn Sie in **Chueca** gemütlich durch Straßen wie die Calle de Augusto Figueroa, die Calle de Gravina und die Calle de Hortaleza bummeln. In der Boutique **Lucía Ayuso** (Calle del Almirante 14, Tel. 915 22 90 92) gibt es brandneue Modetrends für Frauen. **Biocottoniers** (Calle de Gravina 1/Ecke Calle de Hortaleza, http://biocottoniers.com) hat sich ganz der ökologischen Mode verschrieben. Im Viertel **Malasaña** ist die **Calle de Fuencarral** eine geschäftige Shoppingader. Auf originelle Geschenkideen kommen Sie bei **Curiosite** (Corredora Alta de San Pablo 28, Tel. 911 41 33 05, www.curiosite.es). Kleine Boutiquen gibt es in der **Calle de Velarde** schlendern, die auf die **Plaza del Dos de Mayo** mündet. Geschäftig, aber auch verkehrsreich ist die **Calle de San Bernardo**, die wieder auf die Gran Vía führt.

Wohin zum ... Ausgehen?

Wer wissen will was los ist, findet aktuelle Tipps im spanischen Wochenprogramm *Guía del Ocio* (www.guiadelocio.com/Madrid). Kino, Theater, Bars und Clubs – die Auswahl ist groß und die Nächte sind lang.

KULTUR

Unter den traditionellen Theatern an der Gran Vía, die oft Musicals im Programm haben, sind das **Teatro Rialto** (Gran Vía 54, Tel. 910 83 95 00, www.teatrorialto.es) und das **Teatro Lope de Vega** (Gran Vía 57, wechselnde Webseite je nach Inszenierung) zu empfehlen. Der **Círculo de Bellas Artes** (Calle de Alcalá 42, www.circulobellasartes.com; Metro: Sevilla, Banco de España), übersetzt Zirkel der Schönen Künste, ist eine gemeinnützige Institution, die 1880 gegründet wurde. Sie bietet Kinofilme in Originalversion und gelegentlich Theater, Konzerte, Ausstellungen und Lesungen. Das **Ateneo de Madrid** (Calle del Prado 21, Tel. 914 29 17 50, www.ateneodemadrid.com; Metro: Banco de España, Sevilla), das bereits 1835 als Institution für Kunst, Literatur und Wissenschaft gegründet wurde, bietet ein umfangreiches Programm (u. a. Kino, Lesungen, Vorträge, Kammerkonzerte, Klavierkonzerte). Das **Teatro Español** (Plaza de Santa Ana/Calle del Príncipe 25, Tel. 913 60 14 80, http://teatroespanol.es; Metro: Antón Martín, Sevilla, Sol) steht für anspruchsvolles Sprechtheater (auf Spanisch).

NACHTLEBEN

Um die **Plaza de Santa Ana**, entlang der **Calle del Prado** und der **Calle del Príncipe** finden Sie populäre Kneipen. Im Café **Jazz Populart** (Calle de las Huertas 22, Tel. 914 29 84 07, http://cafepopulart.com) steigen Livekonzerte. Tapas und Drinks gibt es zu fortgeschrittener Stunde im **Mercado de San Miguel** (S. 74). Chueca ist für seine **Gayszene** bekannt, z. B. mit Bars und Dance Clubs wie **Delirio** (Calle de la Libertad 28, www.deliriochueca.com). Die Bar auf der Dachterrasse des **Hotel Room Mate Óscar** (Plaza Pedro Zerolo 12, https://room-matehotels.com/de/oscar; Metro: Gran Vía, Chueca) ist Di–So bis mindestens 2 Uhr geöffnet. Oder Sie gönnen sich einen Drink an der **Plaza de Chueca**. Mitten in der Fußgängerzone zwischen Puerta del Sol und Teatro Real liegt Madrids international bekannte **Discoteca Joy Eslava** (Calle del Arenal 11, http://joy-eslava.com). Events und Themennächte starten hier frühestens um 23 Uhr. Eine Institution im Madrider Nachtleben ist die Cocktailbar **Museo Chicote** (Gran Vía 12, http://grupomercadodelareina.com, Mo geschl., Cocktails ab 10 €). Nach Mitternacht zieht es manchmal auch Filmstars hierher. Bereits seit 1931 gibt es hier über 100 Cocktails, die Bargründer Alex de la Iglesia erfand und einst Hemingway, Ava Gardner, Frank Sinatra und Sophia Loren servierte.

KINO

Filme in Originalversion (span. Untertitel) laufen in den **Yelmo Cines Ideal** (Calle del Doctor Cortezo 6; Metro: Tirso de Molina). Etwas ausgedehntere Abstecher in den Norden der Kernstadt führen Filmfreaks, die gern originalsprachige Filme sehen, in die **Cines Verdi** (Calle de Bravo Murillo 28, www.cines-verdi.com; Metro: Canal) und in das kleine Studiokino **Pequeño Cine Estudio** (Calle de Magallanes 1, Tel. 914 47 29 20, www.pcineestudio.es; Metro: Quevedo).

Prado, Retiro & Umgebung

Kleine Erlebnisse

Glasaufzüge

Nehmen Sie im **Museo Nacional Centro de Arte Reina Sofía** (➤ 87) einmal einen der verglasten Außenaufzüge!

Geisterbahnfahrt

Im Wachsfigurenmuseum **Museo de Cera** (➤ 104) ist die Fahrt in der kleinen Geisterbahn **Tren del Terror** im Preis enthalten.

Auf dem Abstellgleis

Bahnfans, aufgepasst: Entdecken Sie historische Loks im **Museo del Ferrocarril** (➤ 100).

Erste Orientierung

Die Magneten dieser attraktiven Gegenden finden Sie östlich der City. Der Paseo del Prado und dessen nördliche Verlängerung Paseo de Recoletos grenzen sie klar vom Zentrum ab. Kunstliebhaber verfallen in den berühmtesten Kunstmuseen Madrids in einen regelrechten Rausch. Ebenso ist für Freizeit und Naherholung reichlich Grün vorhanden.

»Triángulo del Arte«, so heißt es auf Spanisch, das goldene »Kunstdreieck« Madrids. Es wartet mit drei hochkarätigen Museen auf, dem Museo Nacional del Prado, dem Museo Nacional Centro de Arte Reina Sofía und dem Museo Thyssen-Bornemisza. Was in diesen Museen hochkonzentriert dosiert an Gemälden renommierter Meister geboten wird,

Malerisch: der Blick durch die Herbstblätter der Ahornbäume zum Glaspalast des Retiro

braucht sich weltweit hinter nichts und niemandem zu verstecken. Die großen Drei der Museumsszene liegen in bequemer Gehentfernung voneinander. Wer noch aufnahmefähig ist oder an einem anderen Tag wiederkommt, kann sich zudem das Museo Arqueológico Nacional ansehen, eines der besten archäologischen Museen Europas.

Museen sind jedoch nicht alles. Der Botanische Garten Real Jardín Botánico und der ausgedehnte Stadtpark Parque de El Retiro sind Oasen für Freizeit und Entspannung. Nördlich des Retiro-Parks schließt sich ein altehrwürdiges Nobelviertel mit entsprechenden Geschäften an, das Barrio de Salamanca.

Darüber hinaus gibt es überraschende Annehmlichkeiten, wie den Botanischen Indoor-Garten im Bahnhof Atocha und den Aussichtsspot im Kulturzentrum CentroCentro. Special-Interest-Ziele wie das Fußballstadion Santiago Bernabéu und das Wolkenkratzerquartett der Cuatro Torres Business Area (➤ 24), die etwas außerhalb in den nördlichen Stadtgegenden liegen, sind rasch per Metro erreicht.

TOP 10

- ★1 Museo Nacional del Prado ➤ 82
- ★3 Museo Nacional Centro de Arte Reina Sofía ➤ 87
- ★4 Museo Thyssen-Bornemisza ➤ 91
- ★5 Parque de El Retiro ➤ 94

Nach Lust und Laune!

- 19 Museo Arqueológico Nacional ➤ 98
- 20 Real Fábrica de Tapices ➤ 98
- 21 Panteón de Hombres Ilustres ➤ 99
- 22 Estación de Atocha ➤ 99
- 23 Museo Nacional de Antropología ➤ 100
- 24 Real Jardín Botánico ➤ 100
- 25 Iglesia de San Jerónimo el Real ➤ 101
- 26 Museo Nacional de Artes Decorativas ➤ 102
- 27 Museo Naval ➤ 102
- 28 Plaza de la Cibeles ➤ 103
- 29 Palacio de Cibeles/CentroCentro/Mirador Madrid ➤ 103
- 30 Museo de Cera ➤ 104
- 31 Plaza de Colón ➤ 104

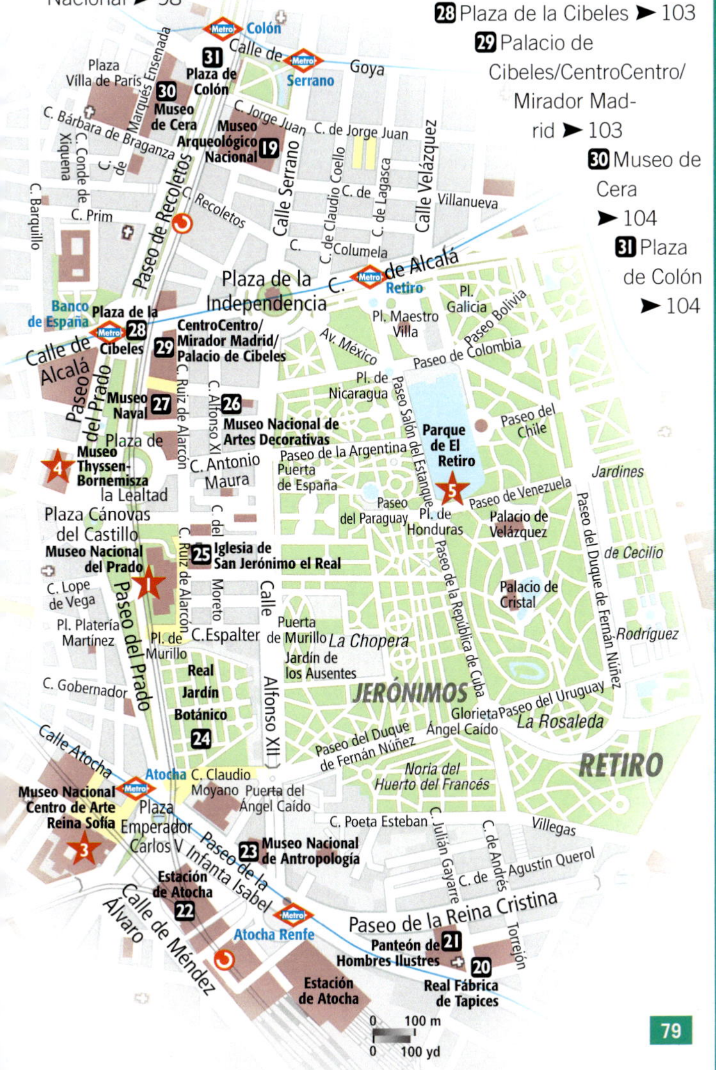

An drei Tagen

Drei Tage sind für diese Route erforderlich, weil Sie allein die »großen Drei« der Madrider Kunstmuseen – Prado, Reina Sofía und Thyssen-Bornemisza – unmöglich direkt hintereinander schaffen können, wenn der Kunstgenuss nicht in Freizeitstress ausarten soll. Und neben der Museumslandschaft wartet eine ganze Menge mehr auf Entdeckung.

Erster Tag

Vormittags

Nehmen Sie sich das 1 **Museo Nacional del Prado** (➤ 82) vor. Die Meisterwerke von Velázquez, Rubens, Goya & Co. suchen ihresgleichen – und die Länge der Wege durch die Säle summiert sich. Für eine Stärkung eignet sich das Museumscafé.

Nachmittags

Erholen Sie sich an der frischen Luft! Gleich in der Nachbarschaft des Prado bietet sich ein Streifzug durch den Botanischen Garten 24 **Real Jardín Botánico** (➤ 100) an. Eine Wohltat!

Abends

Schauen Sie, was am Abend auf den Programmen von Kulturzentren wie der **Casa de América** (➤ 108) steht.

Zweiter Tag

Vormittags

»Guernica« von Picasso, dazu weitere Säle mit Meisterwerken erwarten Sie im 3 **Museo Nacional Centro de Arte Reina Sofía** (➤ 87).

Mittags

Um den Museumsvorplatz des Reina Sofía finden Sie Möglichkeiten zur Einkehr. Gut entspannen können Sie auch in dem mit exotischen Pflanzen begrünten Bahnhof 22 **Estación de Atocha** (➤ 99).

Nachmittags

Machen Sie mit frischen Kräften einen Rundgang durch das 19 **Museo Arqueológico Nacional** (➤ 98). Eines der Highlights ist die Büste der »Dama de Elche«. Da das Museum an die Calle de Serrano grenzt, die maßgebliche Geschäftsachse im **Barrio de Salamanca** (➤ 96, rechts), können Sie danach von Schaufenster zu Schaufenster bummeln.

Abends

Wählen Sie zum Chill-out die Terrassenbar des Kulturzentrums **29 CentroCentro** (➤ 103, 108) hoch über der Plaza de la Cibeles. Ein schöner Tagesabschluss!

Dritter Tag

Vormittags

Begeben Sie sich im 4 **Museo Thyssen-Bornemisza** (➤ 91) auf einen Streifzug durch die Kunst seit dem Mittelalter: Nach ausgiebigem Kunstgenuss werden Sie für eine Rast im Museumsrestaurant dankbar sein.

Nachmittags

Grüne Idylle und Wegenetze im 5 **Parque de El Retiro** (➤ 94, links) werden Sie begeistern. Legen Sie eine Pause in einem der Cafés im Park ein, idealerweise am See.

Abends

Eine gute Adresse für den Abend ist das **Café Gijón** (➤ 106). Es zählt zu den besonders typischen und traditionsreichen Madrider Kaffeehäusern und serviert nicht nur Kaffee und andere Getränke, sondern auch viele warme Speisen. Aufs Neue können Sie sich über das aktuelle Programm in einem Kulturzentrum informieren. Das **Fernán Gómez Centro Cultural de la Villa** (➤ 108) liegt unter der **31 Plaza de Colón** und ist bei den Madridern sehr beliebt.

Museo Nacional del Prado

Rüsten Sie sich zum Besuch eines der weltbesten Kunstmuseen mit dem höchstmöglichen Potenzial an Energie und Aufnahmefähigkeit. Der Hauptfokus liegt im Prado auf Gemälden. Entdecken Sie Werke von Dürer, Velázquez, Rubens, Goya und vielen weiteren Meistern vom Mittelalter bis ins frühe 20. Jh. Pro Jahr kommen einige Millionen Besucher in den Prado.

Setzen Sie sich Schwerpunkte

Vorausgeschickt sei, dass Sie an einem einzigen Tag nicht ansatzweise »alles« im Prado sehen können. Es ist wichtig, von vornherein Schwerpunkte zu setzen, sich die veranschlagte Zeit gut einzuteilen, eine Auswahl zu treffen. Falls nicht, werden Sie irgendwann erschöpft durch die Säle taumeln. Wichtig ist, sich am Eingang einen Übersichtsplan zu besorgen, der in der Regel auch auf Deutsch vorrätig ist. Der Plan wird immer wieder neu aufgelegt, die Anordnungen in den Sälen können sich ändern.

Die Höhepunkte der Sammlung erwarten Sie im **Villanueva-Gebäude**, während im **Jerónimos-Gebäude** Sonderausstellungen laufen. Hier sind auch das **Auditorium** und der Museumsshop zu finden. Im oberen Teil des Jerónimos-Gebäudes öffnet sich der Kreuzgang des angrenzenden **Hieronymitenklosters**, den Architekt **Rafael Moneo** bei der Prado-Erweiterung von 2001–2007 auf eigenwillige Art integrierte.

Im Villanueva–Gebäude sind die über 100 Ausstellungssäle nach Ländern und Epochen angeordnet. Da gibt es Abteilungen wie **Italienische Malerei** (1300–1600), **Flämische Malerei** (1600–1700) und **Spanische Malerei** (1100–1900). Aber die Chronologie ist nicht immer durchgehend und eindeutig, daher ist ein Blick auf den Übersichtsplan immer wieder hilfreich. Auch die Werke von Goya beispielsweise sind auf mehrere Sektionen verteilt.

Seit 1819 Nationalmuseum

Bevor es losgeht, sollten Sie wissen, dass der Architekt Juan de Villanueva den weitläufigen Bau des heutigen Prado 1785 auf Geheiß des Königs Karl III. ursprünglich als Kabinett der Naturwissenschaften entworfen hat. Erst 1819 unter Ferdinand VII. wurde der Prado als Nationalmuseum der Malerei und Bildhauerei eröffnet. Heute ist das Museum mit allein über 9000 Gemälden einer der größten Besuchermagneten Spaniens. Ursprünglich geht die Sammlung auf die Habsburger (Könige Karl V., Philipp II. und Philipp IV.) und die Bourbonen (Könige Philipp V., Karl III. und Karl IV.) zurück, wurde aber im Laufe der Jahrhunderte stets erweitert. Der Prado gibt einen hervorragenden

Im Jerónimos-Gebäude zeigt der Prado immer wieder neue Sonderausstellungen

Ingres
noviembre 2015
– 27 marzo 2016
MUSEO NACIONAL DEL PRADO
Hazte Amigo
fundación AXA
ANTONIO MORO
RUBENS
VAN DYCK
REMBRANDT
DAVID TENIERS

Diego Velázquez malte sich auf seinem heute weltbekannten Gemälde »Las Meninas« (»Die Hoffräulein«,1656) am linken Bildrand selbst

Überblick über spanische Malerei vom 12. bis zum 19. Jh. und dokumentiert auch die Entwicklung der europäischen Malerei mit bedeutenden Werken. Die nachfolgend vorgestellten, ausgewählten Werke und Meister zählen zu den Besucherhighlights des Prado.

Dürer und Rubens

»Das malte ich nach meinem Bildnis, ich war 26 Jahre alt«, schrieb **Albrecht Dürer** (1471–1528) über sein Selbstporträt, das den deutschen Maler und Grafiker als elegant gekleideten Edelmann zeigt, dem eine goldblonde Lockenmatte bis auf die Schultern fällt. Um der Vornehmheit zu genügen, hält er seine Hände in Handschuhen verborgen, eine Attitüde der High Society. Von Dürer ist im Prado auch das biblische Doppel »Adam und Eva« sehenswert. Der Flame **Peter Paul Rubens** (1577–1640) war u. a. für Spaniens König Philipp IV. tätig, der ihn beauftragte, die Madrider Paläste zu dekorieren – aber nicht nur. Eindeutig fleischlich setzte Rubens die »Drei Grazien« in Szene, erhaben den Herzog von Lerma hoch zu Ross und blutrünstig den Gott Saturn, der einen der eigenen Söhne verspeist.

Diego Velázquez

Dem Spanier Diego Velázquez (1599–1660), der unter König Philipp IV. in Madrid als **Hofmaler** tätig war, verdanken wir das weltbekannte Gemälde **»Las Meninas«** (»Die Hoffräulein«). Die Atelierszene, vermutlich im Alcázar entstanden, spielt nahezu unvergleichlich mit Raum und Perspektiven. Velázquez selbst steht vor der Staffelei.

Das Werk von Velázquez nimmt im Prado erheblichen Raum ein, darunter auch mit »Die Übergabe von Breda«, dem weinseligen »Triumph des Bacchus« und seinen Reiterporträts, z. B. von Philipp IV., der Königin Isabella und dem Prinzen Baltasar Carlos. Den Monarchen Philipp IV. hielt er in Jägerpose mit Hund und Riesenflinte fest.

Meisterwerke von Goya

Die einzigartige Werkschau von **Francisco de Goya** (1746–1828) verteilt sich auf mehrere Museumsbereiche. Als Hofmaler für Karl IV. setzte er dem Monarchen in »Familie Karls IV.« ein satirisches Denkmal, indem er ihm und den Seinen regelrecht den Stumpfsinn ins Gesicht malte. Goyas Wandlungsfähigkeit bezeugen die Frauenbilder der »Nackten Maja« und der »Bekleideten Maja«, die Erschießung Madrider Widerständler durch napoleonische Truppen am 3. Mai 1808, ein Selbstporträt von 1815 und die Entwürfe für Wandteppiche mit volkstümlichen Szenen. Radikale, düstere Szenen malte er in den Jahren um 1820, hochbetagt und längst taub geworden, auf die Wän-

Lichtdurchflutete Ausstellungssäle im Prado laden zum Verweilen auf Bänken ein

BAEDEKER TIPP

- Achten Sie auf preisreduzierte Ticketangebote, z. B. **»Zwei Besuche in einem Jahr«** (»Dos visitas en un año«; Besuche müssen an zwei verschiedenen Tagen erfolgen, 20 €). Oder Sie besorgen sich zum Preis von 28,80 € das **Kunstticket** »Paseo del Arte«, das für den Prado, das Museo Nacional Centro de Arte Reina Sofía und das Museo Thyssen-Bornemisza gilt.
- In den Prado gibt es **mehrere Eingänge** (*puertas*). Für Individualbesucher sind dies die Puerta de Jerónimos und die Puerta de Goya, beide zur Calle Felipe IV. hin.
- In der **Madrid Card** (▶ 40) ist der Prado enthalten. Mit der Card haben Sie bevorzugten Zutritt (*acceso preferido*) durch die Puerta de Jerónimos.
- Um **Wartezeiten** zu **vermeiden**, können Sie Eintrittskarten über die Prado-Homepage online kaufen oder unter der gebührenpflichtigen Hotline Tel. 902 10 70 77 bestellen.
- Nutzen Sie die **Garderobe** – drinnen brauchen Sie keine Jacke.
- Manche Gemälde können vorübergehend an andere Museen ausgeliehen sein.

de seines Madrider Landhauses Quinta del Sordo. Die Werke gingen als **Pinturas Negras** (»Schwarze Malereien«) in die Kunstgeschichte ein – wirre Fratzengesichter, ein satanischer Gott Saturn, verstörende Alte, eine gespenstische Wallfahrt, eine Hexenversammlung. Lange nach des Meisters Tod wurden sie mit irreparablen Verlusten von den Wänden entfernt und durch einen Restaurator auf Leinwand übertragen.

Alte Meister, Skulpturen, Wechselausstellungen

Der Italiener **Fra Angelico** (gest. 1455) ist mit einer farbdurchtränkten Maria (»La virgen de la Granada«) vertreten, **Hieronymus Bosch** (um 1450–1516) mit dem »Garten der Lüste«, **Tizian** (um 1488/90–1576) mit einem »Ecce homo« und einem Reiterbildnis Karls V., **Tintoretto** (1518–1594) mit einer »Fußwaschung«. Ansehen sollten Sie sich auch die Werke von **El Greco** (1541–1614), der sich auf das Spiel mit Raumwirkung, überproportional langen Figuren und regelrecht fluoreszierenden Farben verstand. Darüber hinaus gibt es Gemälde von Meistern wie Hans Memling, Caravaggio, Francisco de Zurbarán, Jusepe/José de Ribera, Bartolomé Esteban Murillo, Anthonis van Dyck, und Joaquín Sorolla zu entdecken.

Und dies – Sie ahnen es – ist im Prado längst nicht alles. Hinzu kommen umfangreiche Skulpturensammlungen, romanische Kirchenmalereien und teils hochkarätige Wechselaustellungen.

KLEINE PAUSE

Nutzen Sie das **Museumscafé** zur Rast.

---

199 D3 ✉ Paseo del Prado/Calle Felipe IV.
☎ 913 30 28 00, gebührenpflichtige Tickethotline 902 10 70 77, www.museodelprado.es Mo–Sa 10–20, So 10–19 Uhr 16 €, ständige Sammlung Mo–Sa 18–20, So 17–19 Uhr frei Audioguide Sammlung 4 € (auf Deutsch), Ausstellungen 3,50 € (auf Englisch), beides 6 € Banco de España

3 Museo Nacional Centro de Arte Reina Sofía

Ein Bild zieht hier alle Blicke auf sich und fesselt seine Betrachter: »Guernica« von Picasso. Das Monumentalgemälde ist der Magnet des Museums. Seine Schwerpunkte sind die moderne und zeitgenössische Kunst des 20. und 21. Jhs.

Das nach Spaniens ehemaliger Königin Sofía benannte Museum liegt in der Nähe des Bahnhofs Atocha. Es besteht aus zwei großen Gebäuden: dem **Edificio Sabatini**, ein ehemaliges Hospital, das ein großes Hofrechteck umgibt, und dem **Edificio Nouvel**, errichtet nach Plänen des französischen Stararchitekten **Jean Nouvel**. Beide Gebäude sind miteinander verbunden. Allerdings ist es in dem weitläufigen Museum nicht einfach, den Überblick zu behalten. Deshalb ist ein **Übersichtsplan** über Stockwerke, Säle und Gebäudeteile unverzichtbar; der aktuelle Plan ist am Eingang erhältlich. Das imJahr 1992 eröffnete Museum schöpft aus einem Fundus von insgesamt rund 18 000 Werken, weshalb sich Präsentationen und Anordnungen immer wieder ändern können. Parallel zur Auswahl der ständigen Sammlung zeigt es meist mehrere Wechselausstellungen.

Aus der oberen Etage des Anbaus von Jean Nouvel reicht der Blick weit über Madrid

Picassos Anklage gegen den Krieg

Ein Fixpunkt des Besuchs ist das Gemälde »Guernica« von Pablo Picasso (1881–1973). Guernica war von alters her die **»heilige Stadt der Basken«** im Norden Spaniens nordöstlich von Bilbao. Während des Spanischen Bürgerkriegs (1936–39) wurde Guernica zer-

Im Innenhof des Anbaus von Jean Nouvel steht eine riesige Skulptur von Roy Lichtenstein: »Brushstroke«

stört. Der Tag des Unheils war der **26. April 1937**. Plötzlich, am Nachmittag, verdunkelten Flugzeuge den Himmel. Dann ging Bombe um Bombe nieder, drei Stunden lang – weit mehr als nötig, um das vordergründig ausgegebene Ziel, die Flussbrücke, dem Erdboden gleichzumachen. In Abstimmung mit dem Oberkommando von Francisco Franco zeichnete die hitlerdeutsche Legion Condor für das Bombardement verantwortlich. Dahinter steckte die Absicht, nicht nur die Stellungen von linken Republikanhängern zu vernichten, sondern ganz Guernica, um die Basken ins Mark zu treffen und ihre Moral zu brechen. Dieses »Experiment des Schreckens«, wie Winston Churchill es später nannte, diente überdies dazu, die Schlagkraft der deutschen Luftwaffe im Hinblick auf kommende Einsätze zu testen, denn der Beginn des Zweiten Weltkriegs war nicht fern. So fungierte Spanien als Übungsgelände der Barbarei.

Das Bombardement ließ Guernica in Ruinen und Feuer zurück. Tage später marschierten Francos Rechtshorden ein. International wäre die Zerstörung vielleicht nur eine Randnotiz der Kriegsgeschichte geblieben, hätte nicht Spaniens seinerzeit in Paris lebender Jahrhundertkünstler Pablo Picasso den Eindruck der Gräuel großformatig in Öl auf Leinwand gebannt. Auf knapp acht mal dreieinhalb Metern schuf er unter dem Titel »Guernica« das wohl **bekannteste Antikriegsgemälde der Welt**. Nach einer Vielzahl von Einzelstudien und Entwurfskizzen entstand es zwischen Anfang Mai und Anfang Juni 1937. Im selben Jahr war es auf der Pariser Weltausstellung zu sehen und ging danach auf Reisen rund um den Erdball. Zu den Stationen gehörten Stockholm, Chicago, Mailand und New York. Nach Ende der Franco-Diktatur kam »Guernica« ins demokratische Spanien, so war es der Wunsch Picassos.

Werk und Wirkung

Im Museum Reina Sofía hat »Guernica« den Platz für die Ewigkeit gefunden: als stille Monumentalanklage gegen die Barbarei, als Szenario des Schreckens und der Abscheu. Zu sehen sind weder Flugzeuge noch Bomben, weder eine identifizierbare Stadt Guernica noch Heere oder Kämpfe, dafür z. B. eine Mutter, die ihr totes Kind hält, ein Pferd, das in Todesangst brüllt. Für Betrachter, denen die Hintergründe bekannt sind, steigert gerade das nicht Abgebildete die intensive Wirkung des Gemäldes, verstärkt durch Picassos Farbgebung in Schwarz, Weiß und Grau. Kunsthistoriker haben bei Betrachtungen zu Werk und Wirkung von »Guernica« die überwältigende Präsenz aufgrund der Bildgröße und die Radikalität des Ausdrucks herausgestellt. Einige Entwurfskizzen und Einzelstudien für die Komposition hängen im Nachbarsaal von »Guernica«.

Highlights der Sammlung

Zu den Highlights der ständigen Sammlung zählen Werke von **Joan Miró** (1893–1983) und **Salvador Dalí** (1904–1989). Zur riesigen Sammlung des Museums gehören zudem Werke von **Joaquín Sorolla, Oskar Schlemmer, Juan Gris, Ignacio Zuloaga, Fernand Léger, Robert Delaunay, Man Ray, André Masson, Jorge Oteiza, Richard Serra, Thomas Schütte**. Wo und was genau im Museum zu finden ist, müssen Sie dem aktuellen Lageplan entnehmen oder im Zweifelsfall beim Personal erfragen. Zuweilen sind die Chronologien im Museum verwirrend und die Wegstrecken lang. »Raum bieten für neue Erfahrungen, Reflexion, Debatten und Kritik, und so einen neuen Blickwinkel auf die Kunstgeschichte ermöglichen,« formulieren die Museumsmacher als ihr Ziel und so sind auch Video Art, Fotos, Installationen, Filmeinspielungen etc. vertreten.

»Raum für neue Erfahrungen« und viel Fläche, um zeitgenössische Kunst auf sich wirken zu lassen, auch bei einer Pause auf einer der Bänke im Innenhof des Sabatini-Gebäudes

BAEDEKER TIPP

- Das Museo Nacional Centro de Arte Reina Sofía ist im **Kunstticket** »Paseo del Arte« enthalten, das 28,80 € kostet und als Kombiticket für die beiden anderen großen Kunstmuseen gilt, das Museo Nacional del Prado und das Museo Thyssen-Bornemisza.
- Das Museum ist in der **Madrid Card** (► 40) enthalten.
- Im Hof vor dem Nouvel-Gebäude steht die große **Skulptur »Brushstroke«** von Roy Lichtenstein.
- Im **Innenhof des Sabatini-Gebäudes** finden Sie Ruhe. Neben Pflanzen, Bänkchen, Wiesenflächen und plätschernden Brunnen erwarten Sie hier auch Kunstwerke, angeführt von der **»Mondvogel«-Skulptur von Joan Miró**. Die weiteren Werke stammen von Alexander Calder und Eduardo Chillida.
- Versäumen Sie es nicht, im dritten Stock des **Edificio Nouvel** in die weitläufigen Außenbereiche zu gehen, auf dem Plan gekennzeichnet als »*Terraza*«. Sie sind weitestgehend überdacht. Einzig durch offene Einlässe schauen Sie in den Himmel über Madrid. Richtung Bahnhof Atocha haben Sie eine interessante Aussicht. In dieser dritten Etage des Edificio Nouvel gibt es auch eine direkte Verbindung ins Edificio Sabatini.
- Es kann sein, dass manche Bilder des Museums zur Zeit Ihres Besuchs ausgeliehen sind. »Guernica« jedoch bleibt wegen seiner Fragilität stets an seinem Platz.
- Bringen Sie die Kamera mit, das lohnt sich allein wegen der Terrasse mit ihren Spiegeleffekten und Ausblicken. Ansonsten dürfen Sie in weiten Teilen des Museums ohne Blitz fotografieren. Für »Guernica« und die benachbarten Säle gilt allerdings ein striktes Fotografierverbot.

Aussichtsreich: die Fahrt mit den Glasaufzügen an der Fassade des Centro de Arte de Reina Sofía

KLEINE PAUSE

Nutzen Sie im Museum das Café-Restaurant zur Rast. Die Öffnungszeiten entsprechen denen des Museums.

---

199 D1 Eingänge: Edificio Sabatini (Calle de Santa Isabel 52), Edificio Nouvel (Ronda de Atocha) 917 74 00 00, www.museoreinasofia.es
Mo/Mi–Sa 10–21, So 10–19 Uhr (So ab 14.15 Uhr Teile des Museums geschl.)
8 €, Mo 19–21, Mi–Sa 19–21, So 13.30–19 Uhr frei Atocha

4 Museo Thyssen-Bornemisza

Hier ist das Who-is-who der Kunstgeschichte versammelt! Was Sie in diesem Museum, das auf einer Privatsammlung der Familie Thyssen-Bornemisza fußt, an Gemälden erwartet, löst Begeisterungsstürme aus. Rembrandt, van Gogh, Toulouse-Lautrec, Munch, Matisse, Kandinsky, Kokoschka, Picasso und viele weitere große Künstler sind in der ständigen Sammlung vertreten.

Im Vergleich zu den beiden anderen Megamuseen im Madrider Kunstdreieck, dem Museo Nacional del Prado (➤ 82) und dem Museo Nacional Centro de Arte Reina Sofía (➤ 87), zeichnet sich das Museo Thyssen-Bornemisza durch eine deutlich bessere Übersichtlichkeit und Chronologie aus. Dies betrifft Kunstrichtungen/Schulen, Überbegriffe, Jahrhunderte und Länder. Präsentation, Beleuchtung und Farbtöne an den Wänden sind vorbildlich.

Carmen Thyssen-Bornemisza führt die Sammlertradition ihres verstorbenen Ehemanns fort

Haupthaus und Erweiterungsbau

Das Museum besteht aus zwei Gebäuden. Die Hauptausstellng ist in einem historischen Palast aus dem 18./19. Jh. zu sehen. Diesen **Palacio de Villahermosa** verwandelte Stararchitekt **Rafael Moneo** in den Sitz des 1992 eröffneten Museums. Die ständige Sammlung, die hier in 48 Sälen präsentiert wird, geht auf zwei Sammlergenerationen zurück, Heinrich Thyssen-Bornemisza (1875–1947) und seinen Sohn Hans-Heinrich Thyssen-Bornemisza (1921–2002).

Übergangslos schließt sich der **Erweiterungsbau** von 2004 an, der der Sammlung (*colección*) Carmen Thyssen-Bornemisza Raum gibt. Carmen Thyssen-Bornemisza (geb. 1943), ursprünglich bekannt unter dem Namen Tita Cervera und als Model, Schönheitskönigin und Jetset-Füllerin ganzer Seiten in der Klatschpresse, war in dritter Ehe mit Hans-Heinrich Thyssen-Bornemisza verheiratet.

Im Palacio de Villahermosa sind die Säle von 1–48 nummeriert, im Erweiterungsbau mit den Buchstaben A–P gekennzeichnet. Vom ersten und zweiten Obergeschoss geht es nahtlos von der ständigen Sammlung des Haupthauses in den Erweiterungsbau. Am Eingang ist ein Übersichtsplan erhältlich (auch zum Download auf der Museumshomepage). Im Erd- und Untergeschoss gibt es zusätzlich Bereiche für Sonderausstellungen.

Die ständige Sammlung

Die ständige Sammlung im Palacio de Villahermosa erstreckt sich mit fast 1000 Werken über drei Ebenen. Bei der Abfolge der Werke spannt sich der Bogen vom Spätmittelalter über Renaissance und Barock, Impressionismus, Expressionismus und Surrealismus bis zur Pop Art. Die meisten Meister aus Deutschland, Italien, Frankreich, Flandern, den Niederlanden, den USA etc. sind mit einzelnen oder allenfalls einigen wenigen Werken vertreten, womit eine ausgewogene Mischung gewährleistet ist.

Elegant gestaltete Ausstellungssäle erhöhen den Kunstgenuss

Der Rundgang erfordert ein wenig Ausdauer. Er beginnt im zweiten Stock mit den Sälen 1–21, leitet in die erste Etage mit den Sälen 22–40 hinab und endet im Erdgeschoss mit den Sälen 41–48. Im zweiten Stock führt Ihr Museumsstreifzug durch die Epochen vom 14. bis 17./18. Jh. Hier lernen Sie nicht nur bekanntere Meister wie Albrecht Dürer und Lucas Cranach den Älteren kennen, sondern auch Vittore Carpaccio (um 1465–1526) mit seinem ausdrucksstarken »Jungen Ritter in einer Landschaft«. Das Gemälde gilt als eines der frühesten Ganzkörperporträts in der europäischen Malerei. Der junge Mann trägt Rüstung, die Haare fallen ihm fast auf die Schulter, im Hintergrund zeichnen sich Burgmauern und Bergkonturen ab. Betrachten Sie jene Meisterwerke eingehender, die Sie besonders ansprechen. Die weitere Auswahl ist groß und reicht von Francisco de Zurbarán mit einem »Christus am Kreuz« über verschiedene Venedig-Ansichten von Canaletto bis zu einem Selbstbildnis von Rembrandt.

Die Hauptsammlung setzt sich im ersten Stock von der niederländischen Malerei des 17. Jhs. bis zur europäischen Malerei der ersten Hälfte des 20. Jhs. fort. Lassen Sie die Stimmung und die feinen Züge im »Ostermorgen« von Caspar David Friedrich auf sich wirken! Oder das irre Lachen des »El Tio Paquete« von Goya. Oder »Die Rothaarige mit der weißen Bluse« von Henri de Toulouse-Lautrec.

Unschätzbaren Wert besitzen auch Werke von Claude Monet und Vincent van Gogh, darunter »Blick auf das Dorf Les Vessenots«, das van Gogh im Jahr seines Todes malte. In der »Abenddämmerung« transportiert Edvard Munch die Stimmung über eine Frau mit Strohhut auf dem Kopf im Vordergrund.

Den Schlusspunkt setzt das Erdgeschoss mit Werken aus dem 20. Jh., thematisch orientiert am Kubismus und seinen Folgen, Dada, Surrealismus, Abstraktion und Figürlichkeit in der europäischen Nachkriegszeit, Neodadaismus, Pop-Art. Picasso hat auf seine Art den Stierkampf interpretiert, Max Ernst mit »33 Mädchen auf der Suche nach dem weißen Schmetterling« ein wahres Farbwimmelbild kreiert. Und zum Schluss können Sie eintauchen in eine schaumdurchtränkte Wanne – inspiriert von Roy Lichtensteins »Frau im Bad«.

Colección Carmen Thyssen-Bornemisza

Über 200 Werke der Colección Carmen Thyssen-Bornemisza ergänzen seit 2004 die Hauptsammlung. Zeitlich umfassen sie die **Spanne vom 17.–20. Jh.**, womit es bei Epochen und Künstlern Überschneidungen mit der Hauptsammlung gibt. Vertreten sind u.a. Anthonis van Dyck, Vincent van Gogh (»Wassermühle in Gennep«), Claude Monet, Pierre-Auguste Renoir (»Das Weizenfeld«), Edgar Degas (»Rennpferde in einer Landschaft«), Max Liebermann, Emil Nolde und Lyonel Feininger.

KLEINE PAUSE

Den Eingang zum **Café-Restaurant des Museums** finden Sie im Erdgeschoss. Tipp: Bei einer Bestellung von Eintrittskarten über die Homepage des Museo Thyssen-Bornemisza können Sie direkt ein Lunch im hauseigenen Café-Restaurant mitbuchen.

---

198 C3 Paseo del Prado 8 902 76 05 11 (gebührenpflichtig), www.museothyssen.org Mo 12–16, Di–So 10–19 Uhr, letzter Einlass 1 Std. vorher 12 €, inkl. Wechselausstellungen, Audioguide (auf Deutsch) für die ständige Sammlung 5 €, Mo 12–16 Uhr frei

BAEDEKER TIPP

- Das Museo Thyssen-Bornemisza ist im Kunstticket »Paseo del Arte« enthalten, das 28,80 € kostet und als Kombiticket für die beiden anderen großen Kunstmuseen der Stadt gilt, das Museo Nacional del Prado und das Museo Nacional Centro de Arte Reina Sofía.
- Das Museum ist in der Madrid Card (▶ 40) enthalten. Außerdem genießen Sie mit der Madrid Card bevorzugten Zutritt (*acceso preferido*), ohne sich an der Kasse anstellen zu müssen.
- Eintrittstickets können Sie über die Museumshomepage kaufen.
- Um Enttäuschungen vorzubeugen: In Einzelfällen können Werke gerade in Restaurierung oder an andere Museen ausgeliehen sein.
- Ohne Blitz und Stativ sind Foto- und Videoaufnahmen im Museum erlaubt.

5 Parque de El Retiro

Der Stadtpark El Retiro ist Madrids populärste grüne Lunge: ein weitläufiges Areal für Spaziergänger, Sportler und Erholungssuchende. Nicht weit vom Prado-Museum entfernt, bietet der Park Bänke, Wiesen und Bäume, dazu den zentralen Hauptsee, Brunnen, Skulpturen, Cafés, Verpflegungsbuden und zwei Kunstpaläste für Wechselausstellungen.

Die Behauptung, der Retiro sei einer der schönsten Parks einer europäischen Hauptstadt, ist alles andere als gewagt. Die grüne **Wohlfühloase** kommt im XXL-Format daher – sie umfasst **125 ha** und mehr als 15 000 Bäume. Zur botanischen Vielfalt zählen Zypressen, Buchsbaum, Kastanien, Kiefern, Rosengärten, Blumenbeete und sogar Zedern und Sequoias. Madrider und Stadtbesucher verbringen hier Stunden, saugen die vielen Eindrücke in sich auf, lesen, entspannen und gehen zahlreichen Aktivitäten nach. Jogger drehen ihre Workout-Runden. Musiker spielen auf und hoffen auf klingende Münze. Jungen hämmern ihre Fußbälle über die Wiesenflächen. Spaziergänger schlagen wahlweise breite, asphaltierte Flanierpromenaden oder schmale Erdwege ein. Überall tun sich nette, teils romantische Winkel auf. Architektonisch-kulturelle Noten setzen mittendrin

Der Glaspalast aus dem 19. Jh. wurde renoviert und ist heute mitten im Retiro Schauplatz für Ausstellungen des Centro de Arte Reina Sofía

Das Rudern im Retiro ist beliebt. 76 dorische Säulen und ein Reiterstandbild von 1922 erinnern an den spanischen König Alfonso XII.

zwei Ausstellungspaläste, der **Palacio de Cristal** und der **Palacio de Velázquez**, beide von Ende des 19. Jhs. Beide gehen auf den Architekten **Ricardo Velázquez Bosco** (1843–1923) zurück. Sie sind Außenposten des Museo Nacional Centro de Arte Reina Sofía (►87; April–Sept. tägl. 10–22 Uhr, Okt.–März tägl. 10–18 Uhr, Eintritt frei). Sie zeigen **Wechselausstellungen**, sind aber auch an sich sehenswert, der Palacio de Cristal wegen seiner Verglasung, der Palacio de Velázquez wegen seiner Backsteinfassaden, über die sich bunte Schmuckkacheln legen. Unter den Skulpturen im Retiro sticht der **»Gefallene Engel«** (»El Ángel Caído«) hervor, den der Bildhauer **Ricardo Bellver** im Jahr 1878 für die Pariser Weltausstellung schuf. Ansonsten gibt die Natur den Ton an.

Früher Lustgarten und Menagerie der Könige

Der historische Park, der in abweichender Schreibweise auch als Parque de El Buen Retiro bekannt ist, wurzelt im 17. Jh. Zunächst blieb der Retiro den Royals und Vertretern der High Society vorbehalten. Dem gewöhnlichen Volk war er nicht zugänglich. Im **Teatro del Buen Retiro** wurden gelegentlich Kulturdarbietungen in Form von Theaterstücken geboten, doch ob die Madrider Gesellschaft sie zu schätzen wusste, ist nicht überliefert. Dagegen wissen wir, dass im Retiro auch eine Art **Privatzoo** existierte. 1830 beschrieb der schottische Reisende Henry David Inglis die seltsame Freizeitgestaltung von König Ferdinand VII. und seiner Gemahlin Maria-Christina von Neapel-Sizilien. Laut Inglis bestand deren Zeitvertreib darin, »die wilden Tiere zu

Im Retiro gibt es Skulpturenschmuck und lange Alleen, denn der Park geht auf die Gärten des Schlosses Buen Retiro zurück, in dem der spanische Hof bis Mitte des 18. Jhs. residierte

betrachten, die im Retiro gehalten werden. Fast jeden Nachmittag gegen fünf Uhr konnte man die königliche Kutsche über den Prado fahren sehen, auf ihrem Weg zur Menagerie« und was dann geschah, beschrieb Henry David Inglis so: »War das Monarchenpaar angekommen, nahm es in einem Hof auf einer Bank Platz … während die Tiere zu ihrer Zerstreuung herausgeführt werden – zumindest diejenigen von ihnen, die friedlich sind –, Kamele, Elefanten, Zebras usw. Die Tierpfleger setzen sich auf den Rücken der Tiere und lassen sie in der Runde traben, und wenn dies zur Freude der Majestäten oft genug geschehen ist, werden die Tiere vor ihre königlichen Besucher gebracht, und ihnen wird befohlen, vor ihnen auf die Knie zu gehen, welch selbigen Akt der Ehrerbietung sie jedoch bisweilen verweigern.«

Soweit ein paar historische Skizzen. So richtig zugänglich ist der Park für die Madrider erst seit der zweiten Hälfte des 19. Jhs. – und bis heute nehmen sie ihre grüne Oase begeistert in Besitz. Orientierung gibt der **Hauptsee** Estanque Grande, über dessen Ostufer sich ein Ensemble aus Säulen, Löwenskulpturen und einem Reiterdenkmal für Spaniens früh verstorbenen König Alfons XII. (1857–1885) erhebt. Die Statue schuf der Bildhauer Mariano Benlliure (1862–1947).

Die Puerta de Alcalá vor den Toren des Parks

Sind Sie der Großstadt oder der Museen überdrüssig, werden Sie das Plätschern eines Brunnens im Retiro als Wohltat empfinden. Die konzentrierte Frischluftzufuhr wird Ihnen zu neuer Energie für Ihre Stadtentdeckungen verhelfen. Vor oder

BAEDEKER TIPP

Das historische Bourgeoisieviertel **Barrio de Salamanca** nördlich vom Retiro-Park lohnt einen Abstecher. Es ist bis heute schick und exklusiv, sowohl die Häuser und ihre Bewohner als auch die **Gastro- und Shoppingadressen**. Außerdem sind einige Stiftungen im Viertel ansässig. Namensgeber war der Finanzmagnat, Politiker und Markgraf José de Salamanca (1811–1883), dem auf der begrünten **Plaza del Marqués de Salamanca** ein Denkmal gewidmet ist. Markante Straße ist die **Calle de Serrano**, die sich in Nord-Süd-Richtung durch das Viertel zieht. Für Kunstliebhaber lohnt ein Abstecher von Salamanca aus ins **Museu Sorrolla** und ins **Museo Lázaro Galdiano** (► 105).

BAEDEKER TIPP

- Es gibt mehrere Eingänge, der Klassiker liegt am Nordwestende nahe der Metrostation Retiro. **Tipp für die Entdeckung**: Gehen Sie von hier aus zum Hauptsee (Estanque del Retiro), danach zu den Ausstellungspalästen Velázquez und Cristal (mit nettem kleineren See), und weiter zum Rosengarten (Rosaleda) und zur Skulptur des »Gefallenen Engels«. Anschließend können Sie den Ausgang am Südwestende nahe der Metrostation Atocha Renfe nehmen.
- Wer sich ein Bild von der Beliebtheit des Stadtparks machen will, kommt am Wochenende. Erfahrungsgemäß ruhiger geht es wochentags zu.
- Der **Verleih von Ruderbooten** (*alquiler de barcas,* Abb. unten) am Hauptsee ist je nach Jahreszeit an die Länge der Tage geknüpft: im Sommer tägl. 10–20/20.30 Uhr, während der kühleren Monate 10–17.30 Uhr. Jede Dreiviertelstunde kostet Mo–Fr 5,80 €, am Wochenende 7,50 €.

nach dem Besuch können Sie sich auf den Spuren der Stadtgeschichte z. B. Madrids Triumphbogen anschauen. Spaniens König Karl III. (1716–1788) gab dieses monumentale **klassizistische Triumphportal** bei seinem Architekten **Francesco Sabatini** in Auftrag – wieder einmal ein Beispiel dafür, dass Geld keine Rolle spielt, sofern man nicht aus der Privatschatulle bezahlen muss. Es entstand ein knapp 20 m hohes Werk aus Granit, das Sabatini mit drei Rundbögen in der Mitte und je einem rechteckigen Durchgang an den Seiten versah. Die Puerta de Alcalá erhebt sich an der Plaza de la Independencia, die an das äußerste Nordwesteck des Parque de El Retiro stößt. Rundherum donnert der Verkehr, aber mit ihren Grünflächen und Blumenbeeten ist sie ein beliebtes Fotomotiv.

KLEINE PAUSE

Im Retiro-Park gibt es mehrere Cafés mit Open-Air-Terrassen. Zu den besten zählt **El Ancla** direkt am Hauptsee.

199 F5 für Puerta de Alcalá: Retiro, für Barrio de Salamanca: Atocha, Atocha Renfe, Ibiza, Príncipe de Vergara

Nach Lust und Laune!

19 Museo Arqueológico Nacional

Besser, zeitgemäßer, anschaulicher und ausgeleuchteter kann man ein Museum für Archäologie nicht aufziehen, u.a. auch mit Schautafeln und modernen audiovisuellen Elementen. Die Übergänge in die Bereiche Geschichte und Kunstgeschichte verlaufen fließend.

Die umfangreiche Sammlung beschränkt sich nicht auf das Altertum. Die **Ära der Westgoten** in Spanien (mit dem Schatz von Guarrazar) ist ebenso dokumentiert wie die **mittelalterliche Ära der Mauren** und die der **Königreiche Spaniens vom 8.–15. Jh**. Zu den Exponaten zählen Münzen und Kapitelle, Elfenbeinschnitzereien (darunter das Kreuz des Don Fernando und der Doña Sancha), Sarkophage, Stücke von Altaraufsätzen sowie romanische und gotische Marienskulpturen. Weitere Abteilungen führen ins **alte Griechenland und nach Ägypten**. Zu den Prunkstücken zählen die kunstvoll ornamentierte **Kalksteinbüste der Dame von Elche** (*Dama de Elche*; etwa 6. Jh. v. Chr.) sowie eine Galerie mit römischen Büsten und Skulpturen, darunter von Livia aus dem frühen 1. Jh. n. Chr. Auch die römischen Mosaike sind sehenswert. Besorgen Sie sich am Eingang einen Übersichtsplan. Im Erdgeschoss empfiehlt sich die Cafeteria des Museums zur Rast.

199 E5 Calle de Serrano 13 915 77 79 12, www.man.es Di–Sa 9.30–20, So 9.30–15 Uhr 3 €, Sa 14–20, So 9.30–15 Uhr frei Serrano, Retiro

Büsten aus der Römerzeit im Museo Arqueológico Nacional

20 Real Fábrica de Tapices

Die Königliche Teppichmanufaktur wurde 1721 durch den Monarchen Philipp V. gegründet. Damals herrschte von Seiten des Königshofs und Adels eine rege Nachfrage, um edle Salons mit Teppichen (*alfombras*) und Wandteppichen (*tapices*) auszustaffieren. Insofern stand die Manufaktur gleich im 18. Jh. in höchster Blüte. Dabei bekamen angesehene Künstler wie **Francisco Bayeu** (1734–1795) Aufträge, die Kartons, also die Vorlagen, zu liefern. Und der Maler **Anton Raphael Mengs** (1728–1779) war vorübergehend künstlerischer Leiter der Manufaktur. In den Anfangszeiten waren Motive aus Mythologie, Geschichte und Religion beliebt. Später steuerte **Francisco de Goya** (1746–1828) frische Farben und volkstümliche Szenen bei. Das konnte ein tänzerischer Ringelreigen am Río Manzanares sein oder das Motiv eines Trinkers, der gerade einen kräftigen Schluck zu sich nimmt.

In der historischen Backsteinmanufaktur auf einem großen Gelände geht es heutzutage ruhiger zu als

Ein Palmengarten und Restaurants laden im Bahnhof Atocha zur Rast ein

früher. Spaniens Königshaus, das mit seinen Finanzen mehr denn je im Blickpunkt der Öffentlichkeit steht, gibt keine Großbestellungen mehr auf. Arbeit gibt es hier, wenn private Auftraggeber, oft aus dem Orient, Bestellungen aufgeben. Bei Führungen haben Sie Gelegenheit, in die Werkstätten zu schauen und zu staunen, welch eine immense Fingerfertigkeit für das **Teppichweben** erforderlich ist. Dass Sie selbst einen Wandteppich bestellen möchten, dürfte eher unwahrscheinlich sein – ein Quadratmeter kostet etwa 12 000 Euro. Die Arbeit an manchen Stücken aus Seide und kastilischer Wolle zieht sich über Monate hin. In der Real Fábrica de Tapices werden auch alte Teppiche restauriert. Die regelmäßig startenden **Führungen** sind nicht lang, aber intensiv. Sie dauern etwa eine Dreiviertelstunde und sind in der Regel nur auf Spanisch. Auch wenn Sie kein Spanisch verstehen, ist der Blick hinter die Kulissen äußerst aufschlussreich.

199 F1 Calle de Fuenterrabía 2
914 34 05 50, www.realfabricadetapices.com Mo–Fr 10–14 Uhr, im August geschl.
4 € Menéndez Pelayo

21 Panteón de Hombres Ilustres

Schauen Sie wegen der Architektur und der Bildhauerkunst (Marmorgrabmäler, u. a. geschaffen von Mariano Benlliure (1862–1947) in dieses »Pantheon der illustren Persönlichkeiten«. Der Ende des 19. Jhs. errichtete Bau in neobyzantinischem Stil wird von zwei Kuppeln gekrönt. Er birgt nur wenige **Grabmonumente**. Eines erinnert an den von Anarchisten erschossenen Politiker Eduardo Dato e Iradier (1856–1921).

199 F1 Calle de Julián Gayarre 3
www.patrimonionacional.es
Di–Sa 10–14 und 16–18.30, So 10–15 Uhr
frei Atocha Renfe, Menéndez Pelayo

22 Estación de Atocha

Die Estación de Atocha ist Madrids traditionsreichster Bahnhof. 1851 setzten sich hier die ersten Züge nach Aranjuez in Bewegung. Bis Ende des 19. Jhs. nahm die riesige Bahnhofshalle Gestalt an, 1984–92 leitete Stararchitekt **Rafael Moneo** das Restaurierungsprojekt in die Wege. Während im modernen Komplex des Kopfbahnhofs Atocha die Züge ein- und abfahren, ist die **alte Halle** ein Besuchs- und Erholungsziel. Hier gibt es weder Gleise noch Züge, dafür eine überraschende grüne Oase mit **tropischen Gartenanlagen** in der Mitte der Halle. Bänke laden in dem kuriosen Gewächshaus zur Rast neben Bambus, Palmen- und Bananenblättern ein. Insgesamt sind 400 Pflanzenarten vertreten, die Bewässerung läuft über ein ausgeklügeltes Besprenkelungsdüsensystem.

Auch Familien mit

MUSEO DEL FERROCARRIL

Das **Eisenbahnmuseum** (Paseo de las Delicias 61, Tel. 902 22 88 22, www.museodelferrocarril.org, Juni–Sept. Di–So 10–15, Okt.–Mai Mo–Do 9.30–15 und Fr–So 10–18 Uhr, Eintritt 6 €, So 2,50 €; Metro Delicias) ist in der ausrangierten Bahnhofshalle Delicias (Ende des 19. Jhs.) untergebracht. Auf Schienen, in mehreren Reihen, stehen **historisch wertvolle Oldtimer**, die die Herzen von Bahnfans jeden Alters schneller schlagen lassen. Das gilt vor allem für aufpolierte Dampfloks, die in Werkstätten wie Société Autrichienne (Frankreich, 1863), John Jones and Son (Großbritannien, 1864) und Sharp & Stewart (Großbritannien, 1877, 1889) gefertigt wurden. Die Kollektion umfasst u. a. eine Rangierlok, eine frühe Elektrolok, einen Dritte-Klasse- und einen Restaurant-Wagen. Wer diesen Ausflug vom Bahnhof Atocha aus mit der Metro unternehmen möchte, muss mit der Metro Linie 1 bis Sol fahren und dort in Linie 3 umsteigen.

Kindern dürfte dieses Madrider Indoor-Tropic-Paradies gefallen. In einem **Teich** tummeln sich Goldfische und kleine Wasserschildkröten.

Neben dem Bahnhof Atocha ragt ein **Memorial** wie ein zylindrischer Glasdom auf. Es erinnert an den Terroranschlag von 2004, bei dem in Vorortzügen am Bahnhof Atocha Bomben gezündet wurden, die annähernd 200 Menschenleben auslöschten. Der Zugang liegt unter der Erde in einem Teil des Bahnhofsbaus. Die Abkürzung »11-M« im Namen steht für *Monumento homenaje a las víctimas del 11-M* und verweist auf den tragischen Tag des Attentats, den 11. März. Geschaffen wurde das Memorial vom Madrider Architekturstudio FAM. Der große Saal lädt in aller Stille zum Betrachten der 11 m hohen Glasstruktur ein.

199 D1 Ronda de Atocha/Glorieta Emperador Carlos V., Zugang Memorial im Nahverkehrskomplex (cercanías) Bahnhof tägl. 5–1, Memorial Di–So 11–14, 17–19 Uhr frei Atocha, Atocha Renfe

23 Museo Nacional de Antropología

Ob Masken, Musikinstrumente, Keramik, Federschmuck oder kuriose Dinge wie eine Kette mit Affenzähnen aus dem Amazonasgebiet oder ein Hemd aus Ananasblattfasern von den Philippinen – das Nationalmuseum für Völkerkunde präsentiert eine wohlgeordnete Sammlung aus verschiedenen Kontinenten. Und das auf deutlich kleinerem Raum als das völkerkundlich ebenfalls relevante **Museo de América** (► 135). Unterthemen sind u. a. Glaube und Riten, Jagd und Fischfang, Land- und Viehwirtschaft. Die Reise durch Zeiten und Völker führt in Länder Asiens, Afrikas und Amerikas, aber auch zu den Ursprüngen des Museums, das seine Pforten im Jahr 1875 als »Anatomisches Museum« öffnete. Frühes Prunkstück war das bis heute erhaltene Skelett des 2,35 m großen **»Riesenmanns aus der Extremadura«**. (*Gigante extremeño).* Das Museum zeigt auch Wechselausstellungen.

199 E1 Calle Alfonso XII. 68 915 30 64 18, www.mecd.gob.es/mnantropologia/portada.html Di–Sa 9.30–20, So 10–15 Uhr 3 €, Sa 14–20, So 10–15 Uhr frei Atocha Renfe

24 Real Jardín Botánico

Atmen Sie den Duft von Lavendel und Rosen ein und blicken Sie in

Auf dem Weg zwischen Retiro und Prado, die dem hl. Hieronymus geweihte Kirche

aller Ruhe zu Baumriesen auf! Der **Königliche Botanische Garten**, 1781 unter Karl III. angelegt, eignet sich, um ein wenig abzuschalten. Über das 8 ha große Areal verteilen sich **über 5000 Pflanzenarten** aus verschiedenen Weltgegenden, darunter majestätische Himalaja-Zedern. Naturbegeisterte können durchaus mehr als zwei Stunden hier verbringen. Der Paseo de Carlos III. erstreckt sich vom Begrenzungsgitter zum verkehrsreichen Paseo del Prado Richtung Linné-Teich. Mitten auf dieser Promenade erhebt sich Karl III. auf einem Denkmal.

Besorgen Sie sich am Eingang einen Übersichtsplan. Es gibt deutlich abgegrenzte Bereiche für Zier-, Nutz-, Wasser-, aromatische und Arzneipflanzen, außerdem Rosengärten, Gewächshäuser und den gelegentlich für **Ausstellungen** genutzten **Pavillon Villanueva**. Palmen, Agaven und Sukkulenten sorgen für eine exotische Note, im Hintergrund rauscht der Verkehr auf dem Paseo del Prado vorbei. Der Real Jardín Botánico hat zu jeder Jahreszeit seinen Reiz, doch die größten Blütenexplosionen erleben Sie im Frühling.

199 D2 Plaza de Murillo 2 (Zugang zurückversetzt vom Paseo del Prado) 914 20 30 17, www.rjb.csic.es tägl. ab 10 Uhr, jahreszeitlich geöffnet Nov.–Feb. bis 18, März/Okt. bis 19, April/Sept. bis 20, Mai–Aug. bis 21 Uhr 4 € Atocha, Atocha Renfe

25 Iglesia de San Jerónimo el Real

Eine Treppe führt ein Stückchen oberhalb des Museo Nacional del Prado (► 82) zu dieser einstigen **Klosterkirche der Hieronymiten**, einer katholischen Ordensgemeinschaft der Eremiten des heiligen Hieronymus. Daher wird das Gotteshaus auch einfach *Iglesia de los Jerónimos* (Hieronymitenkirche) genannt.

Die Kirche mit ihren zwei spitzen Türmen wurde in **spätgotischem Stil** erbaut. **Buntglasfenster** und **Seitenkapellen** prägen das Innere. Das Gemälde im Altarraum heißt »Die letzte Kommunion des heiligen Hieronymus« (»*La última comunión de San Jerónimo*«) und stammt von Rafael Tegeo (1798–1856). In der Seitenkapelle zu Ehren von San Blas zeigt ein Gemälde von Alonso Cano den **heiligen Hie-**

Hoch über der Calle de Alcalá: die Dachterrasse des Palacio de Cibeles

ronymus als Büßer (*San Jerónimo penitente*).Das Klosterleben der Hieronymiten erlosch im 19. Jh., der Kreuzgang wurde vom Architekten Rafael Moneo in die Erweiterung des benachbarten Museo del Prado integriert. Für die Gläubigen blieb die Bedeutung als Pfarrkirche (*parroquia*) erhalten.
199 D3 Calle Moreto 4 914 20 30 78, www.sanjeronimoelreal.es Sept.–Juni Mo–Sa 10–13, 17–20.30, So 9.30–14.30, 17.30–20, Juli/Aug. Mo–Sa 10–13, 18–20.30, So 9.30 bis 13.30, 18–20.30 Uhr frei Banco de España, Atocha

26 Museo Nacional de Artes Decorativas

Die Säle des **Museums der Dekorativen Künste** zeigen Alltags- und Dekorationsgegenstände, wie sie für die Aristokratie **vom Mittelalter bis ins 19. Jh.** üblich waren: Porzellan und Porzellanfigürchen, Glaskaraffen, Sessel, Sänften, Kandelaber, Büsten, Uhren, ein teils mit Edelholzeinlagen versehenes Mobiliar. Nachbauten einer Küche und eines Oratoriums veranschaulichen wie die herrschaftlichen Familien einst gelebt haben. Es gibt einen Bereich für Wechselausstellungen.
199 E4 Calle Montalbán 12 915 32 64 99, www.mecd.gob.es/mnartesdecorativas/portada.html Sept.–Juni Di–Sa 9.30–15, Do zusätzl. 17–20, So 10–15 Uhr, Juli/Aug. Di–Sa 9.30–15, So 10–15 Uhr 3 €, So 10–15, Sept.–Juni Do 17–20 Uhr frei Banco de España, Retiro

27 Museo Naval

In diesem **Seefahrtsmuseum** lebt Spaniens Vergangenheit als Seefahrernation in zwei Dutzend Sälen fort: mit Bootsmodellen, Schlachtenbildern, Kanonenrohren, Waffensammlungen, nautischen Gerätschaften und Fundstücken von einem gesunkenen Schiff. Prunkstück ist eine im Jahr 1500 von Juan de la Cosa, einem der Begleiter von Entdecker Christoph Kolumbus, angefertigte **Karte des amerikanischen Kontinents**. Vermutlich wollte Juan de la Cosa die Karte Spaniens Katholischen Königen Ferdinand und Isabella präsentieren. Die **Zeit der Entdeckungen** hält auch ein Großgemälde von José Garnelo y Alda vor Augen, das eine Begegnung zwischen Kolumbus und Indios darstellt. Das Seefahrtsmuseum befindet sich im Hauptquartier der spanischen Marine. Deshalb geht es am Eingang zunächst durch eine Sicherheitskontrolle.

199 D4 Paseo del Prado 5
915 23 85 16, www.armada.mde.es Di–So 10–19, im Aug. nur bis 15 Uhr 3 €
Banco de España

28 Plaza de la Cibeles

Kybele (*Cibeles*), der Großen Göttermutter, ist alles andere als ein göttliches Plätzchen beschieden. Mitten auf der Plaza de la Cibeles, einem der größten Verkehrskreisel der Stadt, trotzt sie dem Einfluss durch Schadstoffe – hoch über ihrem Löwengespann und umgeben von Brunnenwasser. Trotzdem gibt sie ein beliebtes Fotomotiv ab. Und wenn die Fußballfans von Real Madrid etwas zu feiern haben, finden sie sich bei Kybele ein.

Für Besucher ist die Plaza de la Cibeles ein wichtiger Orientierungspunkt, fließen doch hier in Nord-Süd-Richtung der Paseo del Prado und der Paseo de Recoletos zusammen. Mächtigster Bau am Platz ist der **Palacio de Cibeles** mit dem Kulturzentrum **CentroCentro** (► 108). Alten Glanz bewahrt auch der **Palacio de Linares** (heute Casa de América; s. u.). Weitere Gebäude um den Platz sind die **Banco de España** (spanische Zentralbank, Ende 19. Jh., Erweiterungsbau bis 2006 von Rafael Moneo) und der etwas zurückgesetzte **Palacio de Buenavista** (Ende 18. Jh., heute Sitz der Heereskommandantur).

Den **Palacio de Linares** ließ sich ab 1872 der Markgraf von Linares erbauen und exquisit auskleiden. Bis 1960 war der Palast in Familienhand, wechselte in der Folge mehrfach die Besitzer und dient seit Beginn der 1990er-Jahre als Sitz der **Casa de América.** Das Amerika-Haus bietet Kulturveranstaltungen zu Lateinamerika. Bei den **Führungen** (an Wochenenden) geht es in die altherrschaftlichen Salons. Mit ihrer Pracht aus Marmor und Blattgold, Kaminen, Bodenmosaiken, Teppichen, Leuchtern, Vorhängen, Spiegeln und Deckenmalereien sind sie eine Welt für sich. Früher gab es sogar eine Hauskapelle. Die höchste Prunkentfaltung sehen Sie im einstigen Tanzsalon und im Gala-speisesaal. Legendär ist der Ruf des Palacio de Linares als »Geisterhaus« – glauben muss man daran natürlich nicht.

199 D4 Plaza de la Cibeles 2
915 95 48 00, www.casamerica.es
Führungen (ca. 1 Std.) Sa/So 11, 12 und 13 Uhr 8 € Banco de España

29 Palacio de Cibeles

Eines der markantesten Gebäude der Stadt ist der 1907–19 nach Plänen von Antonio Palacios und Joaquín Otamendi erbaute Palacio de Cibeles. Bekannt war der leuchtend helle, architektonisch verspielte Palastgigant auch unter dem Spitznamen **»Kathedrale des Post- und Fernmeldewesens«** (Catedral de las Comunicaciones), da sich hier auf über 12 000 m² der Post- und Fernmeldesitz befand. Heute ist das Gebäude **Sitz des Madrider Rathauses**. 2011 eröffnete hier zudem das **Kulturzentrum CentroCentro**. Inzwischen empfängt es jeden Monat im Durschnitt 100 000 Besucher. Das CentroCentro zeigt häufig mehrere Wechselausstellungen gleichzeitig und organisiert Vorträge, Kurse und Workshops. Es gibt ein Restaurant und eine Cock-

Das CentroCentro im Palacio de Cibeles zeigt regelmäßig Ausstellungen

tailbar. Fahren Sie zum **Mirador Madrid**, einem Aussichtspunkt in 70 m Höhe. Hier fühlt man sich dem Verkehr um die unterhalb liegende Plaza de la Cibeles (➤ 103) angenehm entrückt und kann den Blick über die Skyline schweifen lassen. Zum Mirador Madrid geht es schubweise hinauf, die Besuchszeit bekommen Sie beim Ticketkauf vorgegeben.

199 D4 Plaza de la Cibeles 1
914 80 00 08, www.centrocentro.org
CentroCentro Di–So 10–20, Mirador Madrid Di–So 10.30–13.30, 16–19 Uhr
frei (Gebäude), Ausstellungen Eintritt variabel, manchmal frei; Mirador Madrid 2 €
Banco de España

30 Museo de Cera

Das Madrider **Wachsfigurenkabinett** nahe der Plaza de Colón zeigt einige hundert Persönlichkeiten aus Wachs – Entdecker und Literaten, Politiker, Schauspieler und Sportasse – thematisch nach Gruppen geordnet. Die meisten Figuren sind international bekannt, ob Marilyn Monroe, John Wayne, Cristiano Ronaldo, Justin Bieber oder auch Spaniens König Felipe VI. Manche würden sich selbst nicht wiedererkennen, andere Abbilder sind gut gemacht, Visuelle und akustische Zusatzeffekte gibt es in der Verbrechensabteilung (*Galería del Crimen*). Das Museum ist in der Madrid Card (➤ 40) enthalten.

199 D5
Paseo de Recoletos 41
913 19 93 30; www.museoceramadrid.com Mo–Fr 10–14.30, 16.30–20.30, Sa/So 10–20.30 Uhr 19 €, Kinder (4–12 Jahre) 12 € Colón

31 Plaza de Colón

Der Platz ist nach dem Seefahrer Christoph Kolumbus (1451–1506) benannt. Ein Denkmal (von Ende 19. Jh.) für den Mann, der nach Indien wollte und als Zufallsentdecker Amerikas in die Geschichte einging, erhebt sich etwas abseits, umtost vom Verkehr, der ab hier nordwärts auf den breiten Paseo de la Castellana rollt. Die Plaza de Colón ist ein weiter, recht nüchterner Platz, der aber eine Besonderheit bietet: das **Ensemble aus Block-**

BAEDEKER TIPP

Kunstliebhaber sollten sich von der Plaza Colón aus oder nach einem Bummel durch das Barrio Salamanca (► 96) Abstecher zu zwei sehenswerten, kleineren Museen vormerken: ins Museo Sorolla und ins Museo Lázaro Galdiano.

■ Das **Museo Sorolla** (Paseo del General Martínez Campos 37, Tel. 913 10 15 84, http://museosorolla.mcu.es, Di–Sa 9.30–20, So 10–15 Uhr, Eintritt 3 €, Sa ab 14, So 10–15 Uhr frei; Metro: Rubén Darío, Gregorio Marañón) zeigt eine hervorragende Werkschau von Joaquín Sorolla (1863–1923), dessen Heimat die Mittelmeerstadt Valencia war. In Madrid richtete er sich 1911 in dem Stadtpalais ein, das heute dieses Museum beherbergt. Der Gang durch die Säle macht leicht begreiflich, warum man Sorolla den »Maler des Lichts« nannte.

■ Das **Museo Lázaro Galdiano** (Calle de Serrano 122, Tel. 913 10 15 84, www.flg.es, Di–Sa 10–16.30, So 10–15 Uhr, Eintritt 6 €, Di–Sa 15.30–16.30, So 14–15 Uhr frei; Metro: Rubén Darío, Gregorio Marañón, Núñez de Balboa) trägt den Namen des Geschäftsmanns und Sammlers José Lázaro Galdiano (1862–1947). Dieser bewies einen erlesenen Geschmack, indem er wertvolle Kunstkollektionen zusammentrug, die in diesem – teils noch mit Fresken dekorierten – Stadtpalast der Familie Galdiano zu sehen sind. Dazu zählen Elfenbeinschnitzereien, Mobiliar und vor allem Gemälde. Hier können Sie Werke von El Greco, Francisco de Zurbarán, Lucas Cranach und Francisco de Goya bewundern!

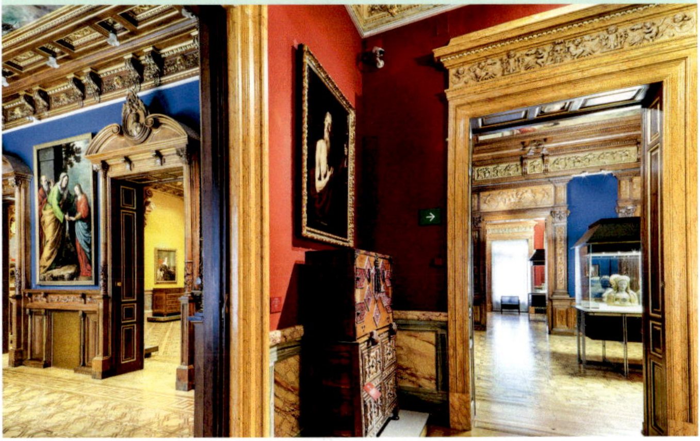

Das Museo Lázaro Galdiano im Stadtpalast der Familie des reichen Sammlers

skulpturen des Madrider Bildhauers **Joaquín Vaquero Turcios** (1933–2010), der hier mit Zitaten und stilisierten Persönlichkeiten die Entdeckungsgeschichte Amerikas thematisiert hat. Unter dem Platz verbirgt sich das **Kulturzentrum** Fernán Gómez Centro Cultural de la Villa (► 108).

Die Plaza de Colón grenzt an das Nobelviertel Salamanca, das einen Abstecher lohnt. Gleich um die Ecke zur Calle de Serrano liegt der Eingang ins Museo Arqueológico Nacional (► 98), während sich am benachbarten Paseo de Recoletos die Monumentalfassade der **Biblioteca Nacional** (Nationalbibliothek) erhebt; dort befand sich vormals ein Augustinerkloster. Das **Museum der Nationalbibliothek** zeigt Wechselausstellungen (Paseo de Recoletos 20-22, Di–Sa 10–20, So 10–14 Uhr, Eintritt frei, www.bne.es).

199 D5 Colón, Serrano

Wohin zum …
Essen und Trinken?

Preise
Für ein Essen (z. B. ein typisches Tages-/Hausmenü, im Regelfall inkl. Getränk):
€ unter 15 Euro **€€** 15–25 Euro **€€€** über 25 Euro

Café Gijón €€

Historische Kaffeehäuser wie dieses haben ihren eigenen Beitrag zur Madrider (Kultur-)Geschichte geleistet, fungierten sie doch vormals als populäre Treffpunkte von Literaten, Politikern, Künstlern und Gelehrten. Hier stiegen häufig die legendären Gesprächsrunden (*tertulias*). Das 1888 von dem asturischen Unternehmer Gumersindo García gegründete Gijón kultiviert bis heute ein Stück Nostalgie. Raumwirkung, Mobiliar, Vorhänge, Spiegel und Dekoration tragen anschaulich dazu bei. Das Restaurant des Cafés La Taberna del Gijón serviert attraktive spanische Küche aus frischen Produkten der Saison.

199 D5 Paseo de Recoletos 21
Café 915 21 54 25, Restaurant 91 531 03 18, www.cafegijon.com tägl. 7–1.30 Uhr
Colón, Banco de España

El Espejo €€

Das Kaffeehaus und Restaurant, im erneuerten Art-Nouveau-Stil gehalten, atmet noch ein wenig Flair von Beginn des 20. Jhs. Zum Espejo gehört der stilvolle Glaspavillon (El Pabellón) auf der Promenade. Die Terasse ist je nach Wetter geöffnet. Geboten werden Menüs und Gerichte in allen Preisklassen.

199 D5 Paseo de Recoletos 31
913 08 23 47, El Pabellón 913 19 11 22, www.restauranteelespejo.com
Restaurant tägl. 13–24, El Pabellón 9–1 Uhr
Colón, Banco de España

Goya €€€

In diesem Restaurant des Hotel Ritz dürfen höchste Maßstäbe bei Qualität und Service angelegt werden. Dem entspricht selbstverständlich der Preis. Das altehrwürdige Ambiente kontrastiert mit der avantgardistisch bestimmten Küche. Einen besonderen Ruf genießt der Sonntagsbrunch (*brunch de los domingos*). Bei gutem Wetter öffnet das Goya seine Terrasse.

199 D3 Plaza de la Lealtad 5
917 01 67 67, www.mandarinoriental.es/ritzmadrid tägl. 13.30–15.30 und 20–23.15, Sonntagsbrunch 11.30–15.30 Uhr
Banco de España

Palacio de Cibeles €€€

Das Restaurant im 6. Stock des gleichnamigen Palasts bzw. Kulturzentrums CentroCentro (► 103, 108) pflegt eine gediegene Atmosphäre und serviert erlesene regionale Küche. Die Karte wechselt häufig, abhängig von der Marktfrische und den Inspirationen des Chefs Adolfo Muñoz. Wer mag, bestellt das Menü (was allerdings nur für komplette Tische geht).

199 D4 Plaza de la Cibeles 1
915 23 14 54, www.adolfo-palaciodecibeles.com tägl. 13–16, 20–24 Uhr
Banco de España

Platea €€–€€€

Dieser Gourmetspot der allerneuesten Erlebnisgastronomie serviert eine Vielfalt an Tapas bis zum Edelmenü. Untergebracht ist er auf rund 6000 m² im einstigen Kino Carlos III.

199 nördl. E5 Calle de Goya 5–7
915 77 00 25, http://plateamadrid.com
So–Mi 12–0.30, Do–Sa 12–2.30 Uhr
Serrano

Wohin zum … Einkaufen?

Ideal zum Shoppen oder auch nur zum Schaufenster anschauen ist das Barrio de Salamanca. Souvenirs und originelle Geschenke finden Sie in dieser Gegend auch in den Läden der Kunstmuseen und/oder im Fanshop des Clubs Real Madrid.

SOUVENIRS

Objetos de Arte Toledano (Paseo del Prado 10, Tel. 914 29 50 00, www.artetoledano.com; Metro: Banco de España, Atocha) ist auf **Kunsthandwerksartikel aus Toledo** spezialisiert, u. a. Tauschierarbeiten (*damasquinados*, Verzierungen aus Bunt- oder Edelmetalleinlagen), bietet aber auch andere typische Andenken aus Spanien. Direkt in den Museen finden Sie **Bücher, Kunstdrucke und Postkarten** etc. **Fußballsouvenirs** von Real Madrid führt der riesige Fanshop am Fußballstadion Santiago Bernabéu (Metro: Santiago Bernabéu). Durch den Shop kommen Sie am Ende der Stadiontour (➤ 23), von außen ist er von der Calle Padre Damián her zugänglich. Das Sortiment reicht von Trikots und Schals über Krüge, Uhren, Wecker, Tassen und Notizblöcke bis zu Bettzeug und elektrischen Zahnbürsten.

EDLE MARKEN

Im Barrio de Salamanca, dem eleganten Viertel par excellence, bekommen Sie was das Herz begehrt – edle Mode, Schuhe, Parfum und Juwelierwaren. Vorausgesetzt, Sie verfügen über das entsprechende Budget. Ob **Prada, Loewe, Armani, Gucci, Carolina Herrera, Adolfo Domínguez** etc. – hier ist vertreten, wer international Rang und Namen hat. Abwechslungsreich ist ein Schaufensterbummel entlang der Calle de Serrano und Calle de Goya; auch in den Calles de José Ortega y Gasset und Jorge Juan geht es geschäftig zu. **Vintage-Möbel** und einen netten, begrünten Innenhof gibt es bei **Federica & Co** (Calle de Hermosilla 26; Metro: Serrano), **Designershops** von Bimba y Lola (www.bimbaylola.com) in der Calle de Serrano 22 und der Calle Claudio Coello 48. Im Barrio de Salamanca finden Sie aber auch bodenständige Mode, etwa bei **Punt Roma** (Calle de Serrano 19) und **Cortefiel** (Calle de Serrano 40).

SHOPPINGMALLS/KAUFHÄUSER

Das Kaufhaus **El Corte Inglés** (www.elcorteingles.es) hat Filialen in der Calle de Serrano 47, 52 und 70. Schauen Sie auch einmal in die eleganten Shopping Center: das **Centro Comercial El Jardín de Serrano** in der Calle de Goya 6–8 (http://jardindeserrano.es, Mo–Sa 9.30–21.30 Uhr; Metro: Serrano) und das aus dem Sitz eines Zeitungsverlagshauses hervorgegangene **Centro Comercial ABC Serrano** in der Calle de Serrano 61 (Tel. 915 77 50 31, http://abcserrano.com, Mo–Sa 10–21 Uhr; Metro: Rubén Darío, Serrano).

Wohin zum … Ausgehen?

Konzerte, Kino, Lesungen, Theaterstücke und Tanzvorführungen – die Programmauswahl für Kulturinteressierte ist groß. Auch Nachtschwärmer kommen bis in den frühen Morgen auf ihre Kosten, ob mit oder ohne Glamour-Faktor. Für die aktive Erholung und Freizeit tagsüber wiederum ist der Retiro ideal.

KULTUR

Das Kulturzentrum **Casa de América** (➤ 103; Plaza de la Cibeles 2, Tel. 915 95 48 00, www.casamerica.es; Metro: Banco de España) bietet ein umfangreiches Programm von Konzerten und Kinofilmen bis zu Vorträgen. Beliebt ist auch das **CaixaForum** (Paseo del Prado 36, Tel. 913 30 73 00, http://obrasociallacaixa.org; Metro: Atocha). An einer Außenwand ist der »vertikale Garten« bemerkenswert, eine Pflanzenwand des Künstlers Patrick Blanc. Geboten werden Wechselausstellungen, Kino, Konzerte, Vorträge und Lesungen. Unter der Plaza de Colón liegt das Kulturzentrum **Fernán Gómez Centro Cultural de la Villa** (Tel. 914 36 25 40, http://teatrofernangomez.esmadrid.com; Metro: Colón). Es bietet ein abwechslungsreiches Programm mit Theaterstücken, Konzerten und Tanzaufführungen. Das **Auditorio Nacional de Música** (Calle Príncipe de Vergara 146, Tel. 913 37 01 40 und 913 37 01 39, www.auditorionacional.mcu.es; Metro: Cruz del Rayo, Prosperidad) liegt etwas außerhalb, ist aber eine der landesweit besten Adressen für Sinfoniekonzerte und klassische Musik.

NACHTLEBEN

Beliebter Treff nahe der Plaza de Colón ist das **Hard Rock Café** (Paseo de la Castellana 2, tägl. 12.30–2 Uhr, Tel. 914 3643 40, www.hardrock.com; Metro: Colón). Hoch über der Plaza de la Cibeles finden Sie in der Terrassenbar (*Terraza Bar*) im Kulturzentrum **CentroCentro** (Plaza de la Cibeles 1, Tel. 914 80 00 08, www.centrocentro.org, Metro: Banco de España) ein nettes Chillout-Ambiente. Die Bar hat täglich bis 2 Uhr geöffnet, obligatorisch ist ein Mindestkonsum.

Im Nobelviertel **Barrio de Salamanca** (Metro: Serrano, Velázquez, Nuñéz de Balboa, Retiro) geht es etwas glamouröser und schicker zu als andernorts. Die Ausgehadressen sind auf ein finanzpotentes Publikum eingestellt, mitunter mit VIP-Faktor. Eine gängige Disco ist das **Serrano 41** (Calle de Serrano 41); auch der **Gabana Club** (Calle de Velázquez 6, www.gabana.es) und das **El Doblón** (Calle Juan Bravo 35) finden ihre Anhänger. Freitags und Samstags steuern junge Madrider um die 25 Jahre das **The Office** an, auch bekannt unter dem älteren Namen **Vanitas Vanitatis** (Calle Velasquez 128).

Etwas weiter weg liegt das **Opium Madrid** (Calle José Abascal 56, www.opiummadrid.com; Metro: Gregorio Marañón), dessen Resident DJs vor allem House auflegen. Ebenfalls populär ist das **Nuit Madrid** (Calle Orense 10; Metro: Nuevos Ministerios) in der Finanzzone nahe dem Paseo de la Castellana. Gute Stimmung bietet auch der **Moby Dick Club** (Avenida de Brasil 5, www.mobydickclub.com; Metro: Santiago Bernabéu).

KINO

Filme in Originalversion (mit spanischen Untertiteln) laufen in den **Cines Renoir Retiro** (Calle de Narváez 42, www.cinesrenoir.com; Metro: Ibiza, Goya).

AKTIVITÄTEN IM FREIEN

Der Hauptsee im Parque de El Retiro (➤ 94), bietet sich zu einer **Ruderbootpartie** an. Zudem lässt es sich im Retiro sehr gut joggen. Jedes Frühjahr startet hier Madrids **Halbmarathon** (www.mediomaraton madrid.es). Startpunkt ist die Calle de Alcalá zwischen Puerta de Alcalá und Plaza de las Cibeles, Endpunkt der Retiro. **Baja Bikes** (www.bajabikes.eu/de/stadtfuhrung-madrid) bietet täglich um 10 Uhr **geführte Radtouren** an, u.a. durch den Retiro und am Prado vorbei.

Westlich der City

Kleine Erlebnisse

Säulenwald

Die **Krypta der Kathedrale** (➤ 123) überrascht durch ihre Maße und öffnet sich als Riesenwald aus über 400 Säulen

Familienziel

Eine Seilbahntour im **Teleférico** (➤ 133) ist auch eine prima Unternehmung für Familien mit Kindern!

Tempel und Park mit Ausblick!

Der kuriose **Templo de Debod** (➤ 133) liegt in einer schönen Grünanlage mit Blick über die Casa de Campo.

Erste Orientierung

Königspalast und Kathedrale repräsentieren im Westen der Kernstadt die einstige Macht von Kirche und Königshaus. Grün und freizeitorientiert gibt sich Madrid in der Unterstadt mit langer Flusspromenade und weitläufigem Park. Auch Goya und Cervantes hinterließen im Westen ihre Spuren.

Die Plaza de Oriente mit Grünanlagen und Königsskulpturen, die Sabatini-Gärten, das Kloster Real Monasterio de la Encarnación und das Königliche Theater (Teatro Real) warten in der Nähe des Königspalasts auf Entdeckung. Lohnenswert ist auch das Panorama vom Turm der Kathedrale. Der Aufstieg erfolgt durch das Museo de la Catedral de la Almudena. Ein Highlight im Abseits der Kernstadt ist die von Francisco de Goya ausgemalte Ermita de San Antonio de la Florida. Von dort aus können Sie an den Ufern des Río Manzanares bis zur Puente del Rey gehen und die Kathedrale und den Königspalast aus der Perspektive der Unterstadt betrachten. Von den Jardines del Campo del Moro haben Sie aufs Neue den Königspalast im Blick. Nordwestlich der City, erhebt sich der Faro de Moncloa, einer der besten Aussichtspunkte Madrids, am besten erreichbar mit der Metro (Station: Moncloa). Mit der Metro geht es auch zur Plaza de España mit dem Cervantes-Denkmal. Ein ebenfalls reizvolles Ziel ist der riesige Stadtpark im Westen, die Casa de Campo. Schöne Ausblicke über den Park bieten sich aus der Seilbahn (*Teleférico*).

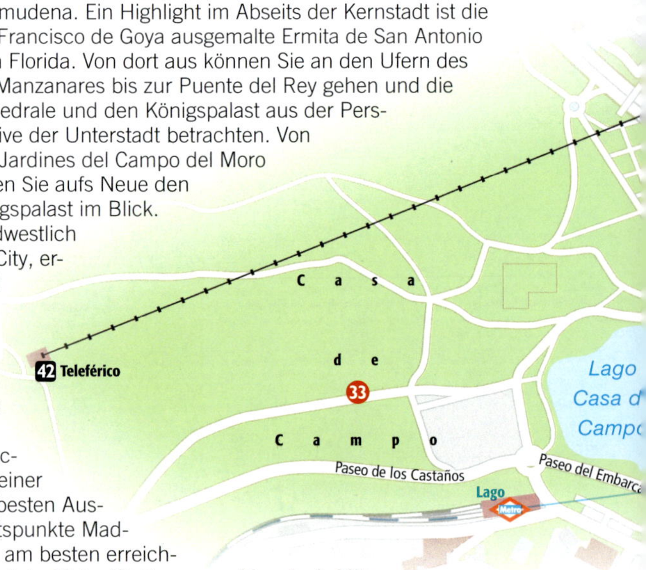

TOP 10

- 6 Palacio Real ➤ 114
- 7 Ermita de San Antonio de la Florida ➤ 118
- 10 Catedral de la Almudena ➤ 121

Nicht verpassen!

- 32 Real Monasterio de la Encarnación ➤ 124
- 33 Casa de Campo ➤ 126

Nach Lust und Laune!

34 Plaza de Oriente ➤ 128, 177
35 Teatro Real ➤ 128
36 Iglesia de Santiago ➤ 129
37 Jardines de Sabatini ➤ 130
38 Plaza de España ➤ 131
39 Jardines del Campo del Moro ➤ 131
40 Museo Cerralbo ➤ 132
41 Templo de Debod ➤ 133
42 Teleférico ➤ 133
43 Faro de Moncloa ➤ 134

An zwei Tagen

Zwei Tage brauchen Sie allein für die drei Highlights Palacio Real, Catedral de la Almudena und Ermita de San Antonio de la Florida sowie die Seilbahn in den großen Park Casa de Campo und den Aussichtspunkt Faro de Moncloa. Tipp: Eine Karte für das Teatro Real sollten Sie unbedingt reservieren.

Erster Tag

Vormittags

Machen Sie erste Fotos von der breiten Fassade des Palacio Real an der 34 **Plaza de Oriente** (➤ 128), die den grünen Vorhof des Königspalasts bildet. Starten Sie um 10 Uhr mit einem Rundgang durch die pompösen Säle des 6 **Palacio Real** (➤ 114). Mittwochs und samstags können Sie ab 10 bzw. 11 Uhr den königlichen Wachwechsel erleben (➤ rechts).

Mittags

Nach dem Besuch von Palast und Königlicher Rüstkammer, können Sie sich in der kleinen Parkanlage 37 **Jardines de Sabatini** (➤ 130) erholen. Für eine Einkehr zu empfehlen sind die Terrassen des Café de Oriente (Plaza de Oriente 2, Tel. 915 47 15 64, www.cafedeoriente.es) an der 34 **Plaza de Oriente** (➤ 128, 177). Hier bekommen Sie einfache Gerichte, Sandwiches, Salate, hausgemachte Kuchen – wegen der exponierten Lage allerdings nicht ganz preisgünstig.

Nachmittags

Die 7 **Ermita de San Antonio de la Florida** (➤ 118) in der Unterstadt erwartet Sie als von Goya gestaltetes Gesamtkunstwerk. Flanieren Sie ein wenig an den Ufern des Río Manzanares entlang, ehe Sie in die Oberstadt zurückkehren.

Abends

Grandios (aber nicht preiswert) sind die Aufführungen im 35 **Teatro Real** (➤ 128). Rund um den Vorplatz, die Plaza de Isabel II., können Sie auch einkehren.

Zweiter Tag

Vormittags

Den Auftakt bildet die 10 **Catedral de la Almudena** (➤ 121, links), ergänzt durch die Krypta und das Museum mit dem Aussichtsbereich um die Kuppel. Schlendern Sie danach zur 38 **Plaza de España** (➤ 131, rechts), um am Cervantes-Denkmal Don Quijote und Sancho Panza abzulichten. Stärken Sie sich, z. B. in der Bar **Tapas 44** (➤ 74, Gran Vía 71, Tel. 915 42 99 80) kurz hinter der Plaza de España.

Mittags

Nun brauchen Sie ein wenig Kondition, um zum altägyptischen 41 **Templo de Debod** (➤ 133) und weiter zur Abfahrtstation des 42 **Teleférico** (➤ 133) zu marschieren. Bei der Seilbahnfahrt hin und zurück lernen Sie ein Stück der riesigen 33 **Casa de Campo** (➤ 126) kennen.

Nachmittags

Es ist der Tag der Ausblicke – planen Sie einen Abstecher zum 43 **Faro de Moncloa** (➤ 134) ein. Danach kehren Sie mit der Metro zurück in die City, steigen an der Station Ópera aus und besuchen das 32 **Real Monasterio de la Encarnación** (➤ 124).

Abends

Typisch zu Abend essen Sie in einer Taverne wie der **Taberna La Cruzada** (Calle de la Amnistía 8; ➤ 137).

6 Palacio Real

Pompös und majestätisch ist einfach alles am Königspalast: die Fassadenfronten, der Haupthof, die Salons, die Ausstattung und die Dekorationen. Entdecken Sie den royalen Prunk bei einem Rundgang. Gespart wurde an nichts, weder bei den Fresken noch an Mobiliar, Leuchtern, Spiegeln, Vorhängen, Teppichen, Gemälden oder Gobelins.

Einst die Residenz des spanischen Königs

Der Königspalast (*Palacio Real)* thront am Westrand der City hoch über den unteren Stadtbereichen am Río Manzanares. An dieser Stelle befanden sich im Mittelalter Verteidigungsanlagen, die von den Mauren im 9./10. Jh. genutzt wurden. Nach der Eroberung Madrids aus muselmanischer Hand im 11. Jh. wurden die Strukturen nach und nach verändert, bis sie die Gestalt eines stattlichen Palais annahmen. Dafür sorgten vor allem Heinrich III. von Kastilien (1379–1406) und sein Sohn Johannes II. von Kastilien (1405–1454). Der **Alcázar**, wie der Bau hieß, stieg 1561 unter Philipp II. mit der Erhebung Madrids zur Hauptstadt zur offiziellen Residenz des spanischen Königshauses auf. Philipp II. und Philipp IV. ließen den Königspalast in noch größerer Pracht ausbauen und gestalten, doch dann war an Heiligabend 1734 alles vorbei. Eine **Brandkatastrophe** machte den Alcázar dem Erdboden gleich. Philipp V. ließ an selber Stelle den **Neubau** in Angriff nehmen. Der Auftrag ging zunächst an den italienischen Architekten Filippo Juvara (1678–1736), nach dessen Tod an seinen Schüler Giovanni Battista Sacchetti (1690–1764). Die Neugrundsteinlegung erfolgte 1738, danach zogen sich die Arbeiten – samt Dekorationen in den Innenbereichen – zunächst über zwei Jahrzehnte hin. Damit nicht genug: **König Karl III.** (1716–1788), der ab dem Jahr

Entspannen auf einer Wiese mit Blick auf den Königspalast, der von schönen Gartenanlagen umgeben ist

MUSEUM DER KÖNIGLICHEN SAMMLUNGEN

Nach langwierigen Bauarbeiten und diversen Terminverschiebungen der Eröffnung stand bei Redaktionsschluss in Planung, das **Museum der Königlichen Sammlungen** (*Museo de las Colecciones Reales*) **bis etwa 2018** dem Publikum zugänglich zu machen. Es soll u. a. Gemälde und Kutschen umfassen. Der moderne 14stöckige Block aus großen grauen Granitquadern gehört zwar zum Königspalast, wurde aber im **Campo del Moro** in Hanglage unter die Westseite der Kathedrale platziert. Derzeit bleibt spannend, was in den teilweise 106 m langen und 16 m breiten Sälen und auf insgesamt 40 000 m² Fläche einmal zu sehen sein wird.

1759 im Geist des aufgeklärten Absolutismus regierte und den Palast ab 1764 bewohnte, ließ seinen Haus- und Hofarchitekten **Francesco Sabatini** (1722–1797) bei Umbauten, Erweiterungen und weiteren Ausgestaltungen Hand anlegen. Prunkvolle Fresken, die den Königspalast bis heute nachhaltig prägen, gab Karl III. bei den Italienern **Giovanni Battista Tiepolo** (1696–1770) und **Corrado Giaquinto** (1703–1765/66) sowie dem Deutschen **Anton Raphael Mengs** (1728–1779) in Auftrag. Stilelemente aus Spätbarock, Klassizismus und Rokoko charakterisieren den Palast.

BAEDEKER TIPP

- Der Königspalast kann **wegen Empfängen** durch das Königshaus oder anderer Anlässe **geschlossen** sein. Die Königsfamilie von Felipe VI. wohnt nicht hier, sondern im Nordwesten Madrids auf dem Gelände des Palacio de la Zarzuela.
- Mit der **Madrid Card** kommen Sie schneller in den Königspalast: Es gibt am Vorplatz einen separaten Eingang mit meist deutlich geringerer Wartezeit.
- Fragen Sie am Eingang nach einem **Übersichtsplan** (auf Spanisch oder Englisch).
- Verhalten Sie sich beim Rundgang durch die Palastsäle unauffällig. Das **Wachpersonal** nimmt jede außergewöhnliche Regung wahr und ermahnt entsprechend.
- Versäumen Sie im Haupthof nicht die **Ausblicke** in Richtung Casa de Campo und Sierra de Guadarrama, die im Frühjahr manchmal noch schneebedeckt ist.

Rundgang durch den Palast

Über das weite **Hofrechteck**, von dem Sie die Doppeltürme der Kathedrale sehen können, erreichen Sie den Zugang in den Palast. Den Auftakt macht die **Haupttreppe** (*Escalera Principal*), ein Werk von Sabatini. Die Fresken über der Treppe »Triumph der Religion und der Kirche, geschützt durch die spanische Monarchie« stammen von Conrado Giaquinto. Über den **Saal der Hellebardenträger** (*Salón de Alabarderos*) spannt sich ein erstes Deckengemälde von Tiepolo. Im **Säulensaal** (*Salón de Columnas*) unterzeichnete König Juan Carlos I. im Juni 2014 seine Abdankung. Folgen Sie in den nächsten Räumen und Sälen den Spuren von **Karl III.** Sie erfahren, wo er zu speisen pflegte, wo die Ankleidezeremonie stattfand, wo er schlief und letztlich sein Leben aushauchte. Lassen Sie sich von riesigen Spiegeln und Leuchtern, plüschigen Vorhängen und wertvollen **Gemälden**, u.a. von Luca Giordano und Francisco de Goya in eine andere Zeit versetzen. Betrachten Sie auf Gemälden auch einmal genauer Karl III. und seine Physiognomie – manches Porträt ist in Richtung Realsatire geraten. Der Weg durch das **Porzellankabinett** (Gabinete bzw. Saleta de porcelana) bringt Sie in den **Galaspeisesaal** (Comedor de Gala), in dem Riesenleuchter von der Decke hängen und manchmal an der Tafel Gedecke und Bestecke aufgelegt sind, als kämen gleich Gästescharen. Der Speisesaal wurde 1879 unter König Alfons XII. umgestaltet. Allein das erste Festbankett anlässlich seiner Vermählung mit Erzherzogin Maria Christina von Österreich dürfte Unsummen verschlungen haben.

Karl III., der einst im Königspalast residierte, porträtiert von Anton Raphael Mengs (Prado,1761)

Fresken und prunkvolle Kronleuchter dekorieren den Speisesaal im Königspalast

Weitere Stationen Ihres Besuchs sind die **Königliche Kapelle** (Capilla Real, Baubeginn 1749), der **Stradivari-Saal**, wo Sie Originale des bekannten italienischen Geigenbaumeisters Antonio Stradivari bewundern können, und der **Saal der Krone** (Sala de la Corona) mit Krone und Zepter in einer schwer gesicherten Vitrine. In diesem Saal sind auch die unterzeichnete Abdankungsurkunde von Juan Carlos I. und die Antrittsrede von Felipe VI. am 19. Juni 2014 ausgestellt. Den sogenannten **Offiziellen Saal** (Saleta Oficial) überspannt Tiepolos Fresko »Die Macht der spanischen Monarchie«, im **Thronsaal** (Salón del Trono) setzt sich die royale Prachtentfaltung fort. Vier Stufen führen hinauf auf den Königsthron, der von goldglänzenden Löwenskulpturen flankiert ist. Aber wer würde eigentlich mit einem König tauschen und sich den Zwängen all der Hofetikette aussetzen wollen? Diese Frage stellt sich, wenn man vor dem Thron an der Absperrung steht.

Lanzen, Keulen und Rüstungen

Vom Haupthof des Palasts aus erreichen Sie die **Königliche Rüstkammer** (Real Armería). Zu Rüstungen, Helmen und Schutzschilden gesellen sich hier Schlachtenwerkzeuge in Form von Schwertern, Degen, Lanzen und Keulen. Welch kunstvolle Handwerksarbeiten hinter den zahlreichen Königs- und Prinzenrüstungen stecken, erschließt sich bei detaillierter Betrachtung.

KLEINE PAUSE

Stärken und erfrischen können Sie sich in der **Cafeteria des Königspalasts** neben dem Souvenirshop und dem Empfangsbereich für Besucher (*Centro de recepción de visitantes*). Die Öffnungszeiten der Cafeteria entsprechen denen des Palasts.

---

197 D4

Calle de Bailén s/n 914 54 87 00, www.patrimonionacional.es

Okt.–März tägl. 10–18, April–Sept. tägl. 10–20 Uhr, letzter Einlass eine Stunde vorher 11 €, Audioguide 3 €, Okt.–März Mo–Do 16–18, April–Sept. Mo–Do 18–20 Uhr für EU-Bürger (Ausweis mitnehmen) frei Ópera

7 Ermita de San Antonio de la Florida

Diese kleine, 1792–98 erbaute Kirche ist eines der kunsthistorisch bedeutendsten Ziele in Madrid. Die Kuppel- und Gewölbemalereien von Francisco de Goya, der in diesem Sakralbau auch begraben liegt, sind einzigartig.

Kirche mit Double

Die Ermita de San Antonio de la Florida liegt abseits der hauptstädtischen Hektik in der Nähe des Flussufers des Río Manzanares und präsentiert sich in Außenansicht als blasser, unscheinbarer Sakralbau. Aber das ist nur Tarnung! Zudem überrascht: Hier stehen **zwei Kirchen nebeneinander**, die genau gleich aussehen. Des Rätsels Lösung: Ihr eigentliches Besuchsziel birgt Freskenkunst des berühmten spanischen Malers Francisco de Goya (1746–1828) und die andere Kirche wurde **1928 nachträglich als Duplikat gebaut**, um sie für Messen und andere Anlässe zu nutzen und somit die Malereien Goyas zu schützen.

Madrids Sixtinische Kapelle

Das Original der nüchtern strengen Kirchenarchitektur im Stil des Klassizismus geht auf einen Entwurf von Felipe de Fontana zurück, der einen Auftrag von König Karl IV. umsetzte. Wichtiger aber war die nachfolgende Auftragsarbeit von höchster königlicher Stelle, die einschiffige Kirche mit Fresken auszuschmücken. Dafür trat Francisco de Goya in

Goya malte die Kuppel der Ermita de San Antonio de la Florida aus. Das realistisch wirkende Geländer ist Teil der Illusion

FLUSSPROMENADEN
Kaum 150 m von der Ermita de San Antonio de la Florida entfernt erreichen Sie den **Río Manzanares** und die 1909 in Betrieb genommene **Brücke Reina Victoria.** Ab hier können Sie flussabwärts, also nach links, den Uferpromenaden folgen. Diese gehören bereits zum Park **Madrid Río** (➤ 149). In der Nähe der **Puente de Segovia**, mit schönem Blick hinauf zum Königspalast, zur Kathedrale und zur Basilika San Francisco el Grande, liegt die **Ermita de la Virgen del Puerto**. Es handelt sich um einen Wiederaufbau einer kleinen barocken Kirche aus dem 18. Jh. Sie birgt das von Gläubigen verehrte Marienbildnis der Virgen del Puerto.

einem wahren **Geniestreich** in Aktion, indem er die »Sixtinische Kapelle« der spanischen Hauptstadt erschuf und im Bauabschlussjahr 1798 die Gewölbe in einer Rekordzeit ausmalte. Rechnungen und Materiallisten erlauben den Rückschluss, dass Goya, der zu dieser Zeit bereits sein Gehör verloren hatte, **nur sechs Monate** für die Arbeiten gebraucht hat, nämlich vom 15. Juni bis 20. Dezember des Jahres 1798.

Das alles beherrschende Fresko in der Kuppel dreht sich um ein Wunder, das den heiligen **Antonius von Padua** in jenem Moment zeigt, in dem er zum Erstaunen aller Anwesenden einen Ermordeten zum Leben erweckt. Der Hintergrund: Antonius Vater war unschuldig des Tötungsdelikts angeklagt worden. Dank der Wiedererweckung des Toten konnte das Opfer nun selbst den Namen des Täters nennen. Im Grunde die Idealform der Verbrechensaufklärung, die der Kriminalpolizei heute Einiges an Ermittlungsarbeit und Überstunden ersparen würde ...

Das Geländer in der Kuppel

Ob der Künstler bei dieser Thematik freie Hand hatte oder ob er Vorgaben befolgen musste, verbirgt sich im Dunkel der Geschichte. Fest steht, dass Goya die Ausgestaltung mit der genialen Idee eines Geländers krönte, das er ringsherum ins Rund der Kuppel malte. Der Kunsttheoretiker László F. Földényi hat dazu einmal bemerkt, das Gemälde sei trügerisch, denn es wecke den Eindruck, in der Kuppel verlaufe wirklich ein Geländer im Kreis. Andererseits sei es »enthüllend in einem«, denn: »Es handelt sich so eindeutig um eine malerische Lösung, dass man weiß: Der Maler will nicht mogeln. Ein Spiel, durch und durch.« Beim Blick auf den Kunstgriff dieser **illusionistischen Deckenmalerei** hat Fred Licht, ein Werkanalytiker Goyas, die Fantasie der Betrachter angestachelt, sich das Gitterwerk, an dem Kinder turnen und auf das sich ein paar Frauen mit ihren Unterarmen stützen, einmal wegzudenken: »In diesem Fall würde man glauben, die Figuren jeden Augenblick von ihren Positionen herunterstürzen zu sehen.« So schützte Goya mit dem Geländer die Dargestellten gleichsam vor dem Gesetz der Schwerkraft.

BAEDEKER TIPP

- Es kann zu Wartezeiten kommen, da **höchstens 50 Besucher gleichzeitig** in die Ermita dürfen. Für dieses (kostenlose) Erlebnis lohnt sich aber jede Wartezeit.
- Nehmen Sie am Eingang ein **Informationsblatt** (auf Englisch) mit. Nutzen Sie die kleinen aufgestellten **Spiegel**. So können Sie die Gewölbefresken betrachten, ohne hoch nach oben schauen zu müssen und Nackenschmerzen zu bekommen.
- Interessant ist es zum Vergleich, einen Blick in die **Nachbarkirche** zu werfen, die von außen identisch aussieht, aber innen eben nicht kunstvoll ausgemalt ist. Das ist nur vor oder nach den Messen möglich, die in der Regel zu folgenden Zeiten beginnen: Mo–Sa 9, 11 und 19.30, So 9, 11, 12, 13 und 19.30 Uhr.
- Gegenüber der Ermita auf der anderen Straßenseite steht das **Goya-Denkmal.** Der Maler sitzt dort wie auf einem Thron und hält in der Linken sein Arbeitsgerät.

Wunderszene und Engel

Den Hintergrund der Wunderszene um Antonius bildet eine Berglandschaft. Davor steht ein großer Baum, darüber öffnet sich der aufgemalte Himmel. Antonius trägt einen leuchtend gelben Heiligenschein, gestikuliert, ist in seine Franziskanerkutte gehüllt. Die rundherum Anwesenden gleichen einer profanen Festgesellschaft – und das natürlich nicht zufällig. Goya war sich bewusst, ein Gotteshaus auszuschmücken, das das Volk auch bei Feierlichkeiten anzog und dem Schutzpatron der ledigen Frauen und der Liebenden geweiht war. Über die Antonius-Szene hinaus sind Eingangswölbung und Kuppelbögen bemalt, darunter mit Cherub- und anderen **Engelsfiguren**. Diese ungewöhnlich hübschen, weiblichen Engel mit vollen, wollüstigen Gesichtern »malte Goya mit hohem Vergnügen«, liest man in »Goya oder Der arge Weg der Erkenntnis«, einem Roman von Lion Feuchtwanger (1884–1958).

Nationalmonument und Grabstätte des Malers

Seit 1905 ist die Ermita de San Antonio de la Florida Nationalmonument, seit 1919 liegen die aus dem französischen Bordeaux überführten Reste Goyas hier bestattet. Hinter dem Grab Goyas fällt der Blick auf einen Altarbereich mit einer kleinen Skulptur des Gekreuzigten. Aus der Kuppel hängt eine Lampe aus vergoldeter Bronze hinab, im unteren Bereich umgeben von drei Engelsfiguren. Goyas Malereien wurden zwischen 1989 und 2005 behutsam restauriert. Man mag sich kaum von ihnen lösen, denn es geht eine ganz besondere Faszination von ihnen aus.

KLEINE PAUSE

Links von der Ermita de San Antonio de la Florida Richtung Metro Príncipe Pío lädt ein typisches Madrider Café-Restaurant und Bierstube zur Rast ein – **El Urogallo** (Paseo de la Florida 16, Tel. 915 48 58 20, www.elurogallo.net, Mo–Fr 7.30–1, Sa/So 8.30–1 Uhr).

---

194 A3 Glorieta de San Antonio de la Florida 5 Di–So 9.30–20 Uhr, Mitte Juni–Mitte Sept. 13.45–14.45 Uhr geschl. frei Príncipe Pío

10 Catedral de la Almudena

Madrids Kathedrale blickt auf eine vergleichsweise junge Geschichte zurück. König Alfons XII. legte 1883 den Grundstein, erst zwei Jahre später wurde Madrid eine eigenständige Diözese. Papst Johannes Paul II. weihte die Kathedrale 1993. Höchste Verehrung bei den Gläubigen genießt das Marienbildnis. Es trägt den Namen Almudena und stellt die Schutzpatronin der Stadt dar.

Architektonisch ist der Kathedralbau an die Gotik französischer Kirchen angelehnt und insofern im Stil der Neogotik gehalten. Empfangen werden Sie von einer bis zu 68 m breiten und 102 m langen Glaubensfestung, in der alte und erstaunlich moderne Elemente zusammenfließen. Im Querschiff, zur Westseite hin, steigen die Gläubigen auf einer Treppe zum Allerheiligsten auf, der polychromierten Skulptur Mariens mit dem Kinde, thronend auf einem barocken Silberpodest.

Ein legendärer Bildnisfund

Die Legende will, dass der Vorläufer des heutigen **Marienbildnisses der Almudena** im Jahr 1085 aus der Stadtmauer der Mauren zum Vorschein kam (➤ 28), wo das Bildnis lange vor dem Einfall der Muselmanen von Christen versteckt worden war. Ob es den historischen Tatsachen entspricht, dass eben dort vor dem 9. Jh., in dem die Mauren eine erste Burg erbauten, bereits ein derartiges Mauerwerk oder gar eine Christengemeinschaft existierte, ist zweifel-

Die Fassade mit ihren beiden Türmen wendet sich zum Hof des Königspalasts, doch der Eingang zur Kathedrale liegt an der Ostseite

haft. In ihrer Ausschmückung macht eine der vielen Legendenversionen glauben, dass neben der wiederentdeckten Marienskulptur zwei Kerzen brannten – und dies seit der Dauer einiger Generationen ... In Rückschau lässt sich die Mär um den mirakulösen Bildnisfund als **symbolischer Triumph des Christentums** über den Islam erklären. Heutzutage bringen Gläubige der Almudena, die offiziell den Titel *La Real* (»Die Königliche«) trägt, Blumenopfer dar, und stecken ihr zu Ehren Münzen in die elektrischen Kerzenkästen. Die an die Almudena-Jungfrau gerichtete Hymne lautet: »Du, die du versteckt warst in den Mauern dieses geliebten und alten Madrid, erstrahlst heute vor deinem Volk, das dich verehrt und auf dich hofft. Unter deinem Mantel, einfache Jungfrau, suchen deine Kinder Schutz.«

Gesamtkunstwerk mit viel Farbe

Über dem Marienbildnis aus dem 17. Jh., dem Ersatz für das Original, verdient das **Retabel** mit 18 Tafeln des Renaissancemeisters **Juan de Borgoña** Beachtung. Die **Malereien** des Kirchenschiffgewölbes und der Kuppel über dem Altarraum hingegen gehen auf den zeitgenössischen Madrider Künstler **José Luis Galicia** zurück, der richtig Farbe in die Kathedrale gebracht hat. In die Kuppel malte er symbolische Darstellungen von Wasser, Erde, Feuer und Luft. Mit den Wandmalereien im Altarraum thematisierte der zeitgenössische Kunstmaler **Kiko Argüello** die **Mysterien der Erlösung**. Der Altarraum wirkt unpersönlich, die Orgelempore überdimensioniert. Behagliche Glaubensstimmung will sich in der Kathedrale nicht so recht einstellen.

Bedeutende Kapellen

Weiteres Ziel ist der **Altarumgang**, an dem sich fünf wichtige Kapellen aufreihen: für den Opus-Dei-Begründer Josemaría Escrivá de Balaguer (1902–1975), die selige Mariana de Jesús (1565–1624), den Stadtpatron San Isidro Labrador (mutmaßlich: 1082–1172; Kapelle mit der ehemaligen gotischen Grabtruhe, dem Arcón de San Isidro), die heilige María Micaela (1809–1865) und eine Marien-

BAEDEKER TIPP

- Der Eingang zur Kathedrale befindet sich nicht dort, wo sich die Doppeltürme zum Hof des benachbarten Königspalasts hin erheben, sondern an der Ostseite, ein Stückchen erhöht von der Straße (Calle de Bailén).
- In einem etwas abseitigen Teil des kleinen, östlichen Kathedralvorplatzes steht ein übermannsgroßes **Bronzedenkmal von Papst Johannes Paul II.**, der im Juni 1993 die Kathedrale weihte.
- Achten Sie auf die **Bronzereliefs** der Portale der Ostfassade: eines zeigt den wundersamen Bildnisfund der Almudena, ein anderes eine Prozession, das dritte die Papstweihe durch Johannes Paul II.
- Während der Gottesdienste sind keine touristischen Besuche gestattet. Dies mahnen auch Schilder auf Deutsch an.
- Die elektrischen Kerzenkästen nehmen für die Kerzenopfer nur Münzen.

darstellung, Nuestra Señora de la Vida Mística. Weitere Kapellen flankieren das Hauptschiff, u.a. für spanische Heilige wie María Soledad Torres Acosta (1826–1887), den im Spanischen Bürgerkrieg ermordeten Pfarrer Pedro Poveda (1874–1936) und die Karmelitin Maravillas de Jesús (1891–1974). Das bei Sonnenschein durch die modernen Buntglasfenster flutende Licht masert je nach Sonnenstand Säulen, Bänke und Boden.

Majestätische Krypta

Außerhalb der Kathedrale geht es durch einen Sondereingang in der Calle Mayor 92 in die neoromanische Unterwelt der Krypta. Überraschung: Sie nimmt dieselben Maße ein wie die Kathedrale.

Museum mit Aussicht

Der Eintritt für das **Museo de la Catedral de la Almudena** ist recht teuer, doch die Aussichtspunkte machen es auch für jene attraktiv, die sich nicht für Skulpturen, Kelche und andere liturgische Gegenstände interessieren. Unterhalb der Türme blicken Sie von einem ersten Aussichtsstopp hinüber auf den Königspalast, ganz oben treten Sie in einen **Außenumgang** der **Kuppel** und haben Madrid in 360-Grad-Ansichten im Blick. Die **Aussicht bis zur Sierra de Guadarrama** ist bei klarem Wetter äußerst lohnend. Weitere Besonderheiten sind zu Beginn des Rundgangs die bunten Mosaike des Sloweniers Marko Ivan Rupnik im **Kapitelsaal** und in der **Hauptsakristei**. Später, in den Ausstellungsbereichen des Museums, sehen Sie jene Sessel und Messgewänder, die Papst Johannes Paul II. während seiner apostolischen Reisen in den Jahren 1993 und 2003 in Madrid einsetzte.

KLEINE PAUSE

Gegenüber der Kathedrale, gleich an der Ecke Calle de Bailén/Calle Mayor, lädt die **Taverne Dehesa Santa María** (Tel. 911 16 63 58) zu einer Rast ein. Hier gibt es Bier, Wein, Tapas und Schinken.

---

197 D3

Kathedrale

Calle de Bailén s/n · www.catedraldelaalmudena.es · tägl. 9–20.30 Uhr, außer während der Gottesdienste Sept.–Juni Mo–Sa 12, 18 und 19, So/Fei 10.30, 12, 13.30, 18 und 19, Juli/Aug. tägl. 12 und 20 Uhr · freiwillige Spende (donación) 1 € · Ópera

Krypta

Calle Mayor 92 · tägl. 10–13.30, 17–19.30 Uhr, mitunter durchgehend, außer bei Messen oder Totenmessen · freiwillige Spende (donación) 1 €

Museo de la Catedral de la Almudena

Plaza de la Almudena (gegenüber dem Hof des Königspalasts) · Mo–Sa 10–14.30 Uhr · 6 € (in der Madrid Card inbegriffen)

32 Real Monasterio de la Encarnación

Von außen macht das seit dem 17. Jh. existierende Kloster Encarnación einen bescheidenen Eindruck, innen überraschen Gemälde, Skulpturen, der Kreuzgang und der überbordend ausstaffierte Reliquiensaal. All das ist hochinteressant, obgleich die Atmosphäre im Kloster ein wenig düster und kühl wirkt.

Ganz in der Nähe des Königspalasts schlug 1611 die Geburtsstunde dieses **Augustinerinnenklosters**, in dem heute acht verbliebene Ordensschwestern in Zurückgezogenheit leben. Gründerin in ihrem eigenen Todesjahr war **Königin Margarita** (Margarete von Österreich, 1584–1611), die Gemahlin von Philipp III. Als Architekten traten Francisco de Mora und Fray Alberto de la Madre de Dios in Aktion. Die Kirche wurde ab 1765 unter **Ventura Rodríguez** im Stil des Klassizismus umgestaltet.

Hinter den dicken Mauern des streng wirkenden Klosterbaus leben bis heute Augustinerinnen

Sakrale Kunst und um die 600 Reliquien

Bei Rundgängen im Real Monasterio de la Encarnación sehen Sie sehr viele Kunstwerke – Porträts des Gründerpaars, einen Johannes der Täufer, der dem Maler **José de**

Ribera zugeschrieben wird, und Skulpturen. Maßgebliche Bildnisse stammen von dem **Barockbildhauer Gregorio Fernández** (1576–1636), dem seinerzeit bedeutendsten Vertreter der kastilischen Schule. Der »Liegende Christus« von Fernández ist hinlänglich von Leid gezeichnet, Mund und Augen stehen halb offen, Lippen und Nase sind bläulich gefärbt. Drastisch dargestellt ist auch der Christus an der Säule.

Zu den Gemälden zählen vorwiegend religiöse Motive und **Porträts**, z. B. von König Philipp IV., dem Sohn des Klostergründerpaars, sowie vom Kardinal-Infanten Ferdinand von Österreich (Fernando de Austria, 1609/10–1641), dargestellt als Teenager in einer regelrechten Zwangsverkleidung als Würdenträger.

Die Gemälde im Kreuzgang veranschaulichen **Szenen aus dem Leben Mariens und Christi**, ein Motiv zeigt die heilige Jungfrau und Gottesmutter mit der Leibesfrucht. Im Chorraum sind weitere Gemälde und Skulpturen zu sehen. Der **Chor** besteht aus Nussbaumholz. Höhepunkt eines Klosterbesuchs ist der **Reliquiensaal**, über den sich eine reich verzierte Decke spannt. Hinter Scheiben lagern in verschiedenen Kästchen und anderen, teils kunstvoll ausgestalteten Reliquiaren etwa 600 Reliquien. Bei näherer Betrachtung erkennen Sie Knochen und Knöchelchen von Heiligen, auch **Holzstückchen vom Christuskreuz** sind verbürgt. Über ihre Echtheit wird sich jeder seine eigene Meinung bilden. Am Schluss der Führung geht es in die im 18. Jh. erneuerte Kirche mit ihrer ausgemalten Kuppel.

KLEINE PAUSE

Wenige Gehminuten vom Real Monasterio de la Encarnación entfernt liegt das **Café de la Ópera** in der Calle Arrieta 6 (Tel. 915 42 63 82, www.elcafedelaopera.com). Die Cafeteria-Gastrobar hat täglich 8–24 Uhr geöffnet.

---

197 E4 ✉ Plaza de la Encarnación s/n ℹ www.patrimonionacional.es Führungen Di–Sa 10–14, 16–18.30, So 10–15 Uhr, letzter Einlass eine Stunde vorher 6 €, Mi/Do 16–18.30 Uhr für EU-Bürger frei (Ausweis mitnehmen) Ópera

BAEDEKER TIPP

- Kümmern Sie sich rechtzeitig um die Eintrittskarten, denn die **Teilnehmerzahlen** bei den obligatorischen Führungen sind **begrenzt**.
- Für EU-Bürger ist mittwochs und donnerstags nachmittags der Eintritt frei. Dann sollten Sie besonders zeitig da sein, um noch ein Ticket zu bekommen. EU-Bürger müssen **auf Nachfrage den Ausweis vorzeigen** können.
- Beachten Sie im Vorbereich des Klosters das **Denkmal** für den Dramatiker und Lyriker **Félix Lope de Vega y Carpio** (1562–1635).
- Alljährlich am 27. Juli kommt es zu einem wundersamen Schauspiel – dann verflüssigt sich die **Blutreliquie des San Pantaleón**, der zu römischen Zeiten sein Martyrium erlitt.

33 Casa de Campo

Nah dran und doch so fern der Hauptstadt fühlt man sich westlich der City im 1700 ha großen Areal der Casa de Campo. Ursprünglich war der Park Blaublütern vorbehalten, doch längst genießt er den Status als populäres Naherholungsgebiet für alle. Heute tummeln sich hier Sportler, Spaziergänger und Besucher der Attraktionen.

Das ehemalige Jagdgebiet der spanischen Könige ist bei Joggern beliebt und bietet einen schönen Blick zur Skyline der Innenstadt

Eingefasst in die Weiten der grünen Casa de Campo sind ein großer **See** mit Ruderbootverleih und Restaurants, der 22 ha große **Zoo** und ein Vergnügungspark. Im **Zoo mit Aquarium** leben über 6000 Tiere bzw. 500 Tierarten aus aller Welt: ob große Säuger, Reptilien oder Vögel. Es gibt immer wieder diverse Vorführungen (*exhibiciones*) mit Seelöwen, Delfinen, Raubvögeln und exotischen Vögeln. Die Öffnungszeiten ändern sich oft (siehe Webseite). Der **Vergnügungspark** (*Parque de Atracciones)* bietet wilde **Fahrgeschäfte, 4-D-Kino** und vieles mehr.

Den besten Überblick über die Casa de Campo bekommen Sie, wenn Sie mit der **Seilbahn** über das Gelände hinwegschweben (*Teleférico* ➤ 133). Auf dem Wegenetz der Casa de Campo schwitzen Jogger und Mountainbiker, Wochenendausflügler suchen sich ein Fleckchen für das Familienpicknick. Unter der gnadenlosen Sommersonne kann die grüne Lunge Casa de Campo mit ihren meterhohen Disteln und dem reichen Steineichen- und Kiefernbewuchs mitunter ein wenig angegriffen wirken.

Vom Landhaus zum Freizeitpark der Könige

Casa de Campo heißt übersetzt »Landhaus«. Ein solches, mitten im Grünen jenseits des Río Manzanares, suchte die adelige Familie Vargas im 16. Jh. gern auf. Was auch König Philipp II. ansprach, der – beseelt vom Nachahmungstrieb – das Gelände für die Krone an sich riss und der Natur mit Wegen, Wasserspielen und neuen Pflanzungen einen gepflegteren Rahmen gab. Den See legte der Niederländer Pieter Yansen 1563 an. Das Gewässer diente den Royals fortan zum Fischfang und zu entspannenden Aktivitäten wie Fahrten in Gondeln, die eigens für diese Zwecke aus Italien herangeschafft wurden. Im Laufe der Zeiten wurde der Park mehrfach umgestaltet und blieb im Besitz der Krone. Noch zu Beginn des 20. Jhs. ging König Alfons XIII. im Casa de Campo gern auf die Jagd. Seit 1931 steht der weitläufige Park dem Volk offen. Von den Wegen, Wäldern und Hügeln bieten sich immer wieder schöne Ausblicke auf die Silhouette Madrids.

196 A/B4 Lago

Zoo/Aquarium
Casa de Campo s/n
902 34 50 14, http://zoomadrid.com
tägl. variable Öffnungs- und Fütterzeiten sowie Vorführungen, siehe Webseite
Erw. 22,95 €, Kinder 3–7 Jahre 18,60 €, online preiswerter Casa de Campo

Vergnügungpark
Casa de Campo s/n http://parquedeatracciones.es
tägl., saisonal 12–19, 20 bzw. 22 Uhr, siehe Webseite 31,90 € ab 1,40 m Körpergröße, 24,90 € 1–1,40 m; Besucher unter 1 m frei, online preiswertere Angebote, im Sommer ab 19 Uhr 19 € Batán

BAEDEKER TIPP

- In den Restaurants und Bars der Casa de Campo schmeckt so manches nach Massenabfertigung, und das Preisleistungsverhältnis ist oft nicht gewährleistet. Bringen Sie für die kleine Pause besser ein **Picknick** mit.
- Während Sie mit der **Seilbahn**, die oben in der Stadt am **Paseo del Pintor Rosales** startet, weite Teile der Casa de Campo hervorragend von oben einsehen können, empfiehlt sich für eine genauere Erkundung eine **Fahrt mit der Metro bis zur Station Lago**. So kommen Sie in den Ostteil der Casa de Campo, gleich in der Nähe des großen Sees, dem **Lago de la Casa de Campo**. Spazieren Sie am Ufer entlang, lassen Sie sich auf einer der Bänke nieder, blicken Sie in aller Ruhe hinüber zur Skyline der Stadt. Am See gibt es einen **Verleih von Ruderbötchen** (*alquiler de barcas*).

Nach Lust und Laune!

Am Abend effektvoll beleuchtet: das Teatro Real, Bühne für Oper, Jazz und Rock

34 Plaza de Oriente

Bäume, Bänke, Blumenbeete und beschnittene Hecken verleihen dem **Ostvorplatz des Königspalasts** (Palacio Real ➤ 114) das Flair eines kleinen Parks. Statuen an den Platzseiten stellen Könige aus den verschiedenen Reichen Spaniens im Mittelalter dar, aber auch vorherige Herrscher aus den Zeiten der Westgoten. In der Mitte der Plaza de Oriente richtet sich der Blick auf die **Reiterstatue von Philipp IV.**, für die der italienische Bildhauer und Bronzegießer **Pietro Tacca** (1577–1640) zu Lebzeiten des Monarchen verantwortlich zeichnete. Ungewöhnlich ist, dass Philipps Pferd wild aufsteigt und sich lediglich auf den Hinterbeinen hält. Für die Umsetzung der komplizierten Statik soll sich Tacca bei keinem Geringeren als dem Mathematiker und Physiker Galileo Galilei (1564–1642) Rat geholt haben.

197 E4

35 Teatro Real

Dieses **Königliche Theater** setzt nachhaltig Akzente: architektonisch als gewaltiger Block zwischen der Plaza de Isabel II. und der Plaza de Oriente (➤ 177), kulturell als eines der renommiertesten Häuser Spaniens. Erbaut wurde das Theater 1817 bis 1850, geschlossen 1925 wegen Einsturzgefahr aufgrund der Lage über unterirdischen Wasserläufen. Erst ein gigantisches Stabilisierungsprojekt, das weit in die Tiefen ging und 1997 seinen Abschluss fand, verhalf dem Teatro Real zur Neueröffnung in altem Glanz. Heute gerät jede Opernaufführung zum Ereignis, doch auch Jazz-, Rock- und Popkonzerte stehen auf dem Programm. Bei Bühnenbildern, Inszenierungen, Technik und Innovationen

stellt das Theater unter Beweis, dass seine Macher auf dem neuesten Stand des 21. Jhs. sind. Die Akustik gilt als perfekt.

Bei den 50- bis 60minütigen Standardbesuchen lernen Sie die **Säulenhalle** kennen, den bis zu 1775 Zuschauer fassenden **Hauptsaal** mit seiner Vielzahl an Logen (samt der Königsloge), den alten **Tanzsaal** sowie diverse Salons mit prächtigen Gobelins, Leuchtern, Spiegeln, Sesseln und Königsporträts. Die etwas länger dauernden Sonderführungen erlauben dagegen einen echten **Blick hinter die Kulissen**: entweder mit dem **Schwerpunkt Technik** (*visita técnica*) oder **Künstlerisches** (*visita artística*). Je nach Variante werden Sie mit den hydraulischen Systemen und Bühnenplattformen vertraut gemacht, den Kulissenbauten, den Kleiderlagern und den Proberäumen.

Das Teatro Real beschäftigt 280 Mitarbeiter, es gibt eine eigene Perückenwerkstatt, eine Wäscherei und einen Bügelraum. Draußen auf der Plaza de Isabel II. sieht man gelegentlich die Einfahrt von Trailern mit Material direkt in den hinteren Bereich des Theaters. Im Monat August ist Spielpause, dann sind Besuche nur eingeschränkt möglich. Sonderführungen erfordern jederzeit eine rechtzeitige Anmeldung.

197 E4 Plaza de Oriente/Plaza de Isabel II. 915 16 06 96, www.teatro-real.com Standardbesuche tägl. 10–13, Sonderführung Technik (visita técnica tägl. 10 Uhr, Künstlerisch orientierte Führung (visita artística) tägl. 9.30 Uhr Standardbesuch 8 €, Sonderführung Technik 16 €, Künstlerisches 12 € Opéra

36 Iglesia de Santiago

An der Fassade dieser **Jakobuskirche** erkennen Kenner des Jakobswegs sogleich die entsprechenden Symbole – die Jakobsmuschel, das rote Schwertkreuz der Jakobsritter sowie das blaugelbe Zeichen, das den Weg zum Grab des Apostels Jakobus des Älteren nach Santiago de Compostela im Nordwesten Spaniens weist. Auch durch Madrid führt einer der vielen Jakobswege, allerdings kein klassischer.

Im Kircheninneren ist Jakobus rechts an der Seite als Pilgerskulptur zugegen und ein Großgemälde, das den Altarraum beherrscht, zeigt ihn als **»Jakobus Maurentöter«** (Santiago Matamoros). Dergestalt soll der Heilige im Mittelalter den Christentruppen bei einer Schlacht gegen die Mauren in der Rioja zu Hilfe geeilt sein und sie zum Sieg angetrieben haben. Das Gemälde datiert aus dem 17. Jh. und stammt von Francisco Ricci; seitlich stellen vier Skulpturen die Kirchenväter Augustinus, Hieronymus, Gregor und Ambrosius dar.

Die Iglesia de Santiago entstand

Erstaunliche Statik: die Reiterstatue von Philipp IV. auf der Plaza de Oriente

BAEDEKER TIPP

In der **Nähe der Plaza de España** liegen zwei Adressen für Kunstliebhaber:

- Der **Palacio de Liria** (Calle Princesa 20, Tel. 915 48 15 50, www.fundacioncasadealba.com) ist ein historisches Haus der Herzöge von Alba, eines der einflussreichsten und wohlhabendsten Adelsgeschlechter Spaniens. Bei Führungen (40–50 Min., nur auf Spanisch; kostenlos, max. 16 Pers., Fr um 10, 11 und 12 Uhr nach Anmeldung unter visitas@fundacioncasadealba.com oder über die Homepage, Mitte Juni–Anfang Okt., Mitte Dez.–Mitte Jan. geschl.) entdecken Sie in der Bibliothek und in den Salons Meisterwerke bekannter Maler, u. a. El Greco, Peter Paul Rubens, Francisco de Zurbarán, Anton Raphael Mengs und Francisco de Goya.
- Das **Museo de Arte Contemporáneo** (Calle Conde Duque 9–11, Tel. 915 88 59 28, http://condeduquemadrid.es, Di–Sa 10.30–14, 17.30–21, So 10.30–14 Uhr, Eintritt frei) gehört zum **Kulturzentrum Conde Duque** und ist ein Museum für zeitgenössische Kunst. Über Exponate der ständigen Sammlung hinaus wird das Büro des Madrider Dichters Ramón Gómez de la Serna (1888–1963) wie ein »Museum im Museum« präsentiert. Gómez de la Serna sind viele Zeitzeugnisse zu Madrid zu verdanken, aber auch zeitlose Weisheiten wie diese: »Madrid bedeutet, nichts anderes sein zu wollen, als das, was man ist.«

1806–1811 nach Plänen von **Juan Antonio Cuervo** und ersetzte eine mittelalterliche Kirche aus dem 12. Jh. Von außen wirkt diese Kirche blockartig nüchtern. Sie trägt eine zentrale Kuppel.

Jardines de Sabatini: Italienische Eleganz mit Statuen und adrettem Schnitt

197 E3 Plaza de Santiago s/n www.santiagoysanjuan.org tägl. 10–13, 18–20 Uhr, pro Tag drei bis vier Gottesdienste frei Opéra

37 Jardines de Sabatini

Diese Parkanlage erstreckt sich unterhalb der Nordfassade des Königspalasts. Kiefernbestände, zurechtgeschnittene Hecken, kleine Wege und ein zentrales, längliches **Teichbecken** prägen sie. Viele Bänke laden zu einer Auszeit im Grünen ein. **Skulpturen** stellen maßgebliche Könige aus Spaniens Geschichte dar, z. B. Ferdinand III., den Heiligen, Philipp II. und Isabella I. von Kastilien in herrschaftlichen Posen.

Historische Vorläufer der Gärten waren im 18. Jh. die **königlichen Stallungen** (Caballerizas Reales), die Unterstand für zahlreiche Kutschen, Pferde und Maultiere boten. Dabei hatten die von Monarch Karl III. beauftragten italienischen Architekten, zunächst **Juan Bautista Sachetti** (1690–1764) und danach der Namensgeber des jetzigen Parks **Francesco Sabatini** (1722–1797) genau an dieser Stelle schon längst eine Gartenanlage im Sinn. Sabatini war aber auf königliches

Geheiß angehalten, die Stallungen zu planen, die erst in den 1930er-Jahren abgerissen wurden. Das Gelände ging in die Hände der Stadt über, die nun einen Park anlegen ließ. So wurde **Sabatinis Ursprungsidee** schließlich doch noch Wirklichkeit, vorangetrieben vom Stadtarchitekten **Fernando García Mercadal**. Nach Unterbrechung der Arbeiten durch den Spanischen Bürgerkrieg (1936–39) wurden die Sabatini-Gärten 1950 fertig. Die Orientierung in der übersichtlichen Anlage fällt leicht.
197 D/E4 Calle de Bailén (Treppe am Ende der Plaza de Oriente), weiterer Zugang ab der Cuesta de San Vicente tägl. 9–21 Uhr frei Ópera, Plaza de España

38 Plaza de España

Der »Spanien-Platz« (*Plaza de España*) bringt mit seinen knorrigen Olivenbäumen ein wenig Grün ins Stadtbild und dazu ein großes Bassin und Springbrunnenwasser. Besuchern liefert er zudem eins der beliebtesten Fotomotive: das seltsame Männerpaar **Don Quijote und Sancho Panza**, das zu Füßen des **Denkmals** für seinen literarischen Schöpfer **Miguel de Cervantes** voranreitet. Die Bronzefiguren des Don Quijote, des Ritters von der traurigen Gestalt, und seines Dieners Sancho Panza stammen von dem Bildhauer **Lorenzo Coullaut-Valera** (1876–1932).

Die Plaza de España ist Start- bzw. Endpunkt der Gran Vía (➤ 70). An ihren Seiten fließt der Verkehr vorbei, aber es lohnt sich trotzdem, eine Pause auf einer Bank einzulegen. Dabei haben Sie die umstehenden Hochhäuser im

Don Quijote und Sancho Panza, die vielleicht bekanntesten Spanier

Blick, die seit den 1950er-Jahren die Madrider Skyline dominieren: das **Edificio de España** (117 m) und die **Torre de Madrid** (142 m).
197 E5 Plaza de España

39 Jardines del Campo del Moro

Der ungewöhnliche Name – Campo del Moro bedeutet **»Lager des Mauren«** – erinnert daran, dass an eben dieser Stelle im Jahr 1109 ein von Ali Ben Yusuf angeführtes Maurenheer lagerte, um das zuvor in Christenhände gefallene Madrid zurückzuerobern. Im Blick hatten die Muselmanen die oberhalb liegende Burg, einen fernen Vorgänger des Königspalasts, dessen Trutzfassade sich über dem Park erhebt. Gleich nach dem Parkzugang haben Sie in gerader Linie einen wunderbaren Blick auf den Palast, auf den von unterhalb

Museo Cerralbo: Gemälde alter Meister in der Luxusvilla des noblen Sammlers

weite Wiesen zulaufen, die Praderas del Vistas del Sol. Im 17. Jh. diente das Gelände unter den Königen Philipp III. und Philipp IV. als Schauplatz für Feierlichkeiten, im 19. Jh. wurde es in einen **romantischen Park** verwandelt, der seit 1978 öffentlich zugänglich ist. Dafür sorgte der vormalige König Juan Carlos I., dem im Park eine Büstenskulptur gewidmet ist. Unterhalb des Eingangs gibt es eine Übersichtskarte. Der Streifzug führt über Wege und Pfade an einen **Ententeich** (*Estanque de Carruajes*), an den Muschelbrunnen (*Fuente de las Conchas*) und in den Rosengarten (*Rosaleda*). Das Gelände steigt leicht an, vereinzelte Palmen- und Bambusgewächse geben den Jardines del Campo del Moro eine exotische Note.

196/197 C/D4 Paseo de la Virgen del Puerto
Okt.–März tägl. 10–18, April–Sept. tägl. 10–20 Uhr
frei Príncipe Pío

40 Museo Cerralbo

In diesem Stadtpalast von Ende des 19. Jhs. im Stadtviertel Argüelles scheint die Zeit stehengeblieben zu sein. Zurück geht das Palais auf den **17. Markgrafen von Cerralbo**, Enrique de Aguilera y Gamboa (1845–1922), der sich politisch und wissenschaftlich betätigte und eine **ausgeprägte Sammelleidenschaft** pflegte. Der spanischen Nation vermachte er mit seinem Tod seine Sammlungen. Gelegentlich veranstaltet das Museum Konzerte.

Ein **Rundgang** durch die Räumlichkeiten wirft einerseits ein Licht auf das verschwenderische Leben spanischer Aristokraten jener Zeit, andererseits bewegen Sie sich durch ein unglaublich mit Prunk überfrachtetes Gebäude, das seinesgleichen sucht. Werke von Meistern wie **Tintoretto, Francisco de Zurbarán** und **Alonso Cano** drohen in der Gemäldeflut beinahe unterzugehen.

Durchschreiten Sie eine **Luxuswelt** aus prächtigem Mobiliar, geprägt von wertvollen Spiegeln, Vorhängen, Kronleuchtern, Vasen und Kaminuhren. Zu den Stücken der Sammlung zählen Ritterrüstungen, Waffen, eine Sänfte im Rokokostil, Öllämpchen und kleine Skulpturen. Besondere Beachtung verdienen das Treppenhaus, der sogenannte »Arabische Salon«, der Speiseraum, der Billard- und der Tanzsaal. Reichlich

Wachpersonal sorgt dafür, dass alles an seinem Platz bleibt.
197 D5 Calle de Ventura Rodríguez 17 915 47 36 46, www.mecd.gob.es/mcerralbo Di–Sa 9.30–15, Do auch 17–20, So 10–15 Uhr 3 €, Do 17–20, Sa 14–15, So 10–15 Uhr frei Plaza de España, Ventura Rodríguez

41 Templo de Debod

Dieses **Original eines ägyptischen Tempels** (2. Jh. v. Chr.) ist ein Unikat in Spanien. Der Debod-Tempel erhebt sich an den von Wassergärten begrenzten Ausläufern des Parque del Oeste. Er war dem Gott Amun (Amon) geweiht und symbolisiert den Dank Ägyptens an Spanien, das sich in den 1960er-Jahren bei der Rettungsaktion der durch den Bau des Assuan-Staudamms bedrohten Felsentempel Abu Simbel engagiert hat. An seinem ägyptischen Ursprungsort Block für Block abgebaut, erlebte der unter König Adikhalamani errichtete Tempel in Madrid seine Wiederaufstehung. Erhaben spiegelt er sich jetzt dort in den Teichen. Innen ist der ebenerdige Teil besonders interessant. Dort treten Sie vor Wände mit **Hieroglyphen und Reliefs**. Eine schmale Treppe führt in den oberen Bereich hinauf.
194 C2 Calle Ferraz s/n, Jardines del Templo de Debod http://templodedebod.memoriademadrid.es Okt.–März Di–Fr 9.45–13.45, 16.15–18.15, Sa /So 9.30–20, April–Sept. Di–Fr 10–14, 18–20, Sa/So 9.30–20 Uhr frei (u. U. Wartezeiten, da der Zugang begrenzt ist) Plaza de España, Ventura Rodríguez

42 Teleférico

Es ist der schönste Schwebeflug, den Sie in Madrid erleben können: eine **Fahrt in der Seilbahn** (*Teleférico*) vom Parque del Oeste hinüber in den großen Stadtpark Casa de Campo (► 126). Die einfache Strecke misst 2457 m, dafür brauchen die Gondeln ungefähr elf Minuten. Lautlos gleiten sie in Höhen von bis zu 40 m voran. Die Reise führt Sie im ersten Teil über das Grün des Parque del Oeste, Schienenstränge, Häuser, die doppelte Ermita de San Antonio de la Florida (► 118), den Río Manzanares, die zum Flusspark Madrid Río

Ein Geschenk Ägyptens an Spanien: der Templo de Debod ist kein Nachbau

Tolle Aussicht aus dem Teleférico, der Richtung Casa de Campo schwebt

(➤ 149) gehörigen Flussuferzonen und die Stadtumgehung M-30, während Sie links im Hintergrund den Königspalast, die Kathedrale und die Basilika San Francisco el Grande im Blick haben. Dann wird es unter Ihnen so richtig grün. Die Casa de Campo ist durchsetzt von Kiefern, Sträuchern, breiteren Erdwegen und schmaleren Pfaden. Hier finden Jogger, Radler und Spaziergänger ihr Terrain vor den Toren der City. Derweil steigert sich rückwärtig das **Stadtpanorama** auf Breitwandformat – faszinierend! Zieht Wind auf, können die Gondeln ein wenig ruckeln und schaukeln. An der **Gondelwendestation** können Sie aussteigen, rundherum ein wenig über Kiefernadelboden streifen und die ferne Skyline in sich aufnehmen, ehe Sie wieder an Bord gehen und so richtig frontal auf Madrid zufahren. Die Strecke in Gegenrichtung hat daher ihren zusätzlichen Reiz. Kaufen Sie gleich das preisreduzierte Rückfahrticket!

194 B3 ✉ Paseo del Pintor Rosales ℹ http://teleferico.com 🕐 Mai–Aug. tägl. 12–21 Uhr, April/Sept. tägl. 12–20 Uhr, sonst stark wechselnd, stets vom Wetter abhängig, mitunter nur Sa/So (siehe Webseite) einfache Fahrt 4,20 €, hin und zurück 5,90 € Argüelles, Ventura Rodríguez

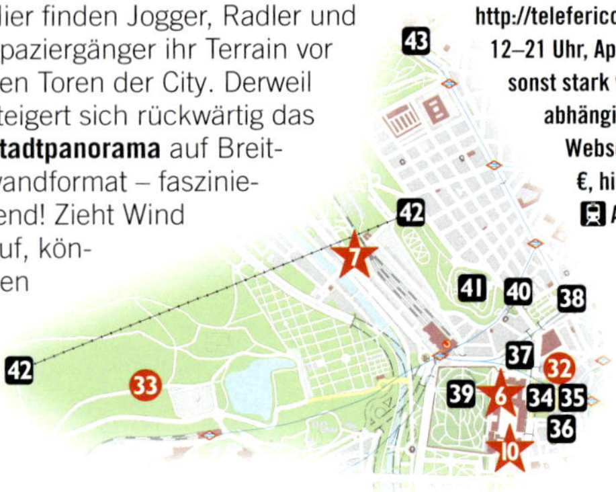

43 Faro de Moncloa

Im gläsernen Außenaufzug schießen Sie in 50 Sekunden hinauf auf den Moncloa-Turm, der als

MUSEO DE AMÉRICA

In der Nachbarschaft des Faro de Moncloa lädt das Museo de América (Avenida de los Reyes Católicos s/n, Tel. 91 549 26 41, www.mecd.gob.es/museodeamerica, Di–Sa 9.30–15, Do durchgehend bis 19, So 10–15 Uhr, Eintritt 3 €, So frei) zu einem umfangreichen Streifzug durch die **Völkerkunde Amerikas** ein. Ein Highlight ist der Goldschatz aus der präkolumbianischen Quimbaya-Kultur Kolumbiens. Aufschlussreich sind Übersichtskarten, Gemälde, Keramik, Schmuck, Grabbeigaben. Der Schwerpunkt liegt auf den Ländern Lateinamerikas; eine kritische Auseinandersetzung mit Spaniens Kolonialgeschichte, der ganze Völker und Kulturen zum Opfer fielen, erfolgt nicht.

recht futuristisches Gebilde aus dem Stadtdistrikt Moncloa-Aravaca hervorsticht. Den 110 m hohen Turm entwarf der Architekt **Salvador Pérez Arroyo**. Eröffnet wurde er 1992, dem Jahr, in dem Madrid Europäische Kulturhauptstadt war.

Das geschlossene, rundherum verglaste **Aussichtsdeck** (*mirador*) auf 92 m bietet einen **fantastischen Panoramablick**. Informationstafeln erklären, was man in Madrid und im Umland sehen kann. Während der Wind je nach Tag heftig gegen die Scheiben weht, schweift Ihr Blick bis zur Casa de Campo, zu Kathedrale und Königspalast und über die Universitätsstadt (Ciudad Universitaria). Ganz in der Nähe fällt das Generalhauptquartier der Luftwaffe (Cuartel General del Ejército del Aire) auf, ein bedrückendes Zeugnis der Militärarchitektur aus Francos Zeiten. Ebenfalls aus den 1950er-Jahren stammt der Arco de la Victoria, ein freistehender Torbogen mit der Königin Minerva auf einer Quadriga.

Deutlich zeichnen sich in der Ferne die Giganten unter den Madrider Bauauswüchsen ab: der Azca-Komplex, die geneigten Doppeltürme an der Plaza de Castilla, der Fernsehturm Torrespaña und die sogenannte »Cuatro Torres Business Area« mit ihrem Quartett der bis zu 250 m hohen Wolkenkratzer (➤ 24). Dagegen wirkt der Sitz der spanischen Regierung, der Palacio de la Moncloa, ein wenig verloren.

An klaren Tagen können Sie **bis zu 100 km weit blicken**. Gut zu erkennen sind in Richtung Nordwesten die Bergrücken der Sierra de Guadarrama, die sich mit dem Cabeza de Hierro Mayor annähernd 2400 m hoch aufbuckeln.

194 B5 Avenida de los Reyes Católicos s/n 915 50 12 51, www.esmadrid.com/faro-de-moncloa Di–So 10–20 Uhr (letzte Auffahrt um 19.30 Uhr) 3 € Moncloa

Lohnt bei gutem Wetter und klarer Sicht: das Aussichtsdeck des Faro de Moncloa

Wohin zum ...
Essen und Trinken?

Preise
Für ein Essen (z. B. ein typisches Tages-/Hausmenü, im Regelfall inkl. Getränk):
€ unter 15 Euro **€€** 15–25 Euro **€€€** über 25 Euro

Café de la Opéra €€–€€€
Für den schnellen Hunger und Aufenthalt eignet sich die Cafeteria-Gastrobar, für einen längeren Stopp das Tagesmenü. Traditionelle Besonderheit ist das sogenannte »gesungene Abendessen« (*cena cantada*), bei dem das Restaurant zur Bühne wird und stimmgewaltige Künstler ihr Bestes geben.
197 E4 Calle Arrieta 6
915 42 63 82, www.elcafedelaopera.com
Cafeteria-Gastrobar tägl. 8–24, Restaurant 13.30–16, 20–23 Uhr, »Cena cantada« 21.30 bis 24 Uhr Ópera

Casa Ciriaco €€
Die Casa Ciriaco, nicht weit von der Kathedrale, zählt zu den über hundertjährigen Traditionsrestaurants in Madrid. Spezialität ist Huhn in Wein- und Mandelsauce (*gallina en pepitoria*). Zu empfehlen ist auch das Menü.
197 E3 Calle Mayor 84
915 48 06 20 Mo/Di, Do–So 13–16, 20–24 Uhr, Aug. geschl. Ópera

Casa Mingo €
Eine Einkehr in dieser rustikalen asturischen Taverne lässt sich gut mit einem Besuch der Ermita de San Antonio de la Florida (► 118) verbinden. Auch Kinder kommen hier auf ihre Kosten. Spezialität des Hauses sind Hähnchen und Cidre, den die Madrider gern in Mengen bestellen, besonders in der Gruppe mit Freunden und der Familie. Es gibt eine Terrasse, aber drinnen haben Sie mehr vom Ambiente. Der Río Manzanares und die Seilbahn zur Casa de Campo (► 133) sind auch in der Nähe.
194 A2 Paseo de la Florida 34, www.casamingo.es 915 47 79 18
tägl. 11–0 Uhr Príncipe Pío

La Gastroteca de Santiago €–€€
Einfach, modern und einladend ist diese Adresse am Platz der Jakobuskirche. Hier treffen sich auch die Stadtbewohner, um ein paar Drinks und Häppchen zu sich zu nehmen. Klassiker auf der Karte ist das »Steak Tartar«, die Grenzen der Preiskategorie sprengt das Degustationsmenü (€€€). Zur wärmeren Jahreszeit öffnet die Terrasse.
197 E3 Plaza de Santiago 1
915 48 07 07, www.lagastrotecadesantiago.es Di–Sa 13.30–23, So 13.30–16 Uhr
Ópera

La Taberna del Alabardero €€€
In gediegener Atmosphäre kosten Sie typische Gerichte wie geschmorten Stierschwanz (*rabo de toro*) und Madrider Kutteln (*callos a la madrileña*), außerdem Kabeljau (*bacalao*) und Tintenfisch (*chipirones*). Hier haben es sich schon viele Literaten, Toreros und Politiker schmecken lassen. Das gehobene Preisniveau entspricht dem vornehmen Ambiente und der Lage.
197 E4 Calle Felipe V. 6
915 47 25 77, http://alabarderomadrid.com
tägl. 12–24 Uhr Ópera

La Traviata €–€€
Eine solide Zwischenstation in der Fußgängerzone beim Teatro Real. Hier können Sie kleinere Mahlzeiten und Salate zu sich nehmen,

oder auch eine Paella bestellen. Kundenfreundlich sind die durchgehenden Öffnungszeiten.

197 F4 Plaza de Isabel II. 2 915 59 70 23 tägl. 8–1 Uhr Ópera

Taberna La Cruzada €€€

Nennt sich »älteste Taverne Madrids«, gegründet 1827. Unumstößliche Spezialität ist der Kichererbseneintopf (*cocido madrileño*), der traditionsgemäß in drei Gängen aufgetischt wird. Früher war die Taverne ein Künstler- und Literatentreff und auch König Alfonso XII. kehrte gern hier ein. Das Glas, aus dem er trank, gibt es angeblich noch.

197 E3/4 Calle de la Amnistía 8 658 32 05 77(Handy), www.tabernalacruzada.es Di–So 13–23 Uhr Ópera

Wohin zum ... Einkaufen?

Mode, Accessoires, Souvenirs – in weiten Teilen dieser Gegend spielt Shopping keine große Rolle. Zu den Shoppinghotspots zählen allerdings die Fußgängerzone Calle del Arenal (➤ 176), die an der Plaza de Isabel II. beginnt, und die verkehrsreiche Calle de la Princesa. Sie führt in Verlängerung der Gran Vía von der Plaza de España bis in den Bezirk Moncloa-Aravaca.

GITARREN UND FLAMENCO

Nahe der Plaza de Isabel II. führen verästelte Gassen zu kleinen Entdeckungen wie der **Guitarrería Mariano Conde** (Ecke Calle de la Amnistía/Calle del Espejo, Tel. 915 21 81 55, www.marianoconde.com; Metro: Ópera. Diese Gitarrenbauerwerkstatt blickt auf eine über hundertjährige Tradition zurück. Vor der Bestellung eines Musikinstruments sollten Sie sich allerdings Gedanken zum Transport machen. Um musikalische Traditionen Spaniens geht es auch bei **El Flamenco Vive** (Calle Conde de Lemos 7, Tel. 915 47 39 17, www.elflamencovive.com). Hier gibt es Flamencogitarren, Flamencokleider und Flamenco-CDs mit krachenden Rhythmen der maßgeblichsten Künstler.

MODE UND KAUFHÄUSER

Modeketten wie Amichi (Calle de la Princesa 49), Zara (Calle de la Princesa 58), Mango (Calle de la Princesa 68), Blanco (Calle de la Princesa 69) und Trucco (Calle de la Princesa 73) sowie das Großkaufhaus **El Corte Inglés** (Calle de la Princesa 41, 47 und 56; www.elcorteingles.es) finden Sie in der Fußgängerzone. Relevant für Shoppingfans ist auch die **Calle Alberto Aguilera**, die mitten im Viertel Argüelles (Metro: Argüelles) von der Calle de la Princesa abzweigt. In den unteren Stadtbereichen Richtung Fluss Manzanares liegt das **Centro Comercial Príncipe Pío** (Paseo de la Florida 2, Mo–Sa 10–22, So 11–22 Uhr: Metro: Príncipe Pío). Dieses Shoppingcenter bündelt etwa 110 Geschäfte und ist im modern renovierten Bahnhofsgebäude der Estación de Trenes del Norte aus dem 19. Jh. eingerichtet worden. Die Auswahl umfasst Boutiquen, Dessous-, Schuh-, Sport- und Elektronikgeschäfte.

Wohin zum ... Ausgehen?

Teatro Real, das Kulturzentrum Conde Duque, Flamenco, Disco oder Kino? Auch diese Gegend Madrids konfrontiert mit der Qual der Wahl.

KULTUR

Höchste Ansprüche erfüllen die Aufführungen im **Teatro Real** (Plaza de Oriente/Plaza de Isabel II., Tel. 915 16 06 60, www.teatro-real.com). Über Opern hinaus bietet das Teatro Real auch Ballett und Konzerte jedweder Art. Trotz seiner altehrwürdigen Eleganz ist das Haus für viele Überraschungen gut und alles andere als angestaubt oder antiquiert. Für Aufführungen in kleinerem Rahmen dient ein separater Saal, die Sala Gayarre. Das Kulturzentrum **Conde Duque** (Calle Conde Duque 11, Tel. 917 22 05 73, http://condeduquemadrid.es; Metro: Ventura Rodríguez, Noviciado) mag mit seiner Architektur als einstige Kaserne eher abschrecken, bietet dafür aber ein buntes Kulturprogramm, u. a. Theater, Konzerte, Kino und Tanzvorführungen. Immer wieder neue, authentische **Flamencoshows** aktueller Flamencokünstler können Sie sich im **Tablao Flamenco Las Tablas** (Plaza de España 9, Tel. 915 42 05 20, tägl. um 20 und 22 Uhr, www.lastablasmadrid.com; Metro: Plaza de España) anschauen.

NACHTLEBEN

Im Viertel Argüelles setzt der Dance Club **The Host Club** (Calle Ferraz 38, www.thehostclub.es; Metro: Ventura Rodríguez) ganz auf Latino-Rhythmen. Ein Klassiker in dem stark von Studenten frequentierten Viertel ist die **TNT Heavy Rock Bar** (Calle Gaztambide 26; Metro: Moncloa). Wer Lust auf Cocktails in polynesischer Atmosphäre hat, geht ins **Bora Bora** (Calle de Ventura Rodríguez 5; Metro: Ventura Rodríguez). In derselben Straße bieten die **Salas Pirandello** (Calle de Ventura Rodríguez 7, www.salarena.com/pirandello) in drei Sälen ganz unterschiedliche Arten von Live-Acts. In der Nähe der Plaza de España liegt die **Sala Marco Aldany** (Calle de la Princesa 1, www.salarena.com/salamarcoaldany) und bietet dem Publikum internationale DJs, Tanz-Fiestas und viele weitere Events. Im **Índalo** (Calle de la Princesa 5, http://indalotapas.com) gar nicht weit entfernt in der Calle de la Princesa 5, treffen sich überwiegend junge Leute zu Tapas und Bier. Ein ruhigerer Treffpunkt in einem versteckteren Teil der City in der Nähe der Jakobuskirche ist die **Taberneros Wine Bar** (Calle de Santiago 9, www.restaurantetaberneros.es; Metro: Ópera).

KINO

Filme in Originalversion (span. Untertitel) können Sie sich in den **Cines Renoir Plaza España** (Calle Martín de los Heros 12, www.cines-renoir.com) anschauen ebenso wie in den **Cines Golem** (Calle Martín de los Heros 14; Metro: Plaza de España), Sala Berlanga (Calle Andrés Mellado 53, www.salaberlanga.com) und den **Cines Princesa** (Calle Princesa 5; Metro: Plaza de España, Ventura Rodríguez). Etwas abgelegener, aber ebenfalls beliebt ist das Programmkino **Sala Berlanga** (Calle Andrés Mellado 53, www.salaberlanga.com; Metro: Argüelles, Islas Filipinas).

AKTIVITÄTEN IM FREIEN

Mit **Segway-Touren** diverser Anbieter (z. B. www.madrid-segway.com und http://segwaytrip.com) können Sie am Königspalast und anderen Sehenswürdigkeiten der City vorbeirollen. Und im Sommer, wenn die Temperaturen klettern, ist es Zeit für eine Erfrischung in Madrids Freibädern, z. B. in der Piscina Lago (Paseo Puerta del Ángel 7, Tel. 91 463 00 50, Mai–Sept. tägl. 11–21 Uhr; Metro: Lago) im Centro Deportivo Municipal, das über ein Hallenbad mit olympischen Maßen verfügt und zudem auch ein Becken für Kinder bietet.

Südlich der City

Kleine Erlebnisse

Fit for fun

Lust zu joggen oder zu walken? Werden Sie Teil der Fitnessgemeinschaft im Flussuferpark **Madrid Río** (➤ 149).

Unter Vögeln

Beobachten Sie die Vogelwelt am **Río Manzanares** (➤ 149), u. a. Enten, Möwen und Krähenscharben aus der Familie der Kormorane.

Preiswerte Sattmacher

In der Taberna **La Buha Latina** (➤ 157) werden schmackhafte Hausmacher-Omelettes für um die 10 € aufgetischt.

Erste Orientierung

Zu Fuß ist es nicht weit von den großen Touristenzielen der City in die südlichen Kernviertel La Latina und Lavapiés, die sich durch ihre ebenso polyglotte wie volkstümliche Atmosphäre auszeichnen. Prunkbauten und -plätze sucht man vergebens, dafür begegnen Sie hier dem Wesen und den Bewohnern von Madrid. Weiter südlich lernen Sie die Hauptstadt von ihren schönsten Flussseiten kennen.

Der Rastro ist eines der buntesten Schaufenster der Hauptstadt, seine Hauptader die Straße Ribera de Curtidores

Provinziell und beschaulich kann es in La Latina und Lavapiés zugehen, aber auch laut und lebhaft. Hier herrscht Multikulti, hier ballen sich so manche Kneipen und Restaurants, hier kehren viele Madrider selbst gern ein. Sonntags müssen sich die Einheimischen den Platz allerdings mit den Besuchermassen teilen: auf dem Rastro, dem gigantischen Trödelmarkt. Zwischen spanischer Morgenstunde und später Mittagszeit versetzt der Rastro das Viertel La Latina in einen Ausnahmezustand.

An anderen Tagen geht es ruhiger zu und Sie können eintauchen in die Gassengeflechte und auf Plätzen wie der Plaza de la Paja und der Plaza de San Andrés Atmosphäre schnuppern. Westlich dehnt sich das Viertel La Latina bis zur Calle de Bailén und zur Plaza de San Francisco aus. Dahinter erhebt sich mit der Real Basílica de San Francisco el Grande ein gewaltiges Gotteshaus, das mit einigen überraschenden Kunstschätzen aufwartet.

Die letzten Ausläufer der Viertel La Latina und Lavapiés enden an den verkehrsreichen Umgehungsstraßen Ronda de Toledo und Ronda de Atocha. Weiter nach Süden gibt es keine Sehenswürdigkeiten, aber im Flussuferpark Madrid Río mit dem Kulturzentrum Matadero wird es wieder spannend.

TOP 10

9 El Rastro ➤ 144

Nicht verpassen!

44 Real Basílica San Francisco el Grande ➤ 147

45 Madrid Río ➤ 149

Nach Lust und Laune!

46 Real Colegiata de San Isidro ➤ 152

47 La Latina ➤ 152

48 Museo de San Isidro/ Museo de los Orígenes ➤ 153

49 Lavapiés ➤ 154

50 Matadero ➤ 155

An einem Tag

Sonntags tauschen Sie die für Touristenbesuche ohnehin geschlossene Real Basílica San Franciso el Grande gegen einen Bummel über Madrids berühmten Trödelmarkt Rastro ein. Dann entdecken Sie La Latina am lebhaftesten. Mittags können Sie das Programm mit dem Museo de San Isidro/Museo de los Orígenes fortsetzen.

10.00

Von montags bis samstags geht es etwas später los, weil die 44 **Real Basílica San Francisco el Grande** (➤ 147) erst um 10.30 Uhr ihre Pforten öffnet. Nutzen Sie vorher die Zeit, um das Turm- und Kuppelensemble der Basilika von außen zu fotografieren oder in die kleine Grünanlage nebenan zu gehen. Bei einer Führung bekommen Sie die ansonsten geschlossenen Gemäldebereiche der Basilika zu Gesicht. Danach können Sie den Kirchengiganten und die Kapelle mit ihrem sehenswerten Goya-Gemälde auf sich wirken lassen.

12.00

Schlendern Sie in aller Ruhe durch die Gassen des Viertels 47 **La Latina** (links; ➤ 152) und genießen Sie das Flair auf der Plaza de la Paja. Folgen Sie in diesem Viertel auch den Spuren des Stadtheiligen San Isidro Labrador. Ihm sind Teile des 48 **Museo de San Isidro/Museo de los Orígenes** (➤ 153) neben der Kirche San Andrés gewidmet. Dort genügt ein kürzerer Besuch samt kurzem Abstieg zum »Wunderbrunnen«; der Eintritt ist frei.

13.30

Gleich vor dem Museo de San Isidro/Museo de los Orígenes liegt die **Plaza de San Andrés**, wo die Cervecería San Andrés nette Terrassenplätze bietet. Sollte es hier zu voll sein, finden Sie ein Stückchen weiter an der Plaza del Humilladero oder der Plaza de la Cebada weitere Einkehrmöglichkeiten zum Mittagessen.

15.00

Der Verdauungsspaziergang führt durch das Viertel 49 **Lavapiés** (➤ 154), wo Sie schließlich die Metro nehmen (entweder ab der Station Lavapiés oder Embajadores).

16.00

Fahren Sie zur Station Marqués de Vadillo, um ab der Puente de Toledo den schönsten Teil des Flussuferparks 45 **Madrid Río** (➤ 149) zu erkunden. Zugaben zum Grün, zu all den Kiefern und Blumenbeeten entlang der breiten Promenaden flussabwärts sind moderne Fußgängerbrücken, die sich über den Río Manzanares spannen, darunter die Puente de Arganzuela und die Puente del Invernadero.

17.30

Ein Schlenker bringt Sie von den Flussufern zum alten Schlachthof und heutigen Kulturzentrum 50 **Matadero** (➤ 155). Informieren Sie sich, was gerade an Ausstellungen und sonstigem Kulturprogramm läuft und legen Sie eine Pause im Café ein.

20.30

Kehren Sie am Abend entweder ins das lebhafte Viertel La Latina zurück oder besuchen Sie – vielleicht in Kombination mit einem Abendessen – eine Flamencoshow im legendären **Corral de la Morería** (oben; ➤ 156).

9 El Rastro

»Auf zum Rastro!«, sagen sich viele Madrider und pflegen eine ihrer liebsten Sonntagsbeschäftigungen, die bestätigt, wie sehr sich die Hauptstädter mit den heimischen Angeboten und Traditionen identifizieren. Der Rastro ist einer der größten und bekanntesten Trödel- und Antiquitätenmärkte in Spanien, ein Wirtschaftsmotor für Klein- und Kleinsthändler. Die Marktgeschichte reicht über 400 Jahre zurück.

Markt im früheren Gerberviertel

Recht weitläufig erstreckt sich der Rastro im Viertel La Latina (➤ 152), um Plätze wie die Plaza del General Vara de Rey und in Straßen wie der Calle de la Ribera de los Curtidores. Das Wort *Curtidores* erinnert an die Gerber, die dort einst ihrem Geschäft nachgingen. Und der spanische Name »Rastro« bedeutet »Spur«, was stellvertretend für all die Blutspuren steht, die in diesen Stadtbereichen von den Resten des geschlachteten Viehs stammten, die vom Hauptschlachthof (Matadero, heute Kulturzentrum ➤ 155) hierher zu den Gerbereien geschafft wurden.

Wer auf den Rastro geht, darf keine Angst vor Menschenmengen haben. Madrider und Besucher von auswärts strömen hier zusammen. Nicht jeder hält automatisch Ausschau nach vermeintlichen Schnäppchen, Fund- und Sammlerstücken. Es geht darum, die Stim-

Beim Trödeln auf dem Rastro gibt es auch Kulinarisches zu entdecken, wie an diesem Stand mit Oliven und Käse

mung zu erleben und Kuriositäten zu bestaunen. Das Ganze ist ein gesellschaftliches Freiluftereignis aus Kauflust und Neugier, das auch Straßenkünstler, Live-Musiker und Poeten anzieht, die spontane Auftragsgedichte auf Schreibmaschinenpapier klappern. Offiziell ist über eine Tausendschaft Händler registriert, Polizeipatrouillen kontrollieren gelegentlich die Lizenzen.

Ramsch und Raritäten

Alt- und Neuwaren, Ramsch und Raritäten, Kitsch und Nippes – die Auswahl auf dem Rastro ist enorm. Da gibt es Armbänder und Atemschutzmasken, Ponchos und Portemonnaies, Hüte, Rucksäcke, Schlüpfer- und Sockenpacks, Räucherstäbchen, Modeschmuck, Seidentücher, Boxershorts mit Stiermotiv, Fußballtrikots, Duftöle, Parfümimitate, Taschen, Sonnenbrillen, Selfiehalter und ein schier

Der Rastro ist eine Fundgrube für Gemälde, Stoffe, Antikes und Dekoratives.

endlos fortführbares »etc. pp.«. Wer Bedarf verspürt, legt sich Fellmützen oder Jesuskindskulpturen zu, Flamencokleidchen, ausrangierte Kameras, Radios, Plüschtiere, Eisenschlüssel, Kupferkessel, Nägel, Sägen, Gitarren, Hufeisen, Bücher, Comics, verrostete Bügeleisen.

Lauthals preisen Ausrufer Lederjacken und Jeans zu Tiefstpreisen an, handgeschriebene Pappschilder weisen des Tages »Megaangebot für 2 €« aus. Die Suche nach passenden Pullis, Shirts und Blusen erfordert mancherorts Tauchgänge in die Wühltische. Bei manchen Dumpingpreisen drängt sich der Gedanke auf, dass nicht alles aus streng kontrollierten Quellen stammen dürfte ...

»Eine Riesenauswahl an Dietrichen«

Ein Blick in die Historie zeigt, dass dem Franzosen Charles Davillier in den 1860er-Jahren hier eine Gegend der »Schrott- und Lumpenhändler« ins Auge stach. Der deut-

Kitsch, Kuriositäten und Liebhaberstücke locken Nostalgiker und Sammler immer wieder auf den Rastro

sche Schriftsteller Hans Magnus Enzensberger sah beim Rastro-Bummel in den 1980er-Jahren eine Riesenauswahl »an Dietrichen«, einen »Chow-Chow aus dem Bierkasten« und einen »Boxer aus dem Pappkarton«. Innerhalb von fünf Minuten, befand Enzensberger, ließ sich eine Heavy-Metal-Ausrüstung und eine Krokodilhaut aus dem Besitz der Herzogin von Marlborough erstehen, was in seinem Fazit gipfelte: »Hier ist Europa zu Ende.« Dahingehend haben sich die Zeiten geändert. Gleich geblieben ist, dass der Rastro bis heute riesige Menschenmassen und Geldmengen bewegt.

KLEINE PAUSE

Für Madrider gehört die Einkehr unterwegs einfach zum Bummel über den Rastro dazu. Kneipen machen in der Rastro-Zeit das Geschäft der Woche, so auch die winzige **Bar Santurce** (Plaza del General Vara de Rey 14, www.barsanturce.com, 9–16 Uhr), wo es im Sommer gegrillte Sardinen (*sardinas asadas*) gibt. Stellen Sie sich darauf ein, dass es überall voll sein und sehr eng zugehen kann.

---

197 F1/2

um die Calle de la Ribera de los Curtidores, Plaza de Cascorro, Calle de las Amazonas, Plaza del General Vara de Rey und Calle de Carlos Arniches bis hinunter zur großen Straße Ronda de Toledo **www.elrastro.org** **So ca. 9–15 Uhr und an manchen Feiertagen** **La Latina, Puerta de Toledo, Embajadores**

BAEDEKER TIPP

- Gehen Sie von der Metrostation La Latina Richtung **Calle de las Maldonadas**. So erreichen Sie bald die **Rastro-Hauptachse Calle de la Ribera de los Curtidores**. Ein Schlenker führt Sie später auf die Plaza del General Vara de Rey, ehe Sie entweder durch die Calle de la Ribera de los Curtidores oder die Calle de Carlos Arniches abwärts gehen. Beide Straßen bringen Sie an die Ronda de Toledo, wo die Stände des Rastro enden. Die nächsten Metrostationen ab dort sind Puerta de Toledo oder Embajadores.
- Im Gewühl des Rastro ist stets **Vorsicht vor Taschendieben** geboten. Halten Sie Ihre Taschen gut fest, lassen Sie sich nicht ablenken, tragen Sie keine Wertsachen mit sich herum.
- Kommen Sie **nicht auf den letzten Drücker** zum Rastro. Mit Blick auf die spanische Mittagessenszeit beginnen manche Händler bereits gegen 14.15/14.30 Uhr, ihre Sachen zusammenzupacken.

44 Real Basílica San Franciso el Grande

Die Basilika, die bereits von außen mit ihrer gewaltigen Kuppel imponiert, erinnert mit ihrer Größe und pompösen Ausschmückung an eine Kathedrale. Geweiht ist das Bauwerk dem heiligen Franz von Assisi. Innen sind wertvolle Gemälde zu bewundern, vor allem von Goya und Zurbarán.

Buntglasfenster und Fresken versetzen den Betrachter dieser Kuppel in himmlische Sphären

Mit Fresken ausgemalte Kuppel

Seit dem 13. Jh. sind an selber Stelle eine Franziskanerkirche und ein -kloster verbürgt, doch vom mittelalterlichen Vorläufer ist nichts geblieben. Für die kompletten baulichen Erneuerungen im 18. Jh. zeichneten zunächst Francisco de las Cabezas und Antonio Polo verantwortlich, bis 1784 der damalige Stararchitekt **Francesco Sabatini** den Bau abschloss. Weithin sichtbarer Blickfang ist die Kuppel. Sie überspannt den Innenraum mit einem Durchmesser von 33 m und ist mit Fresken ausgemalt. Zwischen dem Boden und dem obersten Punkt der Kuppel liegen 56 m.

Das Selbstporträt von Francisco de Goya

Übermannsgroße Apostelfiguren aus Carrara-Marmor erheben sich an den Zugängen zu den reich dekorierten Kapellen. Besondere Beachtung verdient die erste Kapelle, die Sie vom Eingang aus mit Blick zum Altarraum auf der linken Seite finden. Das Großgemälde in dieser Kapelle zeigt den heiligen Bernhardin von Siena bei einer Predigt vor Aragoniens König Alfons V. Der Maler Francisco de Goya (1746–1828) schmuggelte am rechten Rand sein Selbst-

BAEDEKER TIPP

- Die Kapellen sind reichlich mit Fresken und Marmor geschmückt. Sehen Sie sich neben der Kapelle mit dem Goya-Gemälde weitere Kapellen an. Sie entdecken u.a. ein Riesenbildnis des Apostels **Jakobus als Maurentöter** (Santiago Matamoros) und das kleine Marienbildnis »Unsere Liebe Frau vom Vergessen« (Nuestra Señora del Olvido). Die Skulptur wurde auf wundersame Weise in einem Wandstück von den Franziskanern wiederentdeckt, so heißt es.
- Die **Führungen** sind in der Regel nur auf Spanisch, bieten aber die einzige Möglichkeit, Einblick in die Säle im Kircheninneren zu bekommen, die Sie auf eigene Faust nicht betreten dürfen.

porträt mit auf das Bild. Wenn man es weiß, lässt sich Goya leicht identifizieren. Er trägt eine Art goldgelbe Weste, hat ein wohlgenährtes Gesicht und schaut aus dem Bild heraus zum Betrachter.

Hinter den Kulissen

Versäumen Sie es nicht, sich einer Führung anzuschließen und dabei hinter die Kulissen zu blicken. Sie bekommen Zutritt zu den inneren Sälen (Salas Interiores), die hinter dem Altarbereich beginnen. Diverse Gemälde von Mitgliedern der Kunstakademie San Fernando (➤ 60) stellen Szenen aus dem Leben des Franz von Assisi dar. Dann geht es in die Vor- und die Hauptsakristei sowie in den Kapitelsaal mit zwei Gemälden von Alonso Cano und einem von Francisco de Zurbarán, der eine Begegnung von Thomas von Aquin und Kardinal Bonaventura malte. Das angegliederte Kloster der Franziskaner hat heute massiv an Bedeutung eingebüßt: Im 18. Jh. lebten hier bis zu 220 Mönche, heute sind es nur noch neun.

Gemütlichkeit und Viertelsflair mitten in La Latina: auf der Terrasse der Café-Bar Delic

KLEINE PAUSE

Für eine Einkehr überqueren Sie am besten die Straße vor der Basilika und gehen ins Viertel La Latina. Nach ein paar Minuten erreichen Sie die Costanilla de San Andrés und die **Café-Bar Delic** (➤ 156) in Hausnummer 14. Alternativ eignen sich zwei nette Plätze, die **Plaza de la Paja** und die **Plaza de San Andrés**, für einen Drink oder Snack.

200 B/C5 ✉ Plaza de San Francisco s/n ☎ 913 65 38 00 🕐 Di–Sa 10.30–12.30, 16–18, im Juli/Aug. Di–Sa 10.30–12.30 , 17–19 Uhr, So nur Messen 3 € Ⓜ La Latina, Puerta de Toledo

45 Madrid Río

Die Anlage des Flusspromenadenparks am Río Manzanares ist als stadtplanerisches Vorzeigeprojekt des 21. Jhs. in die jüngere Geschichte eingegangen und hat die Lebensqualität der Madrider merklich gesteigert. Davon profitieren auch Besucher, die ein wenig Abstand von der urbanen Hektik bekommen wollen.

Die Puente de Arganzuela, spektakulär gebaut und ideal für Radler und Jogger

Vom verspotteten Rinnsal zum Megaprojekt

Sicher, Madrid hatte seit ewigen Zeiten seinen Fluss, keinen besonders schönen oder breiten, aber immerhin: Es hatte einen. Lange Zeit wurde der kleine Río Manzanares aber vernachlässigt oder gar verspottet, obgleich historische Ansichten verbürgen, dass in lange verflossenen Zeiten durchaus darin gebadet wurde. In einem **Gedicht** mokierte sich **Francisco de Quevedo** (1580–1645) über diesen »Fluss-Lehrling«, in dem Frösche und Moskitos Gefahr liefen, den Tod durch Verdursten zu erleiden. Der Reisende **William Dalrymple** bemerkte 1774 zum Río Manzanares: »Ein kleiner Bach, der jetzt fast trocken fließt.« Und der mexikanische Dichter **Alfonso Reyes** (1889–1959) hielt fest, wie sehr sich die Menschen »seit Jahrhunderten« über den Fluss »lustig machten«. Madrids Stadtväter und Stadtmütter haben hingegen mit Nachdruck auf die Spaßbremse getreten. Politikern in Spanien mag man – und das manch-

RÍO MANZANARES

Der Río Manzanares ist ein kurzer Fluss von gerade einmal 92 km. Er entspringt auf einer Höhe von über 2000 m in der Sierra de Guadarrama, wird kurz vor der Madrider Stadtgrenze durch die Presa de El Pardo aufgestaut und verläuft eingefasst durch das Stadtgebiet. Mitte der 1950er-Jahre wurden mehrere Wehre angelegt. Südöstlich von Madrid mündet der Manzanares in den Río Jarama, seinerseits ein Zufluss des Río Tajo.

mal zu Recht – den Hang zur Selbstfixierung und Korruption unterstellen, doch mit dem Megaprojekt »Madrid Río« stellten sie zwischen 2005 und 2011 Visionärkraft unter Beweis und leisteten ganze Arbeit. Teile der Stadtumgehung M-30 wurden unter die Erde verlegt und oberirdisch über viele Kilometer Promenaden und Grünflächen angelegt. Betroffen von den Umbau- und Umgestaltungsmaßnahmen waren über 1,2 Mio. m². Um gleich ein paar Zahlen nachzuschieben, sei gesagt, dass bis zur Eröffnung im Jahr 2011 auf knapp 211 000 m² neu angelegten Wiesenzonen mehr als 33 000 Bäumen und 470 000 Sträucher und andere Gewächse gepflanzt worden sind.

Auch bei Familien beliebt, das Restaurant und Café des Kulturzentrums Matadero

BAEDEKER TIPP

- Empfehlenswert ist zunächst eine Fahrt mit der Metro bis zur Station Marqués de Vadillo oder Pirámides. Beide liegen in der Nähe der **Puente de Toledo**, wo Sie Ihren Spaziergang beginnen, der flussabwärts führt. Ein besonderes Zusatzerlebnis ist der Gang über die **Puente de Arganzuela**, eine halboffene Röhrenbrücke. Den Schlusspunkt setzt die **Puente del Matadero**, von der Sie sich dem alten Schlachthof und heutigen Kulturzentrum **Matadero** (➤ 155) zuwenden sollten – ein schöner Ausklang in Ergänzung zur Natur. Die nächste Metrostation beim Matadero heißt Legazpi und liegt an der Plaza de Legazpi.
- Achten Sie auf die eigens für Radler ausgewiesenen Spuren, damit es nicht zu Behinderungen oder Kollisionen kommt.
- Wer Lust oder Kondition hat, kann dem Flusspark ab der Puente de Toledo ebenso flussaufwärts folgen; ein Orientierungspunkt ist das **Fußballstadion des Clubs Atlético de Madrid**. Sie erreichen weitere Brücken (Puente Verde en Y, Puente Oblicuo, Puente de Segovia) und die Esplanaden um die **Puente del Rey**, wo Sie hinauf zur Oberstadt mit Kathedrale und Königspalast schauen.

Stadt am Fluss? Mit Brückenbaukunst und viel Grün investierte Madrid in die Aufwertung des Manzanares

Naherholung: Flusspromenaden und moderne Brücken
An manchen Stellen duftet es wunderbar nach Kiefern und Lavendel, bringen Blumenbeete Farbe ins Leben, fühlt man sich der Hauptstadt wohlig entrückt – und bleibt ihr doch ganz nah. Im Wasser tummeln sich Enten und mitunter Möwen. An Land des Flussparks sind Jogger, Spaziergänger, Radler, Kinderwagenschieber und Segwayfahrer unterwegs. Auf Fußgängerüberwegen lässt sich die Flussseite wechseln, Kiefern spenden Schatten. Der Nachwuchs kann sich auf Klettergerüsten und an Ziplines (*tirolinas*) austoben. Es gibt viel Platz, auch für Inlineskater und Skateboarder. Reichlich Arbeit wirft der Park ebenfalls ab: für die Bediensteten des städtischen Grünflächenamts.

Der für viele Madrider schönste Teil des Flusspromenadenparks erstreckt sich im Südteil der Stadt zwischen zwei Brücken (*puentes*): der großen **Puente de Toledo** (18. Jh.), über die nach wie vor der Fahrzeugverkehr rollt, und der kleinen, verkehrsfreien **Puente del Matadero**. Dazwischen liegen breite, ansprechende Grünanlagen, der sogenannte Strandbereich (*playa*) und mehrere Flussübergänge: kleine Stege (*pasarelas*), die futuristisch-metallene, aus zwei versetzten Röhrenformen bestehende **Puente de Arganzuela** des französischen Architekten Dominique Perrault und ein Brückendoppel: Etwa 300 m voneinander entfernt liegen die **Puente del Invernadero** und die **Puente del Matadero**. Beide sind kurios überdacht und mit farbigen Großmosaiken aus recycelten Glasscherben ausgekleidet, die bei auf den ersten Blick wie Gemälde aussehen. Sie zeigen Menschen in Bewegung, ganz so, also wollten sie mit ihrer Dynamik all ihre Betrachter zur Nachahmung im Flusspromenadenpark Madrid Río animieren. So interessant lässt sich moderne Brückenbaukunst gestalten!

KLEINE PAUSE

Über den Flusspromenadenpark verteilen sich mehrere Cafés mit einladenden Terrassen, darunter das **Café Playa** am Strandbereich Playa.

---

200 B/C2 Puente de Toledo Marqués de Vadillo oder Pirámides oder Legazpi (in der Nähe vom Matadero)

Nach Lust und Laune!

La Latina ist ein beliebtes Wohnviertel mit gemütlichen Plätzen

46 Real Colegiata de San Isidro

Diese »königliche Stiftskirche«, ein um 1620 von dem Jesuiten Pedro Sánchez geplantes Projekt, trägt den Namen des Stadtpatrons **San Isidro Labrador** (➤ 28). Der Heilige liegt seit dem Jahr 1769 hier begraben, nachdem er mehrere Umbettungen über sich ergehen lassen musste. Zu jenen Zeiten war Madrids heutige **Catedral de la Almudena** (➤ 121) noch nicht geweiht und die Real Colegiata de San Isidro diente als Hauptkirche. Sie liegt im Viertel **La Latina** an einer geschäftigen Straße, doch sobald Sie das Kircheninnere betreten, haben Sie Gelegenheit, in Ruhe die prachtvolle Ausstattung im **Barockstil** im überkuppelten Kirchenraum und den Heiligenschrein des San Isidro Labrador im Altarraum zu betrachten. Die hiesige Kirchengemeinde ist sehr aktiv.

197 F2 ✉ Calle de Toledo 37 ℹ www.congregacionsanisidro.org ⌚ tägl. 7.30–13, 18–21 Uhr, manchmal Änderungen € frei Ⓜ La Latina, Tirso de Molina

47 La Latina

Das Multikulti-Viertel La Latina zählt zur erweiterten Altstadt und ist bei den Einheimischen für seine kleinen Restaurants und Kneipen beliebt, z. B. in Straßen wie der **Cal-**

Jeden Sonntag lockt der Rastro Kauf- und Schaulustige ins Viertel

Bis in den Abend begehrt: die Terrassenplätze auf der Plaza de San Andrés

le de la Cava Alta und der **Calle de la Cava Baja**. Lebhafte Straßenzüge und schmale Gassen, von denen einige ihren Ursprung im Mittelalter haben, wechseln sich mit typischen Plätzen wie der **Plaza de la Paja** und der **Plaza de San Andrés** ab. Lassen Sie sich ein wenig umhertreiben, um die Stimmung zu spüren.

Seit Jahrhunderten ist das Viertel mit einer besonderen Geschäftigkeit verbunden. Es lag außerhalb der historischen Stadtmauern, wo einst Händler mit ihren Waren und Agrarprodukten eintrafen. Die Plaza de la Cebada, an die das große Marktgebäude des **Mercado de la Cebada** grenzt, war seinerzeit als Open-Air-Markt bekannt. Sonntags drängen sich die Menschen hier heutzutage auf dem Straßenmarkt **Rastro** (➤ 144) um die Calle de la Ribera de los Curtidores. Am Westrand des Viertels erhebt sich die **Basílica San Francisco el Grande** (➤ 147), während mittendrin zwei andere Kirchen kleinere Akzente setzen, die **Real Colegiata de San Isidro** und die **Iglesia de San Andrés**. Beide sind eng mit der Gestalt des Stadtpatrons **San Isidro Labrador** (➤ 28) verbunden. In einer Kapelle der barocken Iglesia de San Andrés war der heilige Isidor lange bestattet, bis er im 18. Jh. in die Real Colegiata de San Isidro überführt wurde. Das in Nachbarschaft der Iglesia de San Andrés in einem Renaissancepalast eingerichtete **Museo de San Isidro/Museo de los Orígenes** befindet sich laut Volksglauben an jener Stelle, an der das Haus des San Isidro Labrador lag, in dem er lebte und starb. La Latina ist etwa Mitte August Schauplatz eines populären Stadtteilfests, den **Fiestas de la Paloma**.

197 E2 La Latina, Tirso de Molina

48 Museo de San Isidro/Museo de los Orígenes

Das Museum ist in dem historischen Stadtpalais **Palacio de los Condes de Paredes** untergebracht. Der Doppelname des Museums ist seinen beiden Sektionen gewidmet. Im Museo de San Isidro wird an den **Stadtpatron** San Isidro Labrador erinnert (➤ 28) und der Name Museo de los Orígenes bedeutet **»Museum der Ursprünge«**. In der zweiten Abteilung wird an die Ursprünge Madrids erinnert, bis hin zu vorgeschichtlichen Zeiten, als auf dem Gebiet der heutigen Stadt noch Mammuts lebten. Beide Teile des Museums sind überschaubar. Durchgänge führen in den restaurierten, glasüberdachten **Re-**

naissancehof des Palasts und in ein Hofgärtchen. In der Abteilung zu dem Stadtheiligen und seiner Frau Santa María de la Cabeza sind kleine Skulpturen, die Palastkapelle und der sogenannte »Wunderbrunnen« (Pozo del Milagro) zu sehen, aus dem der heilige Isidor laut Überlieferung seinen Sohn gerettet hat.

197 E2 Plaza de San Andrés 2 913 66 74 15 Di–So 9.30–20, im Aug. Di–Fr 9.30–14, Sa/So 9.30 bis 20 Uhr frei La Latina

49 Lavapiés

Ein Schmelztiegel der Kulturen und Traditionen und ein typisches Multikulti-Viertel, ländlich-beschauliche Ansichten, Kneipen und Restaurants. Hier kommt Madrid ohne große Verkehrsadern und ohne viel Aufhebens aus. Ein guter Ausgangspunkt, um in die Gassen auszuschwärmen, ist die **Plaza de Lavapiés** (Metro: Lavapiés).

Falls Sie vom Stadtkern aus zu Fuß ankommen, bietet sich die lebhafte **Plaza de Tirso de Molina** als Einstiegspunkt für eine Erkundung an. Im Viertel waren bis ins Spätmittelalter hinein Juden ansässig, auf die Rituale von Fußwaschungen zurückgehen sollen. Daher der Name Lavapiés, abgeleitet von Fuß (*pies*) und waschen (*lavar*). Der entsprechende Brunnen soll sich damals auf der Plaza de Lavapiés befunden haben.

Gern gesehen: Straßenmusiker im Viertel Lavapiés

Im Verlauf der Zeiten sind zahlreiche Zuwanderer hier gelandet, ob aus Nordafrika, Südamerika oder Asien. Dies wiederum hat Einfluss auf Geschäfte und Küche genommen. Offiziellen Angaben zufolge sind in Lavapiés heute **rund 90 Nationalitäten** vertreten. In dem Viertel leben der Obsthändler aus Bangladesch, der Frisör aus Marokko, der senegalesische Musiker und der spanische Transsexuelle friedlich nebeneinander. Erstaunlich groß ist die indische Gemeinschaft.

Wer durch die Gassen von Lavapiés streift, sieht so manche Häuserbalkone mit der typischen Last an Pflanzentöpfen; gelegentlich sind Butangasflaschen darauf abgestellt. Der Name und die Architektur der **Plaza de la Corrala**, wo die Calle del Sombrerete und die Calle del Mesón de Paredes zu-

sammentreffen, rufen ein prägnantes Merkmal der städtebaulichen Entwicklung ab dem Ende des 16. Jhs. in Erinnerung. Corralas waren Höfe bzw. Hinterhöfe, in denen man sich zum **Plausch mit den Nachbarn** und zum Feiern traf. Gelegentlich dienten sie auch als Freiluftbühnen. Ab der Plaza de la Corrala ist es nicht weit nach La Latina (➤ 152) und zum Rastro (➤ 144).
198 B1 Lavapiés

50 Matadero

Was tun mit Bauten, die längst ihren Ursprungsnutzen verloren haben? Dies fragte man sich auch bei dem Megakomplex, der 1911–24 im Viertel **Legazpi** als städtischer Hauptschlachthof Matadero erbaut worden ist. Das Gelände nahm 165 000 m² ein und erstreckte sich über mehrere Dutzend Gebäude. Nach diversen Umstrukturierungen und Planspielen fiel zu Beginn des 21. Jhs. die Entscheidung, das Areal in ein riesiges, **zeitgenössisches Kulturzentrum** zu verwandeln. Dies hat sich bislang als voller Erfolg erwiesen. Die Einrichtung mit ihren umfangreichen Angeboten und Aktivitäten, darunter viele **Kurse und Workshops**, wird von den Madridern bestens angenommen. Die erhaltene Industriearchitektur des Schlachthofs kon-trastiert mit einer rauen Ästhetik aus Backsteinwänden und Metallrohren. Der Matadero liegt ganz in der Nähe des Flussparks Madrid Río (➤ 149).
Kinder haben innerhalb des verkehrsfreien Geländes viel Auslauf.
201 F1 Paseo de la Chopera/ Plaza de Legazpi 8 915 17 73 09, www.mataderomadrid.org
Mo 10–22, Di–So 10–24 Uhr, Kulturangebote meist nur Di–Fr 16–21/22, Sa/So 11–21/22 Uhr
Gelände frei, Ausstellungen variabel
Legazpi

Matadero: Kulturelles Highlight in einem früheren Schlachthof

Wohin zum ...
Essen und Trinken?

Preise
Für ein Essen (z. B. ein typisches Tages-/Hausmenü, im Regelfall inkl. Getränk):
€ unter 15 Euro **€€** 15–25 Euro **€€€** über 25 Euro

Almendro 13 €

Die alteingesessene, urige und recht preiswerte Bar ist auf Wein, Sherry und typisch kastilische Tapas spezialisiert. Meist werden Tortilla, Garnelen in Knoblauch oder *jamón iberico* schnell über die Theke gereicht, aber da es immer voll ist, heißt es trotzdem – warten! Dabei lässt sich in Ruhe das Ambiente genießen.

197 E2 Calle Almendro 13
913 65 42 52, http://almendro13.com
tägl. 13–16, 19–0 Uhr La Latina

Café Bar Delic €

Ein beliebter Treffpunkt im Viertel La Latina in der Nähe der Kirche San Andrés. Je nachdem, wann Sie kommen, locken das Tagesmenü, die Salate, ein Stück Kuchen oder die Cocktails.

197 E2 Costanilla de San Andrés 14
913 64 54 50, http://delic.es
Di–So 11–2 Uhr La Latina

Café-Teatro/Matadero €–€€

Die Architektur des einstigen Schlachthofs und jetzigen Kulturzentrums Matadero (► 155) bildet den Rahmen für das Café-Teatro. Gemütlich ist die hallenartige Atmosphäre mit entsprechender Akustik nicht, dafür aber ganz speziell. Die Madrider treffen sich hier gern auf einen Wein (breite Auswahl) oder einen Gin Tonic. Mittags und abends gibt es auch warme und kalte Gerichte.

201 F1 Paseo de la Chopera/Plaza de Legazpi 8 914 73 24 73, www.mataderomadrid.org Mo 10–22, Di–So 10–24 Uhr Legazpi

Corral de la Morería €€€

Flamencoshows und gastronomische Freuden vereint das Flamencolokal Corral de la Morería, das seit einer Ewigkeit eine Institution ist. Im Eingangsbereich erinnert eine Fotogalerie an prominente Besucher. Ob Schauspielerinnen wie Marlene Dietrich, Demi Moore und Nicole Kidman, Starregisseur James Cameron, Boxlegende Muhammad Ali, Sänger wie Justin Bieber – sie alle sind schon hier gewesen. Während die Tänzer auf der Bühne es mit ihren Trommelschritten feuerwerksartig krachen lassen und Sänger und Gitarristen das Äußerste aus sich herausholen, um das typische Spanien zu symbolisieren, wird im balkengestützten Speisesaal aufgetischt. Dabei sollten Sie von vornherein nicht auf den Preis achten, sondern am besten gleich ein Menü ordern, z. B. das Degustationsmenü (*menú de degustación*).

197 D2 Calle de la Morería 17
913 65 84 46, www.corraldelamoreria.com
1. Abendessen ab 19 Uhr (mit Show 20.30 bis 21.40 Uhr), 2. Abendessen ab 21.55 Uhr (mit Show 22.20–23.30 Uhr) La Latina, Puerta de Toledo

El Estragón Vegetariano €–€€

Vegetarische Restaurants zählen in Madrid eher zu den Ausnahmen und dieses liegt überdies glücklicherweise an einem der nettesten Plätze im Viertel La Latina. Es ist einfach und geschmackvoll und bietet eine Küche mit pfiffigen Ideen, wie beispielsweise dem Spargel-Champignon-Hamburger.

197 E2 Plaza de la Paja 10
913 65 89 82, www.elestragonvegetariano.com tägl. 13–18, 20–24/1 Uhr, manchmal durchgehend La Latina

El Viajero €–€€
Auf drei Stockwerken gibt es hier mitten in La Latina frische spanische Hausmacherkost mit Fisch- und Fleischgerichten und modische Burger. Die Bar bietet tolle Cocktails sowie eine große Auswahl angesagter Drinks zu kleinen Gerichten. Der Clou ist die Dachterrasse mit phänomenalem Blick, vor allem bei Abendsonne.
197 E2 Plaza de la Cebada 11
913 66 90 64, www.elviajeromadrid.com
Restaurant Mi–Do 11.30–1.30, Fr/Sa bis 2, So bis 0.30, Bar Mi–Do ab 18, Sa/So ab 12, Dachterrasse Mi–Fr ab 13, Sa/So ab 12 Uhr
La Latina

La Taberna de Antonio Sánchez €€–€€€
In dieser Taverne fühlt man sich in eine andere Ära zurückversetzt. Von Beginn an war sie mit der Welt des Stierkampfs verbunden, denn der Gründer und Namensgeber im 19. Jh. war Matador. Die Dekors stammen von damals. Die Küche ist deftig, traditionell und lokal. Kutteln und geschmorter Stierschwanz gehören ebenso dazu wie hausgemachte Kroketten (*croquetas caseras*), ein herzhafter Eintopf (*olla gitana*), Schnecken (*caracoles*) und als Nachtisch »Arme Ritter« (*torrijas*). Service und Freundlichkeit sind ausbaufähig, was die Stimmen in Bewertungsforen belegen.
198 A2 Calle de Mesón de Paredes 13
915 39 78 26, www.tabernaantoniosanchez.com Mo–Sa 12–16, 20–24, So 12–16.30 Uhr
Tirso de Molina

Posada de la Villa €€€
Das typische Traditionsrestaurant setzt einen Schwerpunkt auf die Küche Madrids und Kastiliens. Nicht fehlen dürfen das Milchlamm vom Holzkohlegrill, Knoblauchsuppe, geschmorter Stierschwanz und Kutteln.
197 F3 Calle de la Cava Baja 9
913 66 18 60, www.posadadelavilla.com
Mo–Sa 13–16, 20–24, So 13–16 Uhr
La Latina

Taberna La Buha La Latina €
Diese Vinothek-Taverne im Viertel La Latina erfreut sich bei den Madridern höchster Beliebtheit. Die satten Omelette-Portionen und die zivilen Preise sind schlagkräftige Argumente für einen Besuch. Ein hausgemachtes gefülltes Omelette (*tortilla casera rellena*) gibt es hier für 10 €.
197 E2 Plaza de la Cebada 10
913 66 11 60, www.tabernaselbuo.eu
tägl. 12–2 Uhr La Latina

Wohin zum … Einkaufen?

Ein Highlight ganz Madrids ist der bunte Trödel- und Antiquitätenmarkt **El Rastro** (► 144) am Sonntag, der auch dazu beigetragen hat, dass sich vor allem entlang der Calle de Carlos Arniches einige auch sonst geöffnete **Antiquitätengeschäfte** angesiedelt haben. Die Viertel Lavapiés und La Latina zeichnen sich durch viele unterschiedliche kleine Geschäfte mit multikulturellem Charakter aus. Recht geschäftig geht es auch an den nördlichen Rändern der Viertel zu, u. a. um die **Plaza de Tirso de Molina** und im oberen Teil der **Calle de Toledo**. Die Händlergemeinschaft Lavapiés betreibt eine eigene Webseite (www.comerciolavapies.com), auf der Sie nach speziellen Adressen suchen können.

Auch Märkte beleben die Viertel und laden zum Shopping ein: der **Mercado de la Cebada** (Plaza de la Cebada, www.mercadodelacebada.com; Metro: La Latina) und der **Mercado de San Fernando** (Calle

Embajadores 41, www.mercado desanfernando.es, Metro: Embajadores, Lavapiés).

Wohin zum ... Ausgehen?

Viele gut besuchte Kneipen liegen im Viertel La Latina um die Plaza del Humilladero und die Plaza de la Cebada (Metro: La Latina). Und auch kulturell wird südlich der City einiges geboten.

KULTURZENTREN/ZIRKUS/THEATER

Vielfältige Veranstaltungen, auch Konzerte, bietet das **Kulturzentrum La Casa Encendida** (Ronda de Valencia 2, Di–So gebührenpflichtiges Tel. 902 43 03 22, www.lacasaen cendida.es; Metro: Embajadores, Lavapiés). Zwischen der Casa Encendida und dem Bahnhof Atocha liegt das **Teatro Circo Price** (Ronda de Atocha 35, Tel. 915 28 81 22, www.teatrocircoprice.es; Metro: Atocha). Auf dem Programm stehen Zirkusveranstaltungen. Das **Teatro Valle-Inclán** (Plaza de Lavapiés/Calle de Valencia 1, Tel. 915 05 88 01, http://cdn.mcu.es; Metro: Lavapiés) führt zeitgenössische Stücke des Centro Dramático Nacional auf. Das **Kulturzentrum Matadero** (► 155, Paseo de la Chopera/Plaza de Legazpi 8, Di–So; Metro: Legazpi) bietet facettenreiche Erlebnisse: Kunstausstellungen, darunter häufig Video Art und Installationen, Kino in der Cineteca, Theater, Konzerte und weitere Events. Beliebte Gastro-Treffpunkte sind die Cantina, das Café-Teatro und die Terrassenbar an der Plaza Matadero. Außerdem gibt es hier einen Fahrradverleih, der wegen der Nähe zum Flusspark Madrid Río (► 149) sehr gefragt ist. Rufen Sie das umfangreiche Programm aktuell auf der Homepage www.mataderomadrid.org ab.

FLAMENCO

Eines der berühmtesten Flamencolokale der Stadt, das **Corral de la Morería**, fungiert gleichzeitig als Restaurant; viele Gäste buchen die Shows in Kombination mit einem Abendessen (► 156), doch es geht auch ohne Dinner.

NACHTLEBEN

La Latina ist die richtige Adresse für nette Szenebars und Treffpunkte zum Tapas essen. Cocktails oder andere Drinks bekommen Sie in dem auch bei den Madridern beliebten Viertel ebenfalls. **El Viajero** (► 157) hat im ersten Stock eine Bar und ganz oben die bis nach Mitternacht geöffnete Dachterrasse, ideal für einen Mojito. Auf Shows der besonderen Art ist das **Berlín Cabaret** spezialisiert (Costanilla de San Pedro 11, www.berlin cabaret.com, meist nur Mi–Sa; Metro: La Latina). Für Konzerte und Diskorythmen bekannt ist **Shoko** (Calle Toledo 86, http://shokomad rid.com; Metro: Puerta de Toledo). Die Ausgehstraßen mit viel Leben finden im Viertel Lavapiés um die **Plaza de Lavapiés** und die **Calle Lavapiés** ihre Fortsetzung (Metro: Lavapiés). Lavapiés wartet insbesondere mit vielen kleinen Weinbars auf, z. B. der **Taberna Tempranillo** (Calle de Cava Baja 38, Mo 20–0, Di–So 13–15.30, 20–0 Uhr). Zu den Tapas können Sie hier Weine (ab 3 €), die Sie sonst selten bekommen, aus fast allen spanischen Regionen probieren. Die Weinregale an der Wand reichen bis zur Decke. Weiter südlich, über die Ronda de Atocha hinweg, steigen oftmals Konzerte in der **Sala de Espectáculos Caracol** (Calle de Bernardino Obregón 18, www.sala-caracol.com; Metro: Embajadores).

Ausflüge

Drei Klassiker

Unter den Tagesausflugszielen ab Madrid ragen drei Klassiker heraus, die alle zum Weltkulturerbe der Unesco gehören: der königliche Klosterpalast El Escorial, das im Mittelalter bedeutende Toledo und Alcalá de Henares, die Geburtsstadt von Cervantes. Damit Ihnen die Auswahl leichter fällt, bekommen Sie hier einen kurzen Überblick.

El Escorial (➤ 162) war eine Mischung aus Königsresidenz und Kloster, im 16. Jh. im XL-Format gegründet von König Philipp II. und während mehr als zehn Jahren erbaut. Er liegt ca. 50 km nordwestlich von Madrid, am Rand des Orts San Lorenzo de El Escorial.

Toledo (➤ 168) war im Mittelalter die »Stadt der drei Kulturen« (Christen, Mauren, Juden). Aus dem äußerst verwinkelten Altstadthügel erhebt sich die Kathedrale. Außerdem begeben Sie sich hier, ca. 70 km südwestlich von Madrid, auf die Spuren der jüdischen Gemeinschaft im Mittelalter und des berühmten Malers El Greco.

Alcalá de Henares (➤ 172) liegt ca. 30 km östlich von Madrid. Es ist die Geburtsstadt des Dichters Miguel de Cervantes und eine der bedeutendsten Studentenstädte Spaniens. Der schönste Teil der historischen Hochschule ist zu besichtigen, ebenso das Cervantes-Haus mitten in der hübschen Altstadt.

Zu allen drei Ausflugszielen empfiehlt sich die An- und Abreise in günstigen, schnellen Linienbussen. Für jeden Ausflug sollten Sie einen kompletten Tag veranschlagen. Unternehmen Sie keinen der Ausflüge an einem Montag! Dann haben der Escorial und einige Museen und Sehenswürdigkeiten geschlossen.

Toledos Kathedrale, Blickfang beim Flanieren durch die Gassen der Altstadt, ist ein Meisterwerk gotischer Baukunst

El Escorial

Imponiergehabe und Größenwahn des spanischen Königshauses der Habsburger in maximaler Monumentalität verewigt in Stein: Der Escorial entstand im 16. Jh. als eine Mischung aus königlichem Kloster und Palast (Real Monasterio y Palacio). In die Anlage integriert sind das royale Pantheon und die Basilika. Zudem beherbergt der Escorial wertvolle Kunstwerke alter Meister wie El Greco, Tintoretto, Tizian und Ribera.

Gigantismus im Stil der Renaissance

Nordwestlich von Madrid liegt San Lorenzo de El Escorial auf ca. 1030 m Höhe zu Füßen der im Winter schneebedeckten Sierra de Guadarrama. Ohne den Klosterpalast wäre der Ort ein blasser Fleck auf der Landkarte geblieben. Auf der Suche nach Ruhe, grüner Höhenfrische und einem behaglicheren Sommerklima wählte Spaniens König

Philipp II. dieses Stück Erde aus. Von 1563 bis 1584 zogen Juan Bautista de Toledo und Juan de Herrera ein gigantisches Bauwerk mit Turm und Kuppelensemble in die Höhe und Breite, geprägt von der Strenge der Renaissance und der Unterteilung in das Weltliche und Religiöse.

Stationen des Rundgangs

Im **Palast der Habsburger** (Palacio de Austrias) erinnern Schlachtenbilder an die einstige Stellung Spaniens als Weltmacht. Bei einem Gang durch die mit blauweißen Kacheln, Ölgemälden und Königsporträts geschmückten Palasträume folgen Sie den Spuren von Philipp II. und sehen beispielsweise wo er speiste und wo er am 13. September des Jahres 1598 starb. Das Sterbebett, so heißt es, steht heute in derselben Position wie damals. Treppen führen hinab ins **Pantheon der Könige** (Panteón Real), einen Gruftsaal, in dem viele Monarchen des Landes ihre letzte Ruhe in uniformen Sarkophagen gefunden haben. Die Atmosphäre wirkt eher kalt und nüchtern als pompös, von der Decke hängt ein Leuchter aus vergoldeter Bronze.

Erhaben: Die Architektur des Escorial vereinte symbolisch die Macht der Monarchie und der katholischen Kirche

Nächste Station sind die Totengruften in mehreren Sälen des **Pantheons der Infanten** (Panteón de Infantes), teils ausstaffiert mit prächtigen Mausoleen für die jüngeren Mitglieder des Königshauses.

Mit den Kapitelsälen (Salas Capitulares) betreten Sie jene Bereiche, in denen sich früher die Hieronymitenmönche versammelten. Beeindruckend sind die Deckenfresken von Ende des 16. Jhs. und meisterhafte Gemälde mit religiösen Motiven, darunter von José de Ribera, El Greco (u.a. »Der heilige Franz von Assisi in Ekstase«), Tizian (»Das letzte Abendmahl«) und Tintoretto (»Die Bekehrung der Maria Magdalena«).

Der **untere Kreuzgang** bietet Einblick in die Haupttreppe (mit dem Fresko »Die Glorie der spanischen Monarchie« von Luca Giordano, 1692/93), die Sala de la Trinidad (mit dem Gemälde »Die allerheiligste Dreifaltigkeit« von Ribera), den Innenhof und die von

Klosterpalast und Pantheon

Das Klosterschloss El Escorial war Kloster für Hieronymitenmönche, Grablege für Kaiser Karl V., seinen Sohn Philipp II. sowie deren Angehörige und Nachkommen, Symbol für Philipps Sieg über Heinrich II. von Frankreich und für die Macht der Habsburger. Sein Grundriss bildet ein Eisenrost: Mit diesem Werkzeug war Laurentius von den Römern zu Tode gefoltert worden.

Im Pantheon der Infanten erinnert ein zwanzigeckiges Mausoleum an die vor der Pubertät Verstorbenen

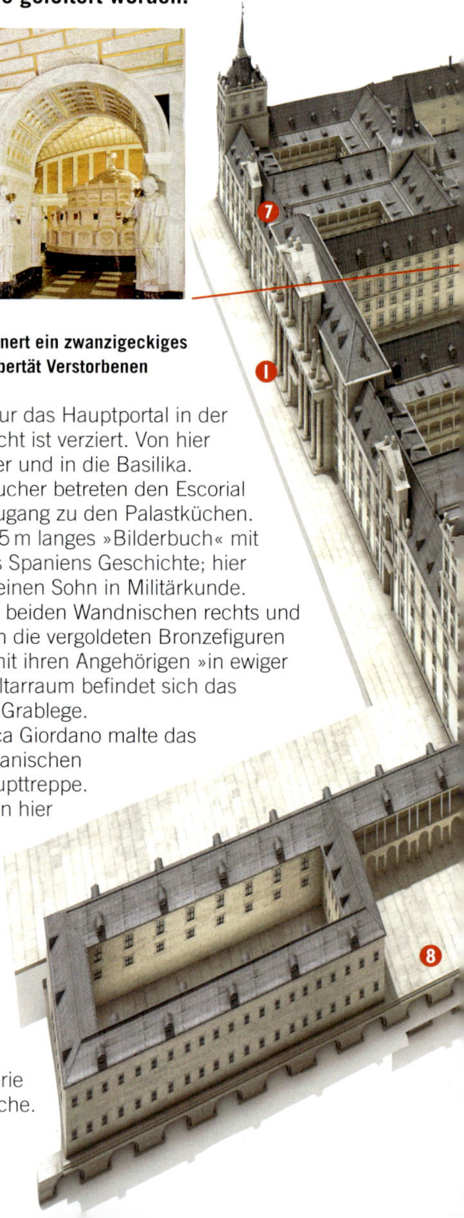

1 Die Puerta Principal: Nur das Hauptportal in der festungsartigen Mauerflucht ist verziert. Von hier gelangt man in das Kloster und in die Basilika.
2 Besuchereingang: Besucher betreten den Escorial durch den ehemaligen Zugang zu den Palastküchen.
3 Sala de Batallas: Ein 55 m langes »Bilderbuch« mit wichtigen Schlachten aus Spaniens Geschichte; hier unterrichtete Philipp II. seinen Sohn in Militärkunde.
4 Grabdenkmäler: In den beiden Wandnischen rechts und links vom Hochaltar knien die vergoldeten Bronzefiguren Philipps II. und Karls V. mit ihren Angehörigen »in ewiger Anbetung«. Unter dem Altarraum befindet sich das Pantheon, die königliche Grablege.
5 Escalera Principal: Luca Giordano malte das Fresko »Die Glorie der spanischen Monarchie« über der Haupttreppe.
6 Kloster: Seit 1885 leben hier Augustinermönche.
7 Bibliothek: Die Bibliothek verbindet Kloster und Kolleg. Philipp maß ihr große Bedeutung bei, daher ihre reiche Ausstattung.
8 Galerie der Rekonvaleszenten: Zwischen den Bögen dieser der Sonne zugewandten Galerie erholten sich kranke Mönche.

Patio de los Reyes: 5 m hohe Skulpturen der Könige des Alten Testaments schmücken die Kirchenfassade

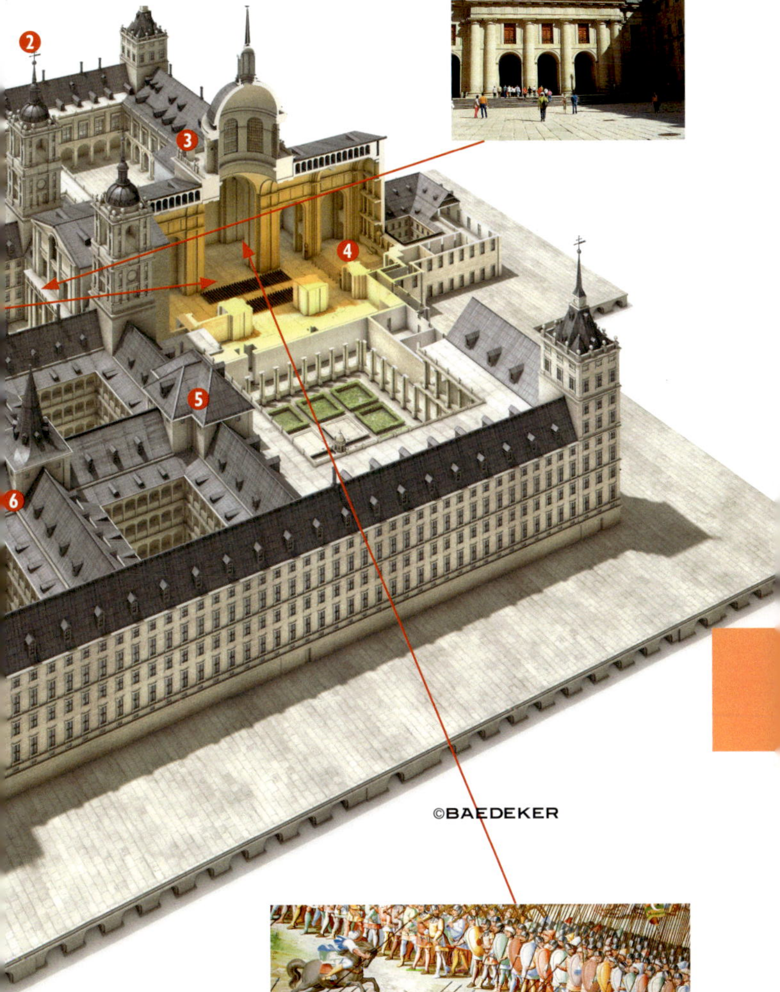

Nur ein Ausschnitt: die Wandfresken im Saal der Schlachten stellen historische Kriegsszenen dar

der 90 m hohen Kuppel beherrschte Basilika mit ihren Orgelemporen und dem Hochaltar. Eindrucksvoll dekoriert ist die **Klosterbibliothek**, in der 40 000 Bücher und Dokumente die Zeiten überdauert haben. In den Gewölben des langen Hauptsaals der Bibliothek setzte der Maler Pellegrino Tibaldi 1588–92 die Sieben Freien Künste in einer wahren Farbenflut in Szene.

Von außen wirkt der Klosterpalast (links) klar, streng und wehrhaft. Die Fresken an der Decke der Bibliothek des ehemaligen Klosters (rechts) schuf der italienische Renaissancemaler Pellegrino Tibaldi

Der Escorial von außen betrachtet

Nicht nur die beiden Vorhöfe geben Besuchern Gelegenheit, den Escorial in seiner kompletten Größe ausgiebig von außen auf sich wirken zu lassen. Es lohnt sich, außen herum in den sogenannten **Jardín de los Frailes** (»Garten der Brüder«) zu gehen. Dort ziehen sich Spazierwege um einen Teil der Fassade an schön beschnittenen Hecken entlang – und in weiter Ferne sehen Sie die höchsten Hochhäuser von Madrid.

KLEINE PAUSE

Gemütlich ist es nicht unbedingt, aber dafür liegt das **Restaurante Escuela San Lorenzo de El Escorial** (Calle Calvario 45, Tel. 911 25 25 25, www.resanlorenzo.com, Mo–Do 9–23, Fr 9–24, Sa 10–24, So 10–18 Uhr) günstig zwischen Klosterresidenz und Busbahnhof: Es ist das Restaurant der Hotelfachschule, also darf man hier guten Service erwarten. Für den kleinen Hunger stehen auf der Speisekarte auch Salate, Omelettes und eine Auswahl leckerer Tapas.

Touristeninformation
✉ Calle Grimaldi 4 ☎ 918 90 53 13, www.sanlorenzoturismo.org
🕑 Mo–Sa 10–14, 15.30–18, So 10–14 Uhr

Escorial (Real Monasterio y Palacio)
✉ Avenida Don Juan de Borbón y Battenberg ☎ 918 90 50 11, www.patrimonionacional.es 🕑 April–Sept. Di–So 10–20, Okt.–März Di–So 10–18 Uhr, letzter Einlass 1 Std. vorher 🖐 10 €, April–Sept. Mi/Do 17–20, Okt.–März Mi/Do 15–18 Uhr für EU-Bürger (Ausweis mitbringen) frei

Jardín de los Frailes
🕑 April–Sept. Di–So 10–19, Okt.–März Di–So 10–18 Uhr 🖐 frei

BAEDEKER TIPP

- Zu den Außengebäuden des Escorial zählt die **Galerie der Rekonvaleszenten**, ein Werk von Juan Bautista de Toledo. Sie war der »Sonnenkorridor« für kranke Mönche. Darüber hinaus schmückt sie die Stützmauer, die den Höhenunterschied zwischen der Lonja und dem **Garten der Klosterbrüder** ausgleicht. Von hier hat man einen schönen Ausblick.
- Südöstlich der Klosteranlage erstrecken sich die mit hübschen Alleen und uralten Mammutbäumen bewachsenen **Jardines del Príncipe** (Prinzengärten), in deren unterem Teil der Prinz von Asturien und spätere König Karl IV. 1773 ein Schloss, die **Casita del Príncipe** (Di–So 10–18, April–Sept. bis 20 Uhr, 5 €) errichten ließ. Die im Stil der damaligen Zeit eingerichteten Innenräume können besichtigt werden.
- Auf einer Anhöhe 3 km südlich der Klosteranlage befinden sich Felsblöcke, von denen Philipp II. die Bauarbeiten beobachtet haben soll, der sogenannte **Sessel Philipps II.** (Silla de Felipe II.). Man genießt von dort einen **ausgezeichneten Blick auf den Escorial** vor dem Panorama der Sierra de Guadarrama.

Anreise Ab der unterirdischen Madrider Busstation **Intercambiador de Moncloa** (Metro: Moncloa) verkehren täglich von morgens bis abends regelmäßig Linienbusse (Nr. 661 über Galapagar und Nr. 664 über Guadarrama) ins 50 km nordwestlich gelegene San Lorenzo de El Escorial. Die Fahrzeit beträgt jeweils etwa eine Stunde, der Preis 4,20 €. Die Busstation in San Lorenzo de El Escorial liegt lediglich 350 m von der gewaltigen Klosterresidenz entfernt, sodass Sie alles problemlos zu Fuß bewältigen können.

Toledo

Die Hauptstadt der Region Kastilien-La Mancha (83 000 Ew.) ist eine der meistbesuchten Städte Spaniens. Ihre Altstadt, samt der Kathedrale und der einstigen Festung, dem Alcázar, erstreckt sich auf einem Hügel. Lion Feuchtwanger schrieb über ihr Judenviertel. Eine schöne Gemäldesammlung des Malers El Greco, der lange Zeit in Toledo wohnte, zählt zu den Besucherattraktionen.

Ein guter Einstiegspunkt für eine Stadtbesichtigung ist die **Plaza Zocodover** am Rand der Altstadt, wo Sie sich im Fremdenverkehrsamt einen Stadtplan besorgen können, auch wenn in dem Geflecht der Altstadtgassen manchmal sogar ein Plan nicht mehr hilft. Die extrem geschäftige Calle del Comercio führt Sie mitten in die Altstadt zur **Kathedrale**, an der ab 1226 bis Ende des 15. Jhs. gebaut wurde. Sie ist vorwiegend gotisch und mit ihren prächtigen Kapellen, Bündelpfeilern und Buntglasfenstern eines der mäch-

Vom gegenüberliegenden Hügel reicht der Blick weit über Toledos Altstadt, die wie eine Festung über dem Tajo thront

tigsten Gotteshäuser Spaniens. Der eingesetzte Chor verbaut die Perspektive. Innen können Sie sich den **Domschatz** (*tesoro*) und die Sakristei (*sacristía*) anschauen, die eine Gemäldesammlung beherbergt, u. a. mit Werken von Goya und El Greco. Allerdings bekommen Sie andernorts von El Greco (1577–1614) weit mehr zu sehen – er hat lange Zeit in Toledo gelebt und in dieser Stadt sein Hauptwerk hinterlassen. Wer nicht viel Zeit hat, kann sich auf die Außenansicht der Kathedrale beschränken und auch am **Alcázar** nur vorbeigehen. Von außen wirkt er imposant, aber innen wurde er stark erneuert und beherbergt heute das allzu militarisch aufgezogene Armeemuseum (Museo del Ejército).

Auf den Spuren von El Greco

Eines der bekanntesten Werke von El Greco – »Das Begräbnis des Herrn von Orgaz« (»El Entierro del Señor de Orgaz«) – können Sie sich in der **Iglesia de Santo Tomé** anschauen. El Greco schuf es 1586–88 in einer monumentalen Größe von 3,60 mal 4,80 m. Das Gemälde treibt ein Spiel mit Licht und Kontrasten, dem Irdischen und dem Himmlischen – auch der Künstler selbst ist abgebildet. Ausgiebiger begeben Sie sich im **Museo del Greco** auf die Spuren des Malers. Das Museum besteht aus einem nachempfundenen Wohn- und Arbeitshaus und besitzt eine fantastische kleine Gemäldesammlung. Highlights unter den Gemälden von El Greco sind »Die Tränen des heiligen Petrus« (»Las Lágrimas de San Pedro«) sowie »Ansicht und Plan von Toledo« (»Vista y Plano de Toledo«). Ebenso imponieren einige Apostel.

Bedeutendes Judenviertel im Mittelalter

Die Judería, das historische Judenviertel, das in der Nähe der **Iglesia de Santo Tomé** beginnt, war im Mittelalter eines der wichtigsten auf der Iberischen Halbinsel. Die einstige

Präsenz der jüdischen Gemeinschaft bezeugen **zwei Synagogen**: die Sinagoga Santa María la Blanca und die Sinagoga del Tránsito. Die Sinagoga Santa María la Blanca wurde 1405 in eine christliche Kirche verwandelt und besticht durch ihre Raumwirkung. Die Sinagoga del Tránsito ist heute Teil des sephardischen Museums **Museo Sefardí**, das mit einem reichen Vermächtnis der jüdischen Zivilisation aufwartet.

Reizvoll sind überall Streifzüge durch die Gassen. Die Einkaufsmöglichkeiten reichen von Süßwaren (wie Marzipan) und Kunsthandwerk (u. a. Tauschierarbeiten). Weitere mögliche Besuchsziele sind das Hospital de Tavera, das Kloster San Juan de los Reyes, die Mezquita del Cristo de la Luz (eine frühere Moschee), das in einer Kirche eingerichtete Museum zur Kultur der Westgoten (Museo de los Concilios y la Cultura Visigoda) und der Kirchturm der Iglesia de los Jesuitas, der eine prächtige Aussicht bietet.

Hufeisenbögen, wie an diesem Tor zur Altstadt von Toledo, waren typisch für die Zeit der Mauren in Spanien

KLEINE PAUSE

Nutzen Sie vor der Iglesia de Santo Tomé die Plaza del Conde zur Rast im **Petit-Café El Greco** (mit Terrasse, Tel. 925 22 19 02, Mo–Fr 8–19, Sa/So 8–22 Uhr).

Touristeninformation
✉ an der Plaza Zocodover ☎ 925 26 76 66, www.toledo-turismo.com
🕓 tägl. 10–19 Uhr
✉ Plaza del Consistorio 1 ☎ 25 25 40 30
🕓 tägl.10–18 bzw. im Sommer 19 Uhr

Catedral
✉ Calle del Cardenal Cisneros ☎ 925 22 22 41, www.catedralprimada.es
🕓 Mo–Sa 10–18, So 14–18 Uhr 🖐 11 €

Iglesia de Santo Tomé (»El Entierro del Señor de Orgaz«)
✉ Plaza del Conde 4 ☎ 925 25 60 98; www.santotome.org
🕓 tägl. 10–17.45, im Sommer bis 18.45 Uhr 🖐 2,50 €

BAEDEKER TIPP

- Schöne Ausblicke auf die Stadt hat man vom südlichen Tajo-Ufer, u. a. von der Ermita de la Virgen del Valle, oder vom Parador de Toledo, www.parador.es).
- Wenn Sie sich für Kunsthandwerk interessieren oder einkaufen möchten: Toledo ist bekannt für die berühmten Toledaner Stahlklingen und Einlegearbeiten in Gold und Silber, eine handwerkliche Tradition, die die Mauren eingeführt haben.

Anreise Ab der Madrider Busstation **Plaza Elíptica** (Metro: Plaza Elíptica) fahren täglich von früh morgens bis abends regelmäßig **Linienbusse** der Gesellschaft **Alsa** (www.alsa.es) ins 70 km südwestlich gelegene Toledo. Die direkte Fahrt dauert ca. eine Stunde und kostet 5,42 €. Ab der Busstation in Toledo brauchen Sie zu Fuß etwa 15–20 Minuten auf den Altstadthügel, unterstützt durch ein System aus Rolltreppen (*escaleras mecánicas*).

Museo del Greco
Paseo del Tránsito s/n 925 99 09 80, http://museodelgreco.mcu.es
März–Okt. Di–Sa 9.30–19.30, So 10–15 Uhr, Nov.–Febr. Di–Sa 9.30–18, So 10–15 Uhr 3 €, Sa ab 14, So 10–15 Uhr frei

Sinagoga Santa María la Blanca
Calle Reyes Católicos 4 925 22 72 57 tägl. 10–17.45 Uhr 2,50 €

Sinagoga del Tránsito/Museo Sefardí
Calle Samuel Levi s/n 925 22 36 65, www.mecd.gob.es/msefardihome.html Di–Sa 9.30–18, So 10–15 Uhr 3 €, Sa ab 14, So 10–15 Uhr frei

In Toledos Gassen lassen sich faszinierende, wenn auch oft verschlossene Türen entdecken, wie die des Klosters San Clemente

Alcalá de Henares

Die vitale Universitätsstadt (205 000 Ew.) bewahrt ihr historisches Erbe mit der Hochschule, dem Cervantes-Haus und der Kathedrale. Nett ist ein Bummel durch das Altstadtviertel zur Plaza de Cervantes und über die Calle Mayor.

Ein Dreh- und Angelpunkt für Studierende und Lehrpersonal: der Patio Santo Tomás de Villanueva der Universität aus dem 15. Jh.

Altehrwürdige Universität

Der erste Weg im historischen Zentrum des »spanischen Oxford«, wie Alcalá de Henares gern genannt wird, führt Sie zur *universidad*, genauer: auf die **Plaza de San Diego** vor die platereske Fassade der ursprünglich als Colegio Mayor de San Ildefonso begründeten Hochschule. Gründervater im Jahr 1499 war Kardinal Francisco Jiménez de Cisneros (1436–1517). Im 16./17. Jh. genoss die **Universität** bereits höchstes Ansehen. Heutzutage liegen die Fakultäten weit verstreut, und im Herzstück des Colegio Mayor ist das Rektorat untergebracht. Insgesamt sind 27 000 Studenten eingeschrieben, die bei den angebotenen Studiengängen die Wahl zwischen über drei Dutzend Universitätsabschlüssen haben.

Gehen Sie an der Plaza de San Diego durch das Hauptportal, um sich im Ticketbüro zu einer **Führung** anzumelden. Dies lohnt sich wegen der Innenhöfe. Der erste, der dreistöckige Patio Santo Tomás de Villanueva mit seinen Arkaden, ist besonders schön. Ebenso sehenswert ist die altehrwürdige **Aula Magna**, die auch unter dem Namen Paraninfo bekannt ist. Hier wird am 23. April jeden Jahres, am Todestag des aus Alcalá de Henares stammenden Miguel de Cervantes (1547–

BAEDEKER TIPP

- Im Stadtgebiet liegen weitere Kollegiengebäude der Universität: Das **Colegio de Málaga** in der Calle de los Colegios weist besondes schöne Innenhöfe und schmuckes Backsteinmauerwerk auf. Mit *colegios* bezeichnete man allgemein Wohnstätten für Studenten und sogenannte Lateinschulen, in denen die zukünftigen Studenten auf den Universitätsbesuch vorbereitet wurden.
- An den Innenhof der historischen Aula der Universität schließt sich die **Hostería del Estudiante** an, das Restaurant des Paradors von Alcalá de Henares, das gehobene regionale Küche anbietet (Zugang über die Calle Colegios 3; www.parador.es).

Anreise Ab der unterirdischen Madrider **Busstation Intercambiador** (Avenida de América; Metro: Avenida de América) fahren täglich von früh morgens bis abends regelmäßig **Linienbusse** der Nummer 223 ins 30 km östlich gelegene Alcalá de Henares. Die Fahrt dauert etwa 40 Minuten und kostet 3,60 €. Steigen Sie am Rand der historischen Innenstadt aus, die sich mit dem weithin sichtbaren Turm der Kathedrale ankündigt.

1616), der renommierteste Literaturpreis der spanischsprachigen Welt vergeben: der **Premio Cervantes**. In der Reihe der Preisträger stehen u. a. Octavio Paz, Camilo José Cela, Mario Vargas Llosa und Juan Goytisolo. Über den Saal spannt sich eine wunderbare Kassettendecke (*artesonado*) in maurisch inspiriertem Stil.

Eine prachtvolle Kassettendecke können Sie auch in der zu Beginn des 16. Jhs. erbauten **Capilla de San Ildefonso** bewundern, einer Kapelle, die das Mausoleum von Kardinal Cisneros bewahrt, – begraben liegt er jedoch in der Kathedrale. Die Storchennester außen an der Kapelle werden nicht zuletzt Familien mit Kindern begeistern. Störche und ihre Behausungen bleiben Wegbegleiter durch die Stadt, und das Klappern der Schnäbel ist in Alcalá eine typische Geräuschkulisse.

Streifzug durch die Altstadt

Der Streifzug durch die Altstadt bringt Sie zunächst auf die **Plaza de Cervantes** mit dem Cervantes-Denkmal, dem Rathaus (18./19. Jh.), den Kirchenresten der Iglesia de Santa María la Mayor (15./16. Jh.), dem Musikpavillon sowie Platanen, Ruhebänken und Blumenbeeten. Gehen Sie ab der Plaza de Cervantes in die **Calle Mayor**. Die schönste Fußgängerzone des Orts ist eine von gedrungenen Arkaden gesäumte Gasse. Tavernen und Restaurants animieren zur Einkehr. Bescheiden nimmt sich in der Calle Mayor Nr. 48 das **Museo Casa Natal de Cervantes** aus, vor dem die Figuren des Don Quijote und Sancho Panza in Bronze sitzen. Der museal eingerichtete Bau ist dem Geburtshaus von Cervantes nachempfunden. Ein pittoreskes Schmuckstück ist der Innenhof mit Topfpflanzen und Ziehbrunnen. Dem Geist des Cervantes lässt sich in den Räumlichkeiten aber nur mit viel Fantasie nachspüren.

Letzte wichtige Station in der Altstadt ist die spätgotische **Kathedrale**, die sich an derselben Stelle erhebt, an der laut Überlieferung im Jahr 305 die »heiligen Kinder« (*santos*

Im Herzen von Alcalá: die Plaza de Cervantes mit dem Denkmal des Autors von »Don Quijote«

niños) Justo und Pastor ihr Martyrium erlitten. Ihnen ist die Krypta geweiht. Für das Leben draußen und rund um den Kathedralenturm sorgen einmal mehr die Störche.

KLEINE PAUSE

Für eine Rast bieten sich die Kneipen und Restaurants entlang der Calle Mayor an, darunter die recht preisgünstige Taverne Lizarrán (Calle Mayor 12, Tel. 918 89 93 52, http://tabernalizarran.com, Mo–Do 9–24, Fr 9–2, Sa 11–2, So 11–24 Uhr).

Touristeninformation
✉ Plaza de Cervantes
☎ 918 89 26 94, www.turismoalcala.es
🕒 Mo–Fr 10–14, 16–18, Sa 10–18, So 10–15 Uhr
✉ Plaza de los Santos Niños (nahe der Kathedrale)
☎ 918 81 06 34
🕒 Di–Fr 10–14,16–18, Sa 10–18, So 10–15 Uhr, saisonale Änderungen

Universidad de Alcalá/Colegio Mayor de San Ildefonso
✉ Plaza de San Diego s/n ☎ 918 85 64 87, http://visitasalcala.es
🕒 Führungen (auf Spanisch, 1 Std., rechtzeitig im Ticketbüro anmelden, auf Englisch: telefonisch oder per Mail unter visitas.guiadas@uah.es erfragen), in der Regel Mo–Fr 11, 12, 13, 16, 17, 18 und 19 Uhr, Sa/So 11, 12, 13, 14, 16, 17, 18 und 19 Uhr ✋ 6 €

Museo Casa Natal de Cervantes
✉ Calle Mayor 48 ☎ 918 89 96 54, www.museocasanataldecervantes.org
🕒 Di–So 10–18 Uhr, letzter Einlass um 17.30 Uhr ✋ frei

Catedral
✉ Plaza de los Santos Niños s/n ℹ www.catedraldealcala.org
🕒 Mo–Sa 9–13, 17–20.30, So 10–13.30, 18–20.30 Uhr
✋ 1 €

Spaziergänge & Touren

1 MADRID – DIE ESSENZ

Spaziergang

LÄNGE: 2,3 km **DAUER:** 2 Std. inkl. Einkehr (ohne Besichtigungen)
START: Puerta del Sol Sol 198 A3
ZIEL: Plaza Mayor Sol 197 F3

Wer Madrid nicht kennt, verknüpft bei diesem ersten Spaziergang bedeutende Ziele in der City miteinander. Auf dem Weg von der Puerta del Sol zur Plaza Mayor kommen Sie durch Teile der Fußgängerzone, an historischen Plätzen und Statuen spanischer Monarchen sowie am Königspalast und an der Kathedrale vorbei. Stärken können Sie sich in Madrids Schlemmertreff, dem Mercado de San Miguel.

Madrids Wappentier auf einem Sockel auf der Puerta del Sol

1–2

Beginnen Sie Ihren Stadtspaziergang an dem langgestreckten und immer quirligen Platz **Puerta del Sol** (➤ 67) mit einem Klassiker: dem **Denkmal des Bären am Erdbeerbaum** (➤ 28). Ein Selfie ist hier fast obligatorisch.

Dann gehen Sie – mit dem Rücken zum Bären – vorbei am Reiterdenkmal für Karl III., den Rundbrunnenschalen und der leuchtend hellen Säulenstatue namens Mariblanca und nehmen Kurs auf die **Calle del Arenal**. Hier kommen Sie durch ein Stück Fußgängerzone mit vielen Geschäften und Boutiquen und werden auch feststellen: Weder Cheeseburgerisierung noch Dönerisierung haben vor Madrid Halt gemacht. Achten Sie auf die schmalen Hausbalkone, die teils mit schmiedeeisernen Gittern versehen sind.

BESICHTIGUNGEN

Der Spaziergang ist ganz auf die Grundorientierung zugeschnitten und weniger darauf, nebenbei ein komplettes Besuchsprogramm zu absolvieren. Würden Sie zwischendrin den Königspalast und die Kathedrale ausgiebig besuchen und an Führungen durch das Real Monasterio de la Encarnación und das Teatro Real teilnehmen wollen, wären Sie einen kompletten Tag unterwegs und müssten die Zugangszeiten sehr genau aufeinander abstimmen.

2–3

Backsteinturm und Kuppel kündigen linker Hand die **Real Iglesia Parroquial de San Ginés** (➤ 70) an. Ein in dieser Pfarrkirche versteckter Kunstschatz ist das Gemälde »Die

Vertreibung der Händler aus dem Tempel« von **El Greco**, das allerdings nur zu bestimmten Zeiten gezeigt wird.

Die Calle del Arenal mündet am Ende auf die **Plaza de Isabel II.**, wo ein kleines Denkmal an Spaniens **Königin Isabella II.** (1830–1904) erinnert. Unter ihrer Herrschaft erlebte Madrid im prächtigen **Teatro Real** (► 128) die ersten Vorführungen. Die Rückfront des Theaters dominiert den Platz. Elegante Laternen fügen sich vortrefflich in das Platzbild ein.

3–4

Lassen Sie das Teatro Real links hinter sich und folgen Sie der **Calle de Arrieta**. Diese Straße bringt Sie am altehrwürdigen Bau der Königlichen Nationalakademie für Medizin (*Real Academia Nacional de Medicina*) vorbei bis zur **Plaza de la Encarnación** mit einer Klosteranlage von Anfang des 17. Jhs., dem **Real Monasterio de la Encarnación** (► 124). Die Klosterschätze bekommen Sie nur zu sehen, wenn Sie an einer Führung teilnehmen.

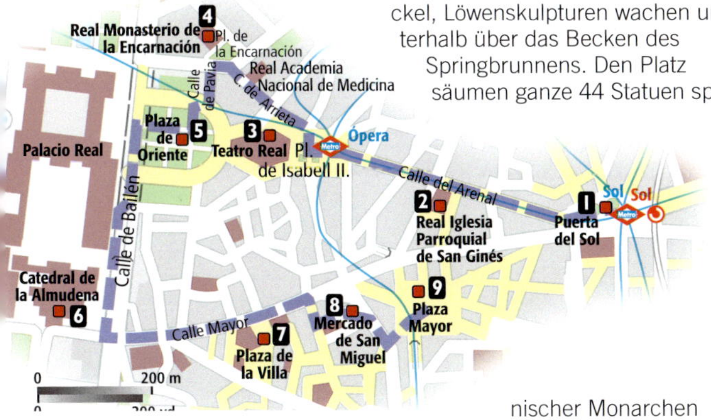

4–5

Durch die **Calle de Pavia** erreichen Sie die **Plaza de Oriente** (► 128) mit ihren sorgsam beschnittenen Hecken, Blumenbeeten, Bänken

In der Fußgängerzone Calle del Arenal kann es ganz schön trubelig zugehen

und vielen historischen Königsfiguren. Blickfang ist die riesige Reiterstatue von **König Philipp IV.** in der Platzmitte. Ross und Reiter thronen in voller Dynamik auf dem Sockel, Löwenskulpturen wachen unterhalb über das Becken des Springbrunnens. Den Platz säumen ganze 44 Statuen spanischer Monarchen aus der Zeit vor dem 15. Jh.

5–6

Die **Plaza de Oriente** säumt die Ostseite des Königspalasts (Palacio Real (► 114), der sich unübersehbar hinter der Statue auftürmt. Fotografen finden gute Perspektiven, zumal der grüne Vorplatz und die Palastfassade gut miteinander har-

KLEINE PAUSE
Ob süß oder salzig, Austern oder Minipizza, Rotwein oder Natursäfte, ein Tellerchen mit Oliven oder ein paar Schinkenhappen frisch vom Bein gesäbelt – im täglich von früh bis spät geöffneten Mercado de San Miguel (➤ 74) dürfte für jeden etwas dabei sein. Dafür sorgen zahlreiche Stände und Treffs. Billig ist das exquisite Tapas-Paradies jedoch nicht.

monieren. Schlendern Sie auf der **Calle de Bailén** am Königspalast entlang. Sobald Sie das äußerste Ende der breiten Palastanlage erreicht haben, erhebt sich vor Ihnen nun ein Symbol der kirchlichen Macht – Madrids Kathedrale, die **Catedral de la Almudena** (➤ 121). Der Eingang des größten Gotteshauses der Stadt liegt nicht an dem Platz mit der Doppelturmfassade, sondern ein Stück weiter an der Calle de Bailén.

6–7
Schräg gegenüber der Kathedrale verläuft die **Calle Mayor** zurück ins Herzstück der City. Es geht nun leicht aufwärts. Betrachten Sie rechter Hand die unförmig strukturierte **Plaza de la Villa** (➤ 69) mit ihren Bauwerken aus dem 15. bis 17. Jh. Der Flottenkommandant Álvaro de Bazán, der 1571 bei der

Anlaufstelle zum Schlemmen: die Markthalle des Mercado San Miguel

Seeschlacht von Lepanto seinen Teil zum Überraschungssieg der Heiligen Liga über das Osmanische Reich beitrug, ist hier als Denkmal verewigt.

7–8
Nach einem weiteren Stück auf der Calle Mayor erreichen Sie rechts die **Plaza de San Miguel**. Das historische Marktgebäude, der **Mercado de San Miguel**, vom Platz aus etwas zurückversetzt, ist heutzutage ein beliebter Schlemmertreff (➤ Kasten u. Abb oben).

8–9
Sie durchqueren den **Mercado de San Miguel** und kommen dann auf der Plaza Mayor (➤ 58) heraus, einem der prächtigsten Stadtplätze im Südwesten Europas. Verweilen Sie dort ein wenig und nehmen Sie zum Abschluss des Spaziergangs Architektur und Stimmung in sich auf!

Die Calle Mayor, wie sie ursprünglich einmal war, auf einem Fliesenbild

2 BARRIO DE LAS LETRAS

Spaziergang

LÄNGE: 1,5 km **DAUER:** 80–90 Min. inkl. Einkehr (mit Besichtigung des Lope-de-Vega-Hauses entsprechend länger)
START: Plaza Mayor Ⓜ Sol ✚ 198 A3
ZIEL: Plaza de Santa Ana Ⓜ Sol, Tirso de Molina ✚ 198 B3

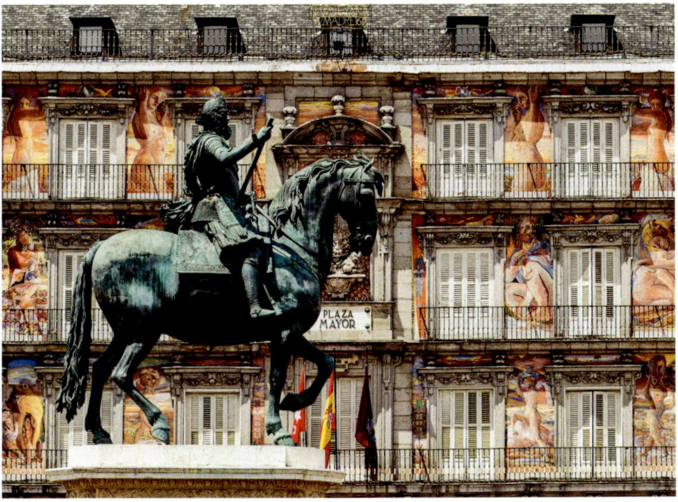

Reiterdenkmal für Philipp III. auf der Plaza Mayor, dem Beginn der Tour

Erleben Sie Madrid jenseits der riesigen Schaubühne Plaza Mayor. Genau dort liegt Ihr Einstiegspunkt in die kontrastreichen Welten des Barrio de las Letras (➤ 68), des »Viertels der Dichter und Denker«. Lassen Sie sich gemächlich durch die Gassen treiben. Einige sind nach großen Autoren benannt, die hier einst weilten oder gewohnt haben. Und erleben Sie Ansichten einer Hauptstadt, die fast etwas dörflich wirken.

1–2

Zunächst wichtig für Ihre Orientierung: Stellen Sie sich auf der **Plaza Mayor** (➤ 58) mit dem Rücken zur Reiterstatue von Philipp III. Dann verlassen Sie den Platz schräg rechts voraus durch jenen Bogen, der Sie ein kurzes Stück durch die **Calle de Gerona** auf die **Plaza de la Provincia** bringt. Dort können Sie den Orpheus-Brunnen (*Fuente de Orfeo*) betrachten und den historischen **Palacio de Santa Cruz**, vor dem die spanische Flagge weht. Es ist der Sitz des spanischen Außenministeriums.

BESICHTIGUNGEN
Die Teilnahme an einer Führung durch das Casa-Museo Lope de Vega erfordert eine Voranmeldung (➤ 69).

Sehenswert eingerichtet: das »El Diario« von 1879 in der Calle de las Huertas

2–3
Die **Calle de la Bolsa** mit ihren Laternen und schmalen, teils von Grünpflanzen besetzten Balkonen ist die erste für das Viertel typische Straße. Über die **Plaza de Jacinto Benavente** – benannt nach dem gleichnamigen, heute allerdings eher in Vergessenheit geratenen Literaturnobelpreisträger Jacinto Benavente (1866–1954) aus Madrid – erreichen Sie die lange **Plaza del Ángel**. An deren Ende erhaschen Sie nach links bereits einen Blick auf den Endpunkt dieses Spaziergangs, die Plaza de Santa Ana mit ihren vielen, gut frequentierten Terrassen, und rechter Hand sehen Sie die überkuppelte **Iglesia de San Sebastián**. Wie auf dem Schild an der Fassadenfront steht, ist in dieser Kirche der Dramatiker und Dichter **Félix Lope de Vega y Carpio** (1562–1635) begraben worden. Die exakte Stelle lässt sich jedoch in der heutigen Zeit nicht mehr belegen.

3–4
Ab der Plaza del Ángel führt die **Calle de las Huertas** mitten ins Barrio de las Letras. Zweigen Sie links in die **Calle de León** (auch: Calle del León) ab und gehen Sie dort die nächste nach rechts in die **Calle de Lope de Vega**. Immer wieder lohnt es sich, zu den formenreichen Balkongittern und mit Blumen geschmückten Balkonen hinaufzuschauen. An die Calle de Lope de Vega grenzt das wappenverzierte Trinitarierinnenkloster **Monasterio/Convento de las Trinitarias**. Eine große Erinnerungstafel an der Backsteinfassade des Klosters besagt, dass Meisterdichter **Miguel de Cervantes** (1547–1616) hier begraben wurde, so wie es sein letzter Wille war.

Diesen Wunsch äußerte Cervantes, weil der Trinitarierorden ihn 1580 nach fünf Jahren Gefangenschaft in Algier freikaufte. Zuvor war Cervantes in den spanischen Kriegsdienst im Mittelmeerraum eingetreten und hatte u.a. in der Seeschlacht von Lepanto gekämpft.

KLEINE PAUSE
An der Kreuzung von Calle de Lope de Vega und Calle de Quevedo liegt das **Quevedo** (Calle de Quevedo 7, Tel. 914 29 40 58, Di abends und Sa geschl.), eine Mischung aus Restaurant und Bierstube (*cervecería*). Hier können Sie eine Pause einlegen, auch zur Mittagszeit, denn es gibt ein günstiges Tagesmenü. Und überhaupt sind die Preise erfreulich niedrig.

Die Erinnerungstafel mit Cervantes im Profil ist ein beliebtes Fotomotiv.

4–5
Gehen Sie von der **Calle de Lope de Vega** nach links durch die **Calle de San Agustín** und dann wieder nach

links durch die **Calle de Cervantes**. Bald stehen Sie vor dem **Casa-Museo Lope de Vega** (Calle de Cervantes 11 (► 69), das Führungen (Di–So) anbietet. Lope de Vega lebte wie Miguel de Cervantes im »Goldenen Zeitalter«, dem *Siglo de Oro*, jener Ära, in der Spanien als Weltmacht auf dem Höhepunkt stand.

5–6
Folgen Sie der **Calle de Cervantes** geradeaus weiter. Links am Ende der kleinen Straße tauchen dann bald mehrere Hinweise auf. Sie verbürgen, dass Miguel de Cervantes dort gewohnt hat und am 23. April des Jahres 1616 verstarb. Das Originalgebäude wurde allerdings bereits 1833 abgerissen. Die Zeit hat die Spuren verwischt, geblieben ist nur noch die Erinnerung. Das **Cervantes-Haus** liegt an der Kreuzung mit der **Calle de León**, der Sie nun nach rechts bis zur **Calle del Prado** folgen. Dort geht es nach links und in Kürze sind Sie auf der **Plaza de Santa Ana** (► 67), einem der stimmungsvollsten Plätze Madrids, der sich mit den umliegenden Bars und Restaurants mittags und abends für eine Einkehr eignet – ein wunderschöner Abschluss Ihres Spaziergangs!

Alteingesessene Tavernen mit viel Charme säumen die Plaza de Santa Ana

3 PLÄTZE, PRACHTSTRASSEN UND EIN STÜCK GRÜN

Spaziergang

LÄNGE: 2,2 km **DAUER:** 3 Std. inkl. Einkehr
START: Plaza de España Ⓜ Plaza de España ✚ 197 E5
ZIEL: Paseo del Prado/Real Jardín Botánico Ⓜ Atocha ✚ 199 D1

Bei diesem Spaziergang lernen Sie bekannte Straßen und Plätze kennen, auf denen Architektur und Geschichte eine geglückte Verbindung eingehen. Allein entlang der Gran Vía gilt es, auf architektonische Schnörkel an den Fassaden zu achten, auf Balkonvorsprünge und hohe vergitterte Eingangsportale.

1–2

Erweisen Sie zum Auftakt auf der **Plaza de España** (➤ 131) dem ungleichen Reiterpaar Don Quijote und Sancho Panza die Ehre – die Bronzefiguren am **Cervantes-Denkmal** sind beliebte Fotomotive und die kleinen Wahrzeichen auf dem Platz. Größer sind die Gebäude rundum, frühe Markensteine der Madrider Hochhausarchitektur, geschaffen von den Brüdern Julián und Joaquín Otamendi: das **Edificio de España** von 1953 und die **Torre de Madrid** von 1957.

Nun geht es von der Plaza de España auf die **Gran Vía**, die 1910 begonnene »Große Straße«, die als Kompendium der Architekturstile der ersten Hälfte des 20. Jhs. gilt. Nicht verschwiegen sei der Verkehr, aber die Gran Vía gehört einfach zu einem Madrid-Besuch. Das erste Stück führt leicht aufwärts und an zwei besuchenswerten Traditionstheatern vorbei, dem **Teatro Rialto** (Nr. 54; ➤ 71, 76) und dem **Teatro Lope de Vega** (Nr. 57; ➤ 71, 76). Falls der Vorverkauf gerade geöffnet hat, können Sie die Gelegenheit zum Kartenkauf nutzen.

Zwischenstation ist die **Plaza de Callao**, über der abends ein buntes Meer aus Leuchtreklamen erstrahlt. Die Architektur des Kinos Callao und des Palacio de la Pren-

BESICHTIGUNGEN

Für große Sehenswürdigkeiten an der Strecke, wie das Museo Thyssen-Bornemisza, das Museo Nacional del Prado sowie das Kulturzentrum CentroCentro (Mo geschl.) sollten Sie unabhängig von diesem Spaziergang extra viel Zeit einplanen. Insbesondere die Besichtigung der großen Museen ist nicht mal eben im Vorübergehen möglich. Statt dessen können Sie bei Ihrem dreistündigen Spaziergang gut das Oratorio del Caballero de Gracia besichtigen, den Blick von der Dachterrasse des Círculo de Bellas Artes genießen und sich im Botanischer Garten erholen.

Madrids Lebensader Gran Vía, stark befahren und dennoch magisch anziehend

sa, heute vorwiegend als Bürohaus genutzt, stammt aus den 1920er-Jahren.

2–3
Auf der Höhe der Plaza de Callao macht die **Gran Vía** einen Knick nach links. Überall herrscht höchste Geschäftigkeit – da könnte Sie so manches Schaufenster zum Halt bewegen. Das Edificio Telefónica, der **Sitz der Telefongesellschaft**, war Madrids erster Wolkenkratzer. Er ist 84 m hoch und wurde 1929 eröffnet. Leichter zu übersehen ist der Zugang zum **Oratorio del Caballero de Gracia** (Gran Vía 17; tägl. 10–13.45, 17–20.45, Juli/Aug. 18–20.45 Uhr, http://caballerodegracia.org). Die innen erstaunlich große, überkuppelte Kirche geht auf das Ende des 18. Jhs. und den Prado-Architekten Juan de Villanueva zurück, die Ausgestaltung mit Fresken auf Zacarías González. Hier verehren die Gläubigen ein ausdrucksstarkes Christusbildnis aus dem 17. Jh., den Cristo de la Agonía.

3–4
Die Gran Vía endet am Zusammenfluss mit der **Calle de Alcalá**, genau dort, wo das von Jules und Raymond Février als Sitz einer Versicherungsgesellschaft entworfene **Edificio Metrópolis** seine histori-

sche Eleganz bewahrt. Auf der Kuppel erblicken Sie die Siegesgöttin Victoria. Zu einer anderen Göttinnenstatue, der von Minerva, dringen Sie schräg gegenüber im Gebäude des **Círculo de Bellas Artes** (Calle de Alcalá 42 ➤ 76) vor: auf einer der schönsten Dachterrassen von Madrid.

4–5

Der massige Bau von Spaniens Zentralbank, der **Banco de España**, liegt an der kurzen Strecke bis zur **Plaza de la Cibeles** (➤ 103). In der Platzmitte steht die **Fuente de la Cibeles**, ein Brunnen, der von seiner Namensgeberin auf einer löwenbespannten Kutsche beherrscht wird: Kybele, Göttin der Fruchtbarkeit und Beschützerin der Städte. Im Hintergrund wirft sich die Megafassade des **Palacio de Cibeles** auf, heute Sitz von **CentroCentro** (➤ 103, 108) und Rathaus.

5–6

Ab der Plaza de la Cibeles beginnt der **Paseo del Prado**, eine historische Prachtpromenade. Vielbefahren war die breite Verkehrsachse schon immer, in früherer Zeit von Pferdekutschen. Der Paseo del Prado streift zu Ihrer Rechten das **Museo Thyssen-Bornemisza** (➤ 91) und zur Linken die hufeisenförmig abgehende **Plaza de la Lealtad**. Achten Sie auf dem Platz auf die Säulenfront der Börse, das Nobelhotel Ritz und den Obelisken, der an den Tod Madrider Aufständischer durch die Franzosen 1808 erinnert.

KLEINE PAUSE

Vor oder nach dem Besuch der Dachterrasse des **Círculo de Bellas Artes** (Calle de Alcalá 42, www.circulobellasartes.com) bietet sich im Erdgeschoss desselben Gebäudes das Café-Restaurante **La Pecera** (tägl. geöffnet) zur Rast an, entweder drinnen oder auf der Terrasse.

Weltbekannt: das Cervantes-Denkmal vor dem Edificio de España

6–7

Nächste Station ist die **Plaza Cánovas del Castillo** mit der *Fuente de Neptuno*, dem Neptunbrunnen. In dem Marmorbrunnen von 1782 steht der Gott der Meere mit Dreizack und Schlange auf einem Muschelwagen, den Seepferdchen ziehen. Auf diesem Platz feiert Atlético de Madrid gewonnene Spiele.

7–8

Der prägnanteste Bau am Paseo del Prado ist das **Museo Nacional del Prado** (➤ 82). Die Fassadenfront zeigt Allegorien der Kunst und große Reliefmedaillons für namhafte Maler. Davor sitzt Diego Velázquez auf einem Denkmal.

8–9

Neben dem Prado-Museum liegt der **Real Jardín Botánico** (➤ 100). Der Botanische Garten ist wie geschaffen, um den Spaziergang im Grünen ausklingen zu lassen.

Praktisches

Praktisches

REISEVORBEREITUNGEN

WICHTIGE PAPIERE

● Erforderlich
○ Empfohlen
▲ Nicht erforderlich

	Deutschland	Österreich	Schweiz
Pass/Personalausweis	●	●	●
Visum	▲	▲	▲
Weiter- und Rückflugticket	▲	▲	▲
Impfungen	▲	▲	▲
Krankenversicherung (► 190, Gesundheit)	○	○	○
Reiseversicherung	○	○	○
Führerschein (national)	●	●	●
Kfz-Haftpflichtversicherung	●	●	●

REISEZEIT

Hauptsaison / Nebensaison

	JAN	FEB	MÄRZ	APRIL	MAI	JUNI	JULI	AUG	SEPT	OKT	NOV	DEZ
Saison	Nebensaison	Nebensaison	Nebensaison	Hauptsaison	Hauptsaison	Hauptsaison	Hauptsaison	Hauptsaison	Hauptsaison	Hauptsaison	Nebensaison	Nebensaison
Temperatur	9°C	10°C	14°C	17°C	20°C	26°C	32°C	30°C	24°C	18°C	12°C	10°C
Wetter	Bewölkt	Sonnig	Sonnig	Wechselhaft	Wechselhaft	Sonnig	Sonnig	Sonnig	Sonnig	Wechselhaft	Wechselhaft	Wechselhaft

Sonnig · Wechselhaft · Regnerisch · Bewölkt

Madrid ist grundsätzlich **zu jeder Jahreszeit bereisbar** und eignet sich vor allem im Frühjahr und Herbst als Ziel. In den Hochsommermonaten Juli und August kann es passieren, dass die Tagestemperaturen auf 35–40 °C steigen. Zu dieser Zeit fahren viele Madrider in Urlaub, weshalb im Sommer viele Theater gewöhnlich Spielpause haben und Restaurants vereinzelt Betriebsferien einlegen. Im August genießen die Menschen. die noch in der Stadt geblieben sind, das Leben in den Parks und im Freien auf den Straßen. Obgleich es im Winter vor allem wegen der Höhenlage Madrids (um 650 m) kühl werden kann und die Temperaturen zuweilen unter den Gefrierpunkt fallen, ist für Kulturinteressierte ein Citytrip durchaus anzuraten. Dann sind die Museen nicht so voll und man bekommt problemloser Karten für Kulturveranstaltungen.

INFORMATION VORAB

Website

- **www.esmadrid.com: Offizielle Tourismusseite der Stadt**
- **turismomadrid.es: Alles zur Region Madrid**
- **www.spain.info: Offizielle Seite des Spanischen Fremdenverkehrsamts**

www.madridtourist.info: Infos auf Englisch
www.spanien-reisemagazin.de: Online-Magazin zu Reise und Kultur
www.madridfuerdeutsche.com: Portal für Deutsche

ANREISE

Mit dem Flugzeug: Madrid wird von diversen Airlines angesteuert, darunter Air Berlin (www.airberlin.com), Eurowings (www.eurowings.com), Tuifly (www.tuifly.com), Fly Niki (www.flyniki.com; aus Österreich), Easy Jet (www.easyjet.com; u.a. aus der Schweiz) und Air Europa (www.aireuropa.com; u.a. aus der Schweiz). Hilfreich bei der Suche sind Vergleichsportale, z. B. www.opodo.de.
Flugpreise: Achten Sie auf möglichst frühzeitige Buchungen, dann können Sie sich ggf. Sonderpreise sichern. Ansonsten bewegt sich der Preis für ein Rückflugticket im Bereich von 200/250/300 Euro, was auch davon abhängt, ob Gepäckaufgabe, Service Charge und Kreditkartengebühren enthalten sind.
Mit dem Auto: Je nach Ausgangsort im deutschsprachigen Raum kann die Anreise nach Madrid über 2000 km lang sein. Dafür sind mindestens zwei Tage zu veranschlagen. Kalkulieren Sie die Mautgebühren auf Autobahnen durch Frankreich und Spanien in Ihr Reisebudget ein. Schnellstraßen, die Autobahnen ähneln, sind in Spanien hingegen gebührenfrei.
Mit der Bahn: Die beiden wichtigen Bahnhöfe in Madrid sind die Estación de Atocha und die Estación de Chamartín (► 39).
Mit dem Reisebus: Ähnlich wie bei der Bahn ist im Bus angesichts einer strapaziösen Anreisedauer von weit über 20 Stunden ein erhebliches Durchhaltevermögen erforderlich. Bei Eurolines/Touring (www.eurolines.de, www.eurolines.ch) steht Madrid auf den Fahrplänen. Es gibt Preisermäßigungen für Kinder, Studenten und Senioren. Auch in der Schweiz und Österreich gibt es Veranstalter von Busreisen. Die Busse sind klimatisiert und komfortabel.

ZEIT

In Spanien gilt die **Mitteleuropäische Zeit** (MEZ); es besteht somit kein Zeitunterschied. Auch auf die Sommerzeit wird parallel umgestellt.

WÄHRUNG

Währung: In Spanien ist der Euro (€) offizielles Zahlungsmittel. Für die Schweiz gilt folgender Umrechnungskurs: 1 CHF = 0,92 €, 1 € = 1,09 CHF.
Sperrnummern: Unter Tel. 0049 116 116 kann man in Deutschland Bank- und Kreditkarten, Online-Banking-Zugänge, Handykarten und die elektronische Identitätsfunktion des neuen Personalausweises bei Verlust sperren lassen (www.sperr-notruf.de). Für Österreich gilt die Telefonnummer: 0043 1 204 88 00. Die Schweiz hat keine einheitliche Notfallnummer. Die wichtigsten sind Tel. 0041 044 659 69 00 (Swisscard); 0041 8 48 88 86 01 (UBS Card Center); 0041 58 9 58 83 83 (VISECA); 0041 44 8 28 32 81 (PostFinance).
Kreditkarten werden in der Regel akzeptiert. In Einzelfällen kommt es vor, dass der Ausweis verlangt wird. **Geldautomaten** sind in Madrid verbreitet, die versteckte Kommission kann einige Euro pro Abhebevorgang betragen. Vergessen Sie die Geheimzahl nicht.

SPANISCHES FREMDENVERKEHRSAMT

Deutschland
Myliusstr. 14
60323 Frankfurt am Main
☎ 069 72 50 33

Österreich
Walfischgasse 8/14
A-1010 Wien
☎ 01 5 12 95 80-11

Schweiz
Seefeldstrasse 19
CH-8008 Zürich
☎ 044 2 53 60 50

Praktisches

DAS WICHTIGSTE VOR ORT

FEIERTAGE

1. Januar	Neujahrstag
6. Januar	Dreikönigstag
März/April	Gründonnerstag, Karfreitag
1. Mai	Tag der Arbeit
2. Mai	Tag der Autonomen Gemeinschaft
15 Mai	Tag des Stadtpatrons San Isidro
25. Juli	Tag des heiligen Apostels
15. August	Mariä Himmelfahrt
12. Oktober	Día de la Hispanidad (Kolumbus-Tag)
1. November	Allerheiligen
6. Dezember	Tag der spanischen Verfassung
8. Dezember	Mariä Empfängnis
25. Dezember	Weihnachtstag

Deckt sich ein Feiertag mit einem Sonntag, kann er am Montag darauf nachgeholt werden.

ELEKTRIZITÄT

Die Netzspannung beträgt 220 Volt. Die Steckdosen entsprechen der in Europa üblichen Norm.

ADRESSEN

Die Angabe s/n steht für *sin numero* (ohne Hausnummer). Bei Adressenangaben steht die Abkürzung C/ für Calle (Straße) und P° für Paseo (Promenade).

ÖFFNUNGSZEITEN

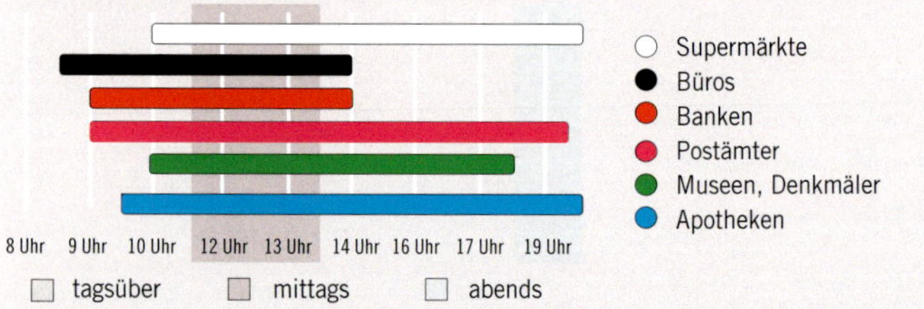

Geschäfte öffnen mit oder ohne die berühmte Siesta, manche Mo–Sa 9.30/10–13.30/14 und 16/17–20 Uhr, andere durchgehend (Supermärkte, Kaufhäuser). Manche schließen samstagsnachmittags. **Banken** haben Mo–Fr 9–14 Uhr geöffnet. **Museen** haben oft montags geschlossen. Große **Apotheken** öffnen 9.30–21/21.30 Uhr.

TRINKGELD

In Cafés und Kneipen lässt man etwas Wechselgeld liegen, in Restaurants geben Sie ca. 5 Prozent des Betrags. Kein Trinkgeld für Taxifahrer, dafür in Hotels für die Kofferträger (1 €) und Zimmermädchen (0,50–1 €/Tag), in Theatern für Platzanweiser (1 €) sowie beim Frisör, im Schönheitssalon, bei Fremdenführern und in Toiletten.

ZEITUNTERSCHIED

Madrid	MEZ (Berlin)	London	New York	Los Angeles	Sydney
12 Uhr	12 Uhr	11 Uhr	6 Uhr	3 Uhr	21 Uhr

Cityatlas

Kapiteleinteilung: siehe vordere Umschlaginnenseite

Legende

S-Bahn mit S-Bahn-Station

U-Bahn mit U-Bahn-Station

Seilbahn

Parkplatz; Jugendherberge

Hallenbad; Freibad

TOP 10

Nicht verpassen!

Nach Lust und Laune!

Information; Museum

Theater, Oper

Denkmal, Monument

Kirche; Moschee

Polizei

Krankenhaus

Bibliothek; Post

Busbahnhof

Sendeturm

1 : 10 500

0 250 500 m

0 250 500 yd

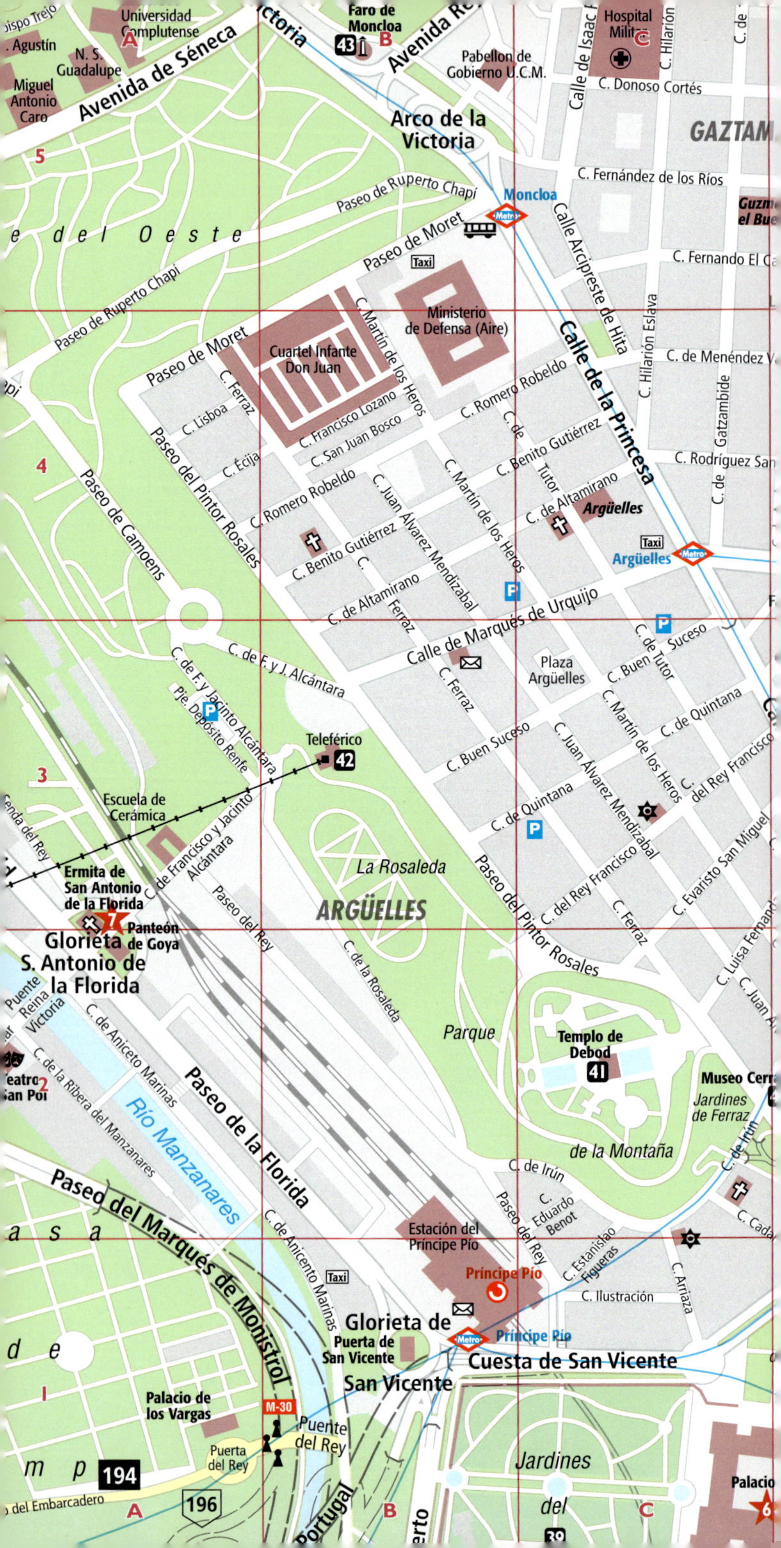

Universidad Complutense
Faro de Moncloa
Avenida de Séneca
N. S. Guadalupe
Miguel Antonio Caro
Hospital Militar
Pabellon de Gobierno U.C.M.
C. Donoso Cortés
Calle de Isaac Peral
C. Hilarión Eslava
Arco de la Victoria
GAZTAMBIDE
C. Fernández de los Ríos
Moncloa
Paseo de Ruperto Chapí
Paseo de Moret
Calle Arcipreste de Hita
C. Fernando El Católico
Ministerio de Defensa (Aire)
Cuartel Infante Don Juan
C. Martín de los Heros
Calle de la Princesa
C. de Menéndez Valdés
C. Ferraz
C. Lisboa
C. Francisco Lozano
C. San Juan Bosco
C. Romero Robledo
C. Benito Gutiérrez
C. de Tutor
C. Rodríguez San Pedro
C. de Gatzambide
C. Écija
Paseo del Pintor Rosales
Paseo de Camoens
C. Juan Álvarez Mendizábal
C. de Altamirano
Argüelles
C. de Altamirano
Calle de Marqués de Urquijo
Plaza Argüelles
C. Buen Suceso
C. de Quintana
C. de F. y J. Alcántara
C. de F. y Jacinto Alcántara
Pje. Depósito Renfe
Teleférico
42
Escuela de Cerámica
C. de Francisco y Jacinto Alcántara
C. del Rey Francisco
C. Evaristo San Miguel
La Rosaleda
ARGÜELLES
Ermita de San Antonio de la Florida
7
Panteón de Goya
Glorieta S. Antonio de la Florida
Paseo del Rey
C. de la Rosaleda
C. Luisa Fernanda
Puente Reina Victoria
C. de Aniceto Marinas
Parque
de la Montaña
Templo de Debod
41
Museo Cerralbo
Jardines de Ferraz
Teatro San Pol
C. de la Ribera del Manzanares
Río Manzanares
Paseo de la Florida
C. de Irún
C. Eduardo Benot
Paseo del Marqués de Monistrol
Estación del Príncipe Pío
Príncipe Pío
C. Estanislao Figueras
C. Ilustración
C. Arriaza
C. de Aniceto Marinas
Glorieta de Puerta de San Vicente
Cuesta de San Vicente
Palacio de los Vargas
M-30
Puente del Rey
Puerta del Rey
194
196
Jardines del
Palacio
Taxi
Metro
A
B
C
1
2
3
4
5

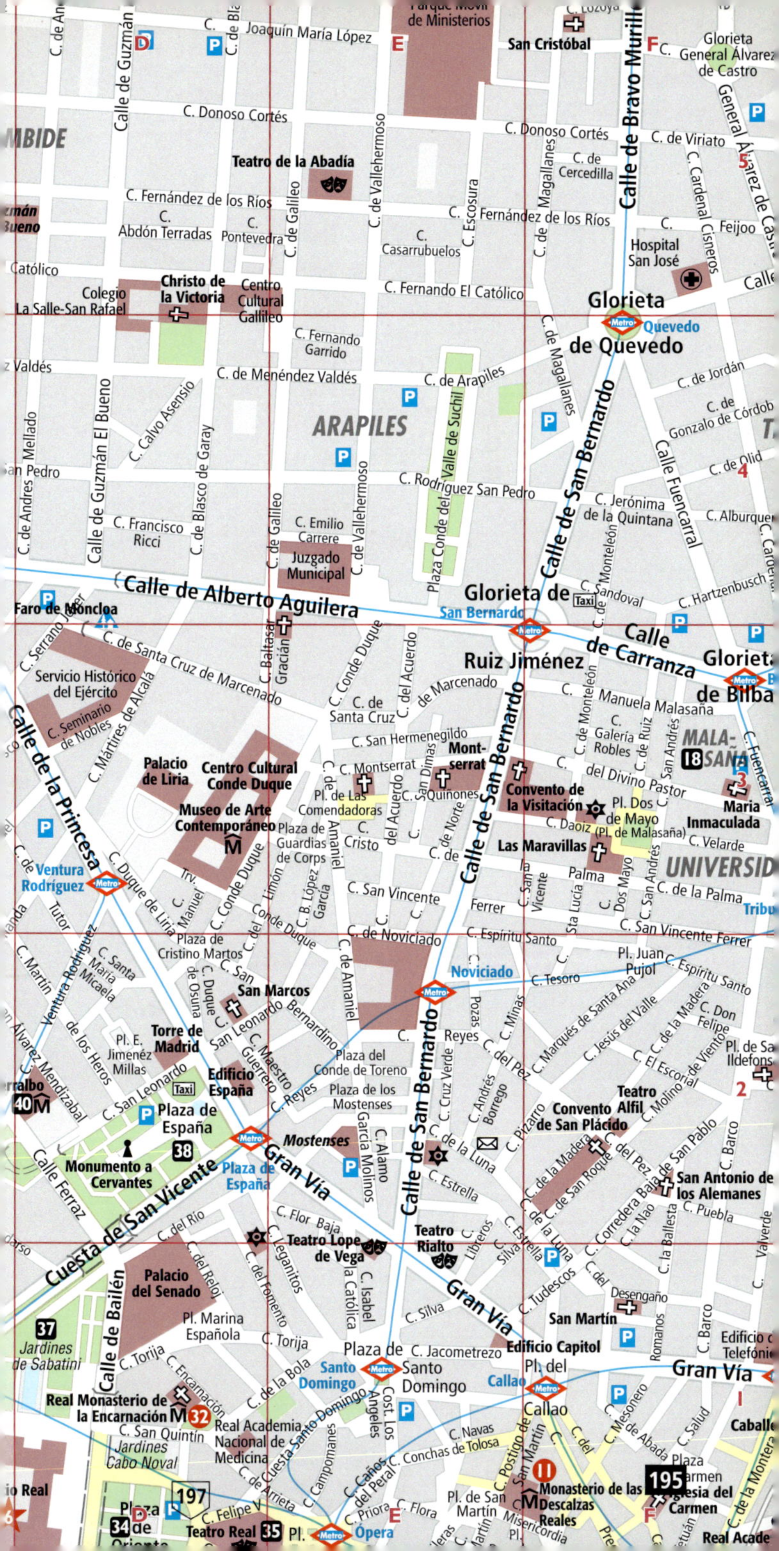

de Ministerios
San Cristóbal
Glorieta General Álvarez de Castro
C. Joaquín María López
Calle de Guzmán
C. Donoso Cortés
Teatro de la Abadía
C. de Viriato
C. de Cercedilla
Calle de Bravo Murillo
C. Fernández de los Ríos
C. Abdón Terradas
C. Pontevedra
C. de Galileo
C. de Vallehermoso
C. Casarrubuelos
C. Escosura
C. de Magallanes
C. Cardenal Cisneros
C. Feijoo
Hospital San José
Colegio La Salle-San Rafael
Christo de la Victoria
Centro Cultural Galileo
C. Fernando El Católico
Glorieta de Quevedo
Quevedo
C. Fernando Garrido
C. de Menéndez Valdés
C. de Arapiles
C. de Jordán
C. de Gonzalo de Córdob
ARAPILES
C. Calvo Asensio
C. de Blasco de Garay
Calle de Guzmán El Bueno
C. de Andres Mellado
Valle de Suchil
Plaza Conde del Valle de Suchil
C. Rodríguez San Pedro
Calle de San Bernardo
Calle Fuencarral
C. de Olid
C. Jerónima de la Quintana
C. Alburquer
C. Francisco Ricci
C. Emilio Carrere
Juzgado Municipal
C. Sandoval
C. Hartzenbusch
Calle de Alberto Aguilera
Glorieta de San Bernardo
Faro de Moncloa
C. Serrano Jover
C. de Santa Cruz de Marcenado
C. Baltasar Gracián
C. Conde Duque
C. del Acuerdo
C. de Santa Cruz de Marcenado
Calle de Carranza
Ruiz Jiménez
Glorieta de Bilba
Servicio Histórico del Ejército
C. Seminario de Nobles
C. Mártires de Alcalá
C. San Hermenegildo
C. Montserrat
Montserrat
C. Manuela Malasaña
C. Galería Robles
C. de Ruiz
C. San Andrés
MALASAÑA
C. Fuencarral
Calle de la Princesa
Palacio de Liria
Centro Cultural Conde Duque
Museo de Arte Contemporáneo
Pl. de Las Comendadoras
C. San Dimas
C. Quiñones
Convento de la Visitación
C. del Divino Pastor
Pl. Dos de Mayo
C. Daoiz (Pl. de Malasaña)
María Inmaculada
C. Velarde
Plaza de Guardias de Corps
C. Cristo
C. de Amaniel
C. de Norte
Las Maravillas
C. de la Palma
UNIVERSID
Ventura Rodríguez
C. Duque de Liria
Trv. C. Manuel
C. del Limón
C. B. López García
C. San Vincente Ferrer
Tribu
C. Tutor
Plaza de Cristino Martos
C. de Noviciado
C. Espíritu Santo
Pl. Juan Pujol
C. Santa María Micaela
C. Martín
Ventura Rodríguez
C. San Leonardo
C. Duque de Osuna
San Marcos
C. San Bernardino
Noviciado
C. Tesoro
C. Marqués de Santa Ana
C. Jesús del Valle
C. de la Madera
C. Don Felipe
Pl. de San Ildefonso
Pl. E. Jiménez Millas
C. de los Heros
Torre de Madrid
C. Maestro Guerrero
Plaza del Conde de Toreno
C. Reyes
C. Pozas
C. Minas
C. del Pez
C. El Escorial
C. Molino de Viento
Álvarez Mendizábal
Edificio España
Plaza de los Mostenses
C. Cruz Verde
C. Andrés Borrego
Teatro Alfil
Plaza de España
Monumento a Cervantes
Mostenses
García Molinos
C. Álamo
C. de la Luna
C. Pizarro
Convento de San Plácido
C. de San Roque
C. Corredera Baja de San Pablo
San Antonio de los Alemanes
C. Puebla
Calle Ferraz
Plaza de España
Gran Vía
C. Estrella
C. Barco
C. Valverde
Cuesta de San Vicente
C. del Río
C. Flor Baja
Teatro Lope de Vega
Teatro Rialto
C. Libreros
C. Silva
C. la Nao
C. la Ballesta
Palacio del Senado
C. del Reloj
C. Leganitos
C. del Fomento
C. Isabel la Católica
C. Tudescos
C. del Desengaño
Calle de Bailén
Pl. Marina Española
C. Silva
San Martín
Jardines de Sabatini
C. Torija
C. Torija
Plaza de Santo Domingo
C. Jacometrezo
Edificio Capitol
Romanos
Edificio Telefónic
Gran Vía
C. Encarnación
C. de la Bola
Santo Domingo
Callao
Pl. del Callao
C. Mesonero
C. de Abada
C. Salud
Caballe
Real Monasterio de la Encarnación
Real Academia Nacional de Medicina
Cuesta Santo Domingo
Cost. Los Angeles
C. Navas de Tolosa
C. Concha
C. Postigo de San Martín
C. del Carmen
Plaza del Carmen
Iglesia del Carmen
C. San Quintín
Jardines Cabo Noval
C. de Arrieta
C. Campomanes
C. Caños del Peral
Pl. de San Martín
Monasterio de las Descalzas Reales
C. de la Montera
C. Felipe V
C. Priora
C. Flora
Misericordia
Real Acade
Plaza de Oriente
Teatro Real
Ópera

194
A
B
C
M-30
Teatro San Pol
C. S. Pol de Mar
C. de la Ribera del Manzanares
C. de Aniceto Marinas
Paseo de la Florida
Río Manzanares
Parque
C. de Irún
Paseo del Rey
Estación del Príncipe Pío
Príncipe Pío
5
Paseo del Marqués de Monistrol
Casa de Campo
Viveros
C. de Aniceto Marinas
Taxi
Glorieta de Puerta de San Vicente
Cuesta de
33
Palacio de los Vargas
Puente del Rey
Puerta del Rey
Paseo Azul
Paseo del Embarcadero
4
Jardí
Avenida de Portugal
C. de la Herradura
Ciudad de los Niños
C. de la Torre
C. de la Pista
Paseo de la Virgen del Puerto
Ermita de la Virgen del Puerto
Avenida de Portugal
C. Preludio
C. Saavedra Fajardo
3
A 5
E-90
Paseo Ciudad de Plas
Parque Atenas
Santa Cristina
Pl. Santa Cristina
C. San Crispín
Puerta del Ángel
Glorieta Puente de Segovia
Puente de Segovia
Calle de Sego
Plaza de la Puerta del Ángel
Extremadura
C. de Antonio Zamora
C. Doña Urraca
C. Doña Berenguela
C. Cardenal Mendoza
Calle de Caramuel
C. d. Antillón
C. de Jaime Vera
C. de Santa Úrsula
C. Doña Urraca
C. Doña Berenguela
C. Cardenal Mendoza
C. de Juan Torrero
C. de Juan Torrero
C. P. F. Labrada
C. de Doña Mencía
C. d. Antillón
C. de Laín Calvo
C. Baena
Pl. Puente Genil
Pl. Montilla
Pl. Egabro
C. Pablo Casals
Paseo de la Ermita del Santo
Avenida del Manzanares
Puente Oblicuo
Paseo Bajo de la Virgen del Puerto
Paseo de la Virgen del Puerto
C. de Linneo
C. de Juan Duque
C. Mazzarredo
C. de Manzanares
C. Moreno Nieto
San Hermenegildo
C. Fósforo
2
Pl. Cerro Bermejo
C. Avilés
C. Lugo
C. Priego
C. Gijón
C. Andújar
C. Vinuesa
Bermejo
C. Moriles
C. Pozoblanco
C. Pozoblanco
C. de Fuenteovejuna
C. de Bujalance
C. de Neguilla
C. de Genista
Río Manzanares
C. Pizzara
C. de Linneo
C. de Juan Duque
Paseo de los Melancólicos
C. de Santa María la Real de Nieva
C. de Pericles
C. de Aramis
Tercero
Calle de Caramuel
Calle de Sepúlveda
Ermita del Santo
C. Daimiel
C. Ruy Gonzáles Clavijo
C. Jemenuño
Parque de Caramuel
P
Teatro Quinto
C. San Galdo
C. San Rufo
C. San Conrado
C. de la Ermita del Santo
Avenida del Manzanares
Paseo de la Virgen del Puerto
C. de Bercial
C. de Santa María la Real
C. Cobos de Segovia
C. de Paradinas
Paseo de los
IMPER
1
196
Carpetana
Puente verde en Y
C. Mármol

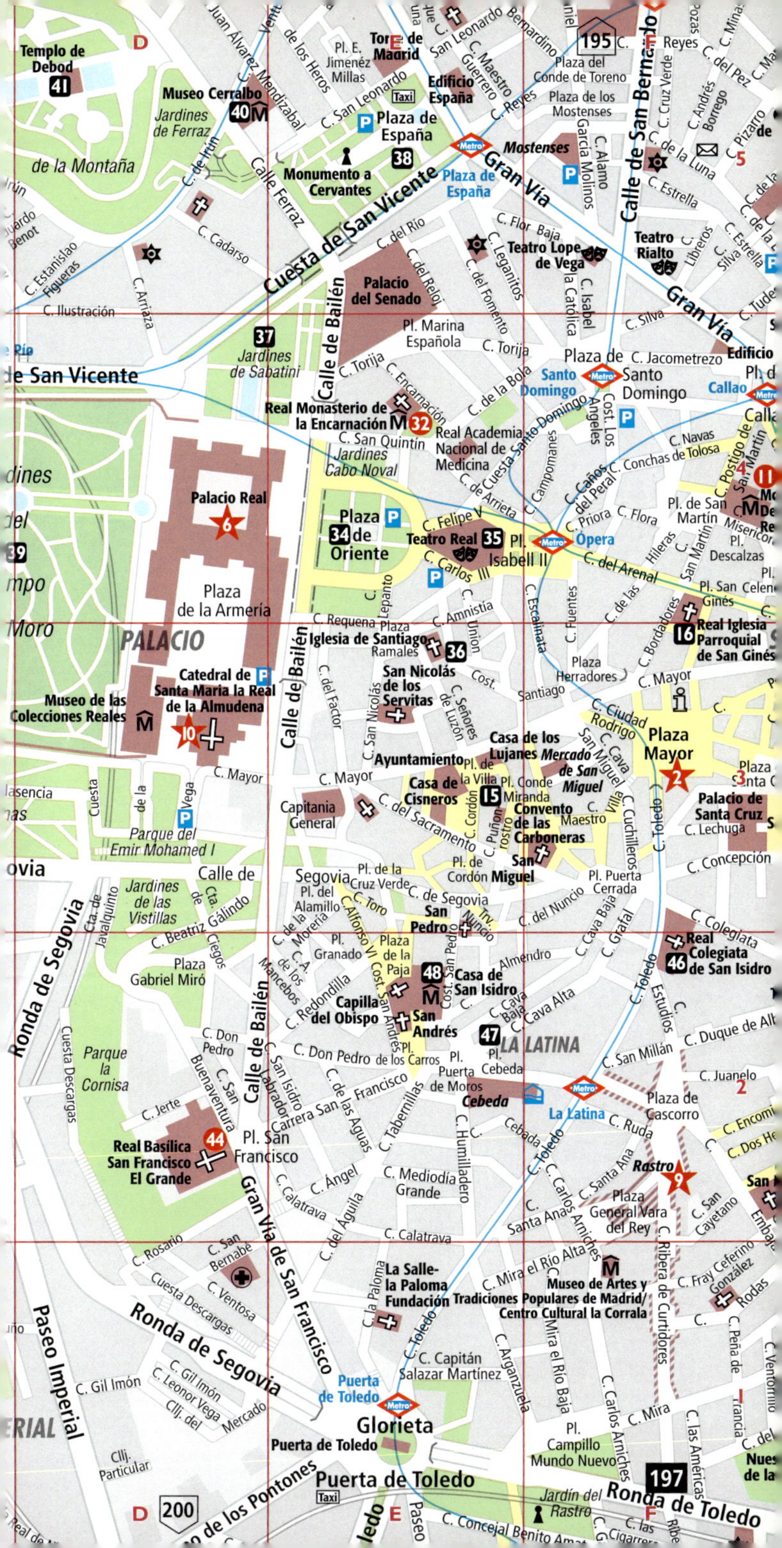
195
197
200
D
E
F
Templo de Debod
41
Museo Cerralbo
40
Jardines de Ferraz
de la Montaña
Juan Álvarez Mendizábal
C. de los Heros
Pl. E. Jiménez Millas
Torre de Madrid
Edificio España
C. San Leonardo
Taxi
Plaza de España
38
Monumento a Cervantes
C. de Irún
Calle Ferraz
C. Cadarso
C. Estanislao Figueras
Eduardo Benot
C. Ilustración
C. Arriaza
Cuesta de San Vicente
Plaza de España
Gran Vía
Mostenses
Plaza del Conde de Toreno
Plaza de los Mostenses
C. García Molinos
C. Álamo
C. Maestro Guerrero
C. Reyes
San Leonardo
C. Bernardino
Calle de San Bernardo
C. Cruz Verde
C. Andrés Borrego
C. de la Luna
C. del Pez
C. Pizarro
C. Estrella
C. Minas
Reyes
5
C. del Río
C. del Reloj
C. del Fomento
C. Leganitos
C. Flor Baja
Teatro Lope de Vega
Teatro Rialto
C. Libreros
C. Silva
C. Isabel la Católica
Palacio del Senado
Pl. Marina Española
C. Torija
37
Jardines de Sabatini
Calle de Bailén
de San Vicente
Río
Plaza de Santo Domingo
Santo Domingo
C. Jacometrezo
Edificio
Callao
C. Silva
C. de la Bola
C. Encarnación
Real Monasterio de la Encarnación
32
C. San Quintín
Jardines Cabo Noval
Real Academia Nacional de Medicina
C. de Arrieta
Cuesta Santo Domingo
C. Campomanes
Cost. Los Ángeles
C. Caños del Peral
C. Conchas
C. Navas de Tolosa
C. Postigo de San Martín
4
11
Jardines
Palacio Real
6
Plaza de la Armería
Plaza 34 de Oriente
Teatro Real
35
Pl. Isabel II
Ópera
C. Felipe V
C. Carlos III
C. Lepanto
C. Priora
C. Flora
Pl. de San Martín
Misericordia
Pl. Descalzas
C. del Arenal
C. Hileras
C. San Martín
Pl. San Ginés
39
Campo del Moro
PALACIO
C. Requena
Plaza Ramales
Iglesia de Santiago
36
C. Amnistía
C. Unión
C. Escalinata
C. Fuentes
C. de las Bordadores
16
Real Iglesia Parroquial de San Ginés
Plaza Herradores
C. Mayor
Catedral de Santa María la Real de la Almudena
10
Museo de las Colecciones Reales
Calle de Bailén
C. del Factor
C. San Nicolás
San Nicolás de los Servitas
C. Señores de Luzón
Cost. Santiago
C. Ciudad Rodrigo
Plaza Mayor
2
3
C. Mayor
Cuesta de la Vega
Parque del Emir Mohamed I
Ayuntamiento
Pl. de la Villa
Casa de los Lujanes
Mercado de San Miguel
C. Cava San Miguel
Casa de Cisneros
15
Pl. Conde Miranda
Convento de las Carboneras
C. Maestro Villa
C. Cuchilleros
C. Toledo
Palacio de Santa Cruz
C. Lechuga
Capitanía General
C. del Sacramento
C. Cordón
C. Puñonrostro
San Miguel
Pl. de Cordón
Pl. Puerta Cerrada
C. Concepción
Segovia
Calle de Segovia
Jardines de las Vistillas
Pl. de la Cruz Verde
Pl. del Alamillo
C. Toro
C. de Segovia
C. del Nuncio
Trv. Nuncio
C. Cava Baja
C. Grafal
C. Colegiata
Real Colegiata de San Isidro
46
C. Beatriz Galindo
Cta. de Ciegos
Cta. de Javalquinto
Ronda de Segovia
Plaza Gabriel Miró
C. de la Morería
C. A. de los Mancebos
Pl. Granado
C. Alfonso VI
Plaza de la Paja
San Pedro
Cost. San Pedro
C. Almendro
48
Casa de San Isidro
Capilla del Obispo
C. Redondilla
Cost. San Andrés
San Andrés
C. Cava Baja
C. Cava Alta
47
LA LATINA
C. Estudios
C. Duque de Alba
Cuesta Descargas
Parque la Cornisa
C. Don Pedro
C. San Buenaventura
C. Don Pedro
Calle de Bailén
C. San Isidro Labrador
Carrera San Francisco
C. de las Aguas
C. Tabernillas
Pl. de los Carros
Pl. Puerta de Moros
Pl. Cebeda
Cebeda
C. San Millán
C. Juanelo
Plaza de Cascorro
La Latina
C. Ruda
C. Encomienda
C. Dos Hermanas
C. Jerte
Real Basílica San Francisco El Grande
44
Pl. San Francisco
Gran Vía de San Francisco
C. Calatrava
C. Ángel
C. Mediodía Grande
C. Humilladero
C. Toledo
C. Carlos Arniches
C. Santa Ana
Rastro
9
Plaza General Vara del Rey
C. San Cayetano
San
C. Rosario
C. San Bernabé
C. Ventosa
Cuesta Descargas
C. del Águila
C. Calatrava
La Salle-la Paloma Fundación
C. la Paloma
C. Mira el Río Alta
Museo de Artes y Tradiciones Populares de Madrid/Centro Cultural la Corrala
C. Ribera de Curtidores
C. Fray Ceferino González
C. Rodas
Ronda de Segovia
Paseo Imperial
C. Gil Imón
C. Gil Imón
C. Leonor Vega
Cllj. del Mercado
C. Toledo
C. Capitán Salazar Martínez
C. Arganzuela
C. Mira el Río Baja
C. Carlos Arniches
C. Mira
C. las Américas
C. Peña de Francia
C. Ventorrillo
Puerta de Toledo
Glorieta
Puerta de Toledo
Pl. Campillo Mundo Nuevo
IMPERIAL
Cllj. Particular
Puerta de Toledo
Taxi
Paseo de los Pontones
C. Concejal Benito Martín
Jardín del Rastro
Ronda de Toledo
C. las Cigarreras
Nuestra

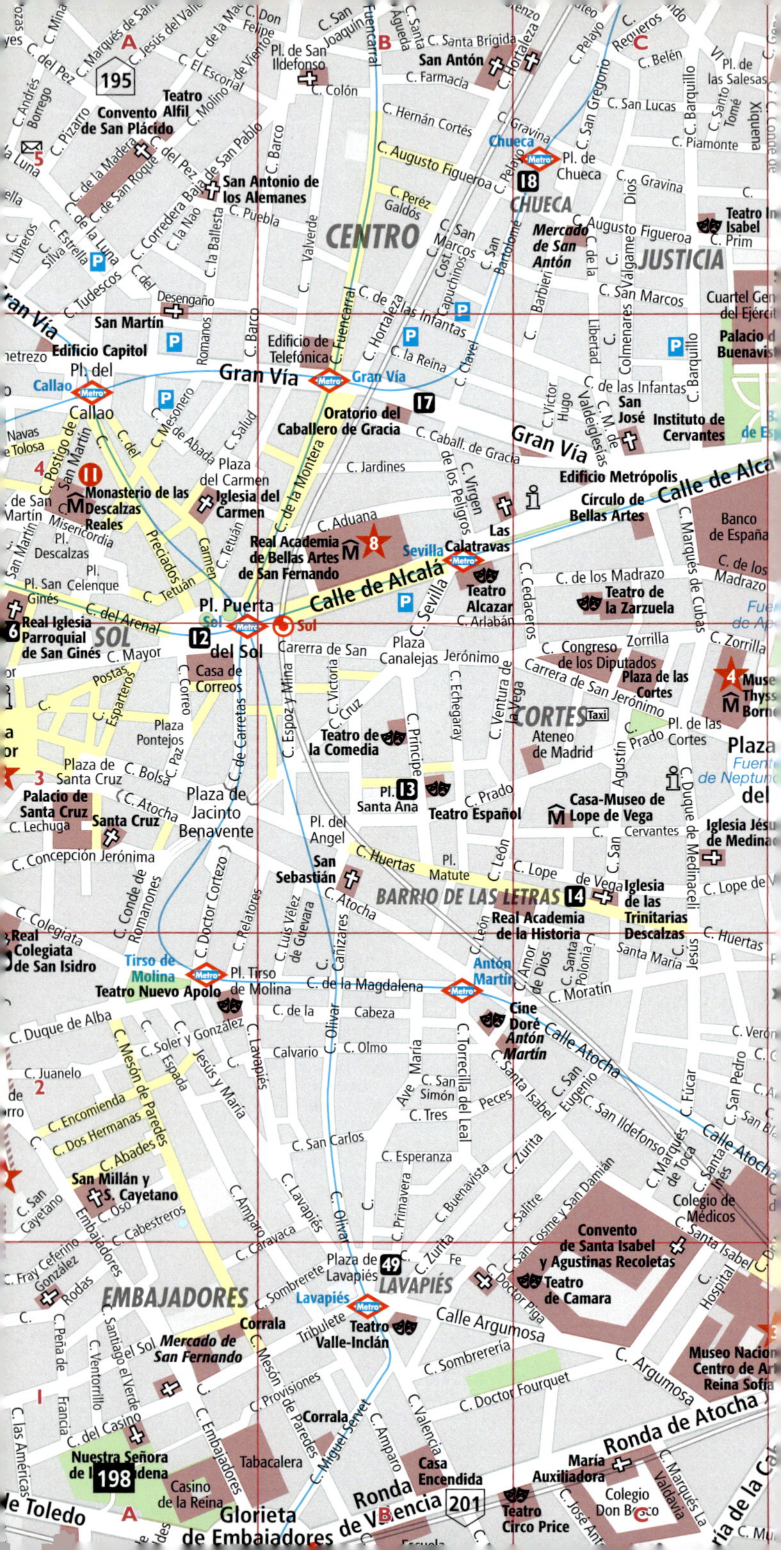

195
198
201
CENTRO
CHUECA
JUSTICIA
SOL
CORTES
BARRIO DE LAS LETRAS
LAVAPIÉS
EMBAJADORES
Gran Vía
Calle de Alcalá
Calle Atocha
Calle Argumosa
Ronda de Atocha
Ronda de Valencia
Glorieta de Embajadores
C. de Toledo
C. Fuencarral
C. Hortaleza
C. Augusto Figueroa
C. de las Infantas
C. San Bernardo
Pl. del Callao
Pl. Puerta del Sol
Plaza Canalejas
Plaza de Santa Cruz
Plaza de Jacinto Benavente
Pl. Santa Ana
Pl. de las Cortes
Pl. Tirso de Molina
Plaza de Lavapiés
Pl. de Chueca
Pl. de San Ildefonso
Plaza del Carmen
Plaza Pontejos
Pl. del Angel
Pl. Matute
Pl. San Ginés
Pl. Celenque
Pl. Descalzas
Convento de San Plácido
Teatro Alfil
San Antonio de los Alemanes
San Antón
Mercado de San Antón
Teatro Infanta Isabel
Cuartel General del Ejército
Palacio de Buenavista
Edificio Capitol
Edificio de Telefónica
Oratorio del Caballero de Gracia
San José
Instituto de Cervantes
Edificio Metrópolis
Círculo de Bellas Artes
Banco de España
Monasterio de las Descalzas Reales
Iglesia del Carmen
Real Academia de Bellas Artes de San Fernando
Las Calatravas
Teatro Alcazar
Teatro de la Zarzuela
Real Iglesia Parroquial de San Ginés
Casa de Correos
Teatro de la Comedia
Teatro Español
Ateneo de Madrid
Casa-Museo de Lope de Vega
Museo Thyssen-Bornemisza
Iglesia Jesús de Medinaceli
Palacio de Santa Cruz
Santa Cruz
San Sebastián
Real Academia de la Historia
Iglesia de las Trinitarias Descalzas
Real Colegiata de San Isidro
Teatro Nuevo Apolo
Cine Doré
San Millán y S. Cayetano
Colegio de Médicos
Convento de Santa Isabel y Agustinas Recoletas
Teatro de Camara
Corrala
Mercado de San Fernando
Teatro Valle-Inclán
Museo Nacional Centro de Arte Reina Sofía
Nuestra Señora de la Paloma
Tabacalera
Casino de la Reina
Casa Encendida
María Auxiliadora
Colegio Don Bosco
Teatro Circo Price
Callao
Gran Vía
Chueca
Sevilla
Sol
Tirso de Molina
Antón Martín
Lavapiés

Palacio de Justicia
Iglesia de las Salesas Reales
Museo de Cera
30
(Teatro) Fernán Gómez Centro Cultural de la Villa
Museo de la Biblioteca Nacional
Museo Arqueológico Nacional
19
RECOLETOS
La Concepción
Teatro María Guerrero
Paseo de Recoletos
Recoletos
Calle Serrano
Calle Velázquez
Archivo Heráldico
5
S. Pascual
Retiro
Calle de Alcalá
Plaza de la Independencia
Puerta de Alcalá
Puerta de Hernani
Puerta de la Independencia
Casa de América
Plaza de la Cibeles
28
Centro Centro, Mirador Madrid, Pal. de Cibeles
29
Ayuntamiento
Paseo del Prado
Museo Naval
27
Calle de Alfonso XII
Museo Nacional de Artes Decorativas
26
Templete de Música
Pl. Maestro Villa
Paseo de Colombia
Alfonso XII
Estanque
Parque de El Retiro
La Bolsa
Plaza de la Lealtad
Calle Antonio Maura
Paseo de la Argentina
Puerta de España
Palacio del Buen Retiro
Casón del Buen Retiro
Puerta de Felipe IV
Real Academia Española
Iglesia de San Jerónimo el Real
25
Edificio Jerónimos
Museo Nacional del Prado
1
Paseo del Marqués de Pontejos
Pl. de Murillo
Puerta de Murillo
La Chopera
JERÓNIMOS
Jardín de los Ausentes
Real Jardín Botánico
24
CaixaForum
Conservatorio de Música
Paseo del Duque de Fernán Núñez
Glorieta Ángel Caído
Noria del Huerto del Francés
Puerta del Ángel Caído
C. Claudio Moyano
Atocha
Ministerio de Medio Ambiente
Plaza Emperador Carlos V
Observatorio Astronómico
Museo Nacional de Antropología
23
Paseo de la Infanta Isabel
Avenida de la Ciudad
Estación de Atocha
22
Homenaje a las Víctimas del 11 de Marzo
Atocha Renfe
Panteón de Hombres Ilustres
199
Basílica de Atocha
Real Fábrica de Tapices
20
Calle de Méndez Álvaro

197
200
A
B
C
1
2
3
4
5
C. Moreno Nieto
Paseo de la Virgen
San Hermenegildo
C. Fósforo
Puente Oblicuo
Avenida del Manzanares
Río Manzanares
Ronda
Cuesta Descargas
Parque la Cornisa
C. Jerte
Real Basílica San Francisco El Grande
44
Pl. San Francisco
C. Don Pedro
C. San Buenaventura
Calle de Bailén
C. San Isidro Labrador
Carrera San Francisco
C. de las Aguas
C. Tabernillas
del Obispo
San Andrés
Pl. de los Carros
Pl. Puerta de Moros
C. Humilladero
C. Mediodía Grande
C. Ángel
C. del Águila
C. Calatrava
Gran Vía de San Francisco
C. Rosario
C. San Bernabé
C. Ventosa
Cuesta Descargas
La Salle-la Paloma Fundación
C. la Paloma
C. Toledo
C. Capitán Salazar Martínez
C. Pizzara
C. de Juan Duque
C. de Linneo
Paseo de los Melancólicos
C. de Santa María la Real de Nieva
C. Ruy Gonzáles Clavijo
M-30
C. Jemenuño
Paseo Imperial
Ronda de Segovia
C. Gil Imón
C. Leonor Vega
Cllj. del Mercado
Puerta de Toledo
Glorieta Puerta de Toledo
Metro
C. de Bercial
IMPERIAL
Paseo de la Virgen del Puerto
Cllj. Particular
Puerta de Toledo
Taxi
Paseo de los Pontones
C. Cobos de Segovia
C. de Paradinas
C. de Santa María la Real de Nieva
Puente verde en Y
C. Mármol
Plaza Francisco Morano
C. Santa Casilda
Calle de Toledo
Paseo de los Olmos
C. San Alejandro
C. del Toledo
C. San Isidoro
Paseo de los Pontones
Puente de San Isidro
Instituto Nacional
Paseo del Dr. Vallejo Nágara
C. Duque de Tovar
C. de Alejandro Dumas
Paseo Imperial
Plaza Ortega Munilla
Pirámides
Estadio Vicente Calderón (Atlético Madrid)
Paseo de los Melancólicos
Paseo de la Virgen del Puerto
Paseo de las Acacias
C. de S. Epifanio
Glorieta de las Pirámides
C. Carmen Cobeña
Paseo de los Pinos
Paseo de Yeserías
C. S. Pompeyo
Avenida del Manzanares
Pasarela Pontona
C. S. Cándido
Puente de Toledo
Paseo de San Illán
C. Cefeo
Madrid Río
45
Marqués de Vadillo
C. J. González
Av. Emperatriz Isabel
C. Santa Saturnina
C. P. Montesinos
Pasarela al Sur del P. de Toledo
Pasarela Histórica Paseo de Yeserías
Puente de Arganzuela
Sacramental de Santa María
C. de Pellejeros
C. Antonio Vico
Paseo Quince de Mayo
C. M. F. Caballero
C. V. Parra
Glorieta del Marqués de Vadillo
Calle de Antonio López
C. de Armengot
Calle del General Ricardos
Lola Membrives
C. Fuenlabrada
C. de Caronte
C. de Invencibles
C. Manuel Carmona
San Miguel
C. Comuneros de Castilla
C. de Tejares
C. Iglesia
C. de Jacinto Verdaguer
C. de Orgaz
C. de T. Ruiz
C. V. Martín Arias
C. de Antonio Vicent
C. del Padre Oltra
C. Conches de Barcelona
C. de Tomás Meabe
C. de Baleares
Comandante Fontanés
C. Gral. Martín Cerezo
C. Irlanda
Inglaterra
C. de J. Martín
Calle de Antonio Leyva
C. del Conde de Vistahermosa
C. de la Inmaculada Concepción
C. de F. Díaz de Mendoza
C. S. de San Lorenzo
C. de la Verdad
Sacramental de San Lorenzo y San José
C. de Sallaberry
C. de Belmonte de Tajo
C. de Navahonda
Parque de
Mercedes Arteaga

47
LA LATINA
D
E
F
198
C. Duque de Alba
C. San Millán
C. Mesón de Paredes
C. Sombrerete
Pl. Cebeda
Cebeda
La Latina
Plaza de Cascorro
C. Juanelo
C. Encomienda
C. Dos Hermanas
C. Abades
C. Toledo
C. Cebada
C. Ruda
Rastro
9
C. Humilladero
C. Santa Ana
Plaza General Vara del Rey
C. Carlos Arniches
C. Ribera de Curtidores
C. San Cayetano
San Millán y S. Cayetano
C. Oso
C. Cabestreros
C. Mira el Río Alta
Museo de Artes y Tradiciones Populares de Madrid/ Centro Cultural la Corrala
C. Fray Ceferino González
C. Rodas
C. Embajadores
EMBAJADORES
C. Jesús y María
C. Lavapiés
C. Espada
Calvario
C. Olivar
C. Olmo
C. Cabeza
Doré
Antón Martín
C. Torrecilla del Leal
Ave María
C. San Simón
C. Tres Peces
C. Santa Isabel
C. San Carlos
C. Esperanza
C. Amparo
C. Caravaca
C. Primavera
C. Buenavista
C. Salitre
5
Plaza de Lavapiés
49
C. Zurita
C. Fe
LAVAPIÉS
C. San Cosme
C. Doctor Piga
Lavapiés
Teatro Valle-Inclán
Calle Argumosa
Tribulete
Corrala
C. Sombrerería
C. Doctor Fourquet
C. Mesón de Paredes
Mercado de San Fernando
C. Santiago el Verde
C. el Sol
C. Ventorrillo
C. Peña de Francia
C. Mira el Río Baja
C. Arganzuela
C. Carlos Arniches
C. Mira
C. las Américas
C. del Casino
C. Provisiones
Corrala
C. Valencia
C. Amparo
C. Miguel Servet
Pl. Campillo Mundo Nuevo
Nuestra Señora de la Almudena
Casino de la Reina
Tabacalera
Casa Encendida
4
Teatro Circo Price
Jardín del Rastro
Ronda de Toledo
Glorieta de Embajadores
Ronda de Valencia
Concejal Benito Amat
C. Gasómetro
C. las Cigarreras
Ribera de Curtidores
C. Soria
C. de Santocildes
C. Bernardino Obregón
Escuela de Ingienería
C. Fray Luis de León
Embajadores
Taxi
Paseo de las Acacias
C. Ercilla
C. Sebastián Elcano
C. de Peñuelas
C. del Laurel
Calle de Embajadores
C. de Sebastián Herrera
C. de Sevilla
C. de El Majuelo
Paseo de la Esperanza
C. de Moratines
C. Martín de Vargas
Museo Farmacia Militar
C. de la Frontera
Acacias
C. de P. Rosa
C. de la Caoba
C. del Gasómetro
C. Ercilla
C. de Peñuelas
C. de la Palos
C. Cardenal Solís
3
Paseo del Dr. Vallejo Nágara
C. del Laurel
C. del Labrador
Purísimo Corazón de María
Melilla
N. S. de Europa
Paseo del Dr. Vallejo Nágera
Pl. de Peñuelas
Glorieta de Santa María de la Cabeza
ARGANZUELA
C. de Argand
Parque de Peñuelas
C. de Melilla
C. de Argand
C. de la Arquitectura
C. de Carvajales
C. Ercilla
C. del General Palanca
Paseo de Santa María de la Cabeza
Peñuelas
C. de las Naves
C. de Gargantilla
C. de Cáceres
C. de Fernando Póo
2
Paseo de los Pinos
C. de Baños de Montemayor
C. de Torres Miranda
C. de Valdelasierra
C. de Argand
C. del P. J. Morate
Parque de la Arganzuela
Paseo de Yeserías
C. San Anastasio
C. de Aguilón
San Basilio el Grande
Avenida del Manzanares
Río Manzanares
Puente de Praga
Paseo de la Chopera
C. del Conquistador
C. de E. Selles
C. Jaime El Conquistador
C. de Aldea
C. de E. Arteaga
C. de San Delfín
C. de San David
Matadero
Pasarela al Sur del P. de Praga
M-30
M-30
N 401
Parque del Matadero
50
1
Beata Ana de
Plaza de General Ma
Avenida del Manzanares
201
Palacio de Cristal
J. M. D. Arganzuela (Casa del Reloj)
Antonio Vicent
del Sol
del Padre Oltra
Santa Casilda
Marqués de Jura Real
C. de Pedro
Laboratorio de Costas y Puertos
Puente del Matadero

Straßenregister

Straßenregister

Register

Register

Notizen

Bildnachweis

AA: M. Bonnet 189 Mitte & u.; T. Carter 189 o.; M. Jourdan 59

AKG Images: 65, 66; Album/Oronoz 117; Erich Lessing 116

Drouve, Andreas: 24/25, 28, 87, 89 (© Zabalaga-Leku/VG Bild-Kunst, Bonn 2016), 97, 98, 132, 146, 147

Fotolia/muuraa: 23 u.

Frei, Franz Marc: 64, 84

Getty Images: Dominique Faget 30; Naharro Gimenez 13 o.; NurPhoto/ Kontributor 33 o.; Dani Pozo 32; Javier Soriano (Staff) 33 u.

Huber Images: Stefano Brozzi 160, 168/169; Claudio Cassaro 71; Guido Cozzi 113; Paolo Giocoso 78, 90, 92/93, 114/115, 121, 145; John Greim 144; Günter Gräfenhain 140; Susanne Kremer 88 (© VG Bild-Kunst, Bonn 2016), 170, 171; Sandra Raccanello 172, 174; Massimo Ripani 105, 162/163; Natalino Russo 134; Reinhard Schmid 83, 95, 96, 101

Laif: Arcaid/Julian Castle 179; José Barea 8, 26 l. o., 26 r.; Miguel Gonzalez 4, 94; Monika Gumm 27 r., 34, 104, 148, 153, 154; Hemis/Bertrand Gardel 183, Ludovic Maisant 99; Gunnar Knechtel 54, 102, 142, 150, 178 o.; Thomas Linke 6/7, 14, 16, 27 o. l.; NYT Redux/Stefano Buonamici 81, James Rajotte 151; Edgar Rodtmann 80; VWPics Redux Redux/Lucas Vallecillos 15, 67, 72

Look-foto: Age Fotostock 19 u., 128, 181; Elan Fleisher 85; Jürgen Richter 167

mauritius images: Age/Facto Foto 112, Michel Fotografo 135, John Greim 21, 26 l. u., 152 o.; Alamy/Art Directors & TRIP 152 u., Israel Hervás Bengochea 36, Rosa Irene Betancourt 180, Luis Castaneda 164, Luis Dafos 133, María Galán 22/23, 26 u. l., 27 u. l., 149, Roger Garfield 17, Stefano Politi Markovina 20, 56, José Peral 177, Carmen Sedano 165 u., Alex Segre 56, PjrTravel 130, Lucas Vallecillos 23 o., 143, 155, Prisma Bildagentur AG 184; Chris Seba 10/11; Image Broker/Barbara Boensch 68, 124, 126/127, Michael Weber 12; Alberto Mateo (White Star) 31; Radius Images 129; Martin Thomas 166; Pixtal/WE101705 178 u.

Online: www.casareal.es (21.8.2016) 13 u.

picture alliance: 18 r. o.; Akg Images 18 l. o., 19 l. o.; Heritage Images 19 r. o.; MAXPPP Costa Leemage 18 Mitte,

Real Academia de Bellas Artes de San Fernando, Madrid: 60, 61, 62

Schleicher, Wolfram: 118

Schliebitz, Anja: 165 o.

Sparrer, Petra: 57, 131, 176

White Star: Monika Gumm 91

Titelbild: laif/Katja Hoffmann (Metropolis-Haus)

Impressum

©MAIRDUMONT GmbH & Co. KG
VERLAG KARL BAEDEKER

1. Aufl. 2017

Text: Dr. Andreas Drouve
Redaktion: Petra Sparrer, Köln
Projektleitung: Dieter Luippold
Programmleitung: Birgit Borowski
Chefredaktion: Rainer Eisenschmid

Kartografie: ©MAIRDUMONT GmbH & Co. KG, Ostfildern
3D-Illustration: jangled nerves, Stuttgart

Anzeigenvermarktung:
MAIRDUMONT MEDIA
Tel. 0711/4502 0
media@mairdumont.com
media.mairdumont.com

Printed in China

Trotz aller Sorgfalt von Autoren und Redaktion sind Fehler und Änderungen nach Drucklegung leider nicht auszuschließen. Dafür kann der Verlag keine Haftung übernehmen. Berichtigungen, Kritik und Verbesserungsvorschläge sind uns jederzeit willkommen, bitte informieren Sie uns unter:

Verlag Karl Baedeker/Redaktion
Postfach 3162
D-73751 Ostfildern
Tel. 0711 4502 262
smart@baedeker.com
www.baedeker.com

FSC
www.fsc.org
MIX
Papier aus verantwortungsvollen Quellen
FSC® C124385

10 GRÜNDE WIEDERZUKOMMEN

1. Den **Traumplätzen** die Parade abnehmen: der Plaza Mayor und der Plaza de Santa Ana.
2. Der **Himmel** über Madrid – an vielen Tagen ist er klar und stahlblau.
3. Das **grüne Madrid** der Gärten und Parks lässt demnächst wieder herrlich die Lungen füllen.
4. **Tapas, Tapas** über alles – beim nächsten Mal wieder verführerische Häppchen kosten!
5. Noch einmal die Stimmung auf dem **Rastro** genießen.
6. Mal sehen, was auf den neuesten Programmen der **Musicaltheater** steht.
7. Sich durch das **quirlige Nachtleben**, Kulturzentren und Livemusikclubs treiben lassen.
8. Das **Kunstmuseum Prado** hält auch das nächste und übernächste Mal Entdeckungen bereit.
9. Eine Ausstellung im **CentroCentro** besuchen und wieder den Blick von oben auskosten.
10. **Shopping**: verlässlich schick im Viertel Salamanca, innovativer in Malasaña.